111 GRÜNDE, PORTUGAL ZU LIEBEN

ANNEGRET HEINOLD

111 GRÜNDE PORTUGAL ZU LIEBEN

Eine Liebeserklärung an das schönste Land der Welt

Aktualisierte und erweiterte Neuausgabe mit elf Bonusgründen und zwei farbigen Bildteilen

SCHWARZKOPF & SCHWARZKOPF

Vorworte **8**

KAPITEL 1: Bem-vindo a Portugal – Willkommen in Portugal **13**
Weil man in Portugal am gleichen Tag am Strand liegen und Ski fahren kann – Weil die portugiesische Essenszeit heilig ist und der »Cafezinho« einfach dazugehört – Weil man sich immer und überall mit Küsschen begrüßt – Weil die Revolution den Namen einer Blume trägt – Weil in Portugal die Bürgersteige Muster haben und die Wände gekachelt sind – Weil es noch die alten »Drogarias« gibt – Weil Portugal einen Zeitsprung vollzogen hat – Weil die Mitbegründerin der revolutionären Brigaden heute Gesundheitstipps gibt – Weil die Portugiesen über sich selbst lachen können – Weil es in Portugal sieben Naturwunder gibt

KAPITEL 2: Boa viagem – Gute Reise! **35**
Weil es an jeder Ecke mindestens eine »Pastelaria« gibt – Weil man hier besichtigen kann, wie Wein gemacht wird – Weil man hier in alten Herrenhäusern und anderen ungewöhnlichen Gebäuden übernachten kann – Weil hier Raser in den Dörfern automatisch gestoppt werden – Weil man und frau bei ROT die Straße überquert – Weil die Bahnhöfe so einen altmodischen Charme haben – Weil die historischen Dörfer einen Einblick in die Vergangenheit schenken – Weil es in Portugal so schöne Fenster und Türen gibt – Weil Ortsnamen manchmal Geschichten erzählen – Weil man für 32 Euro von einem Ende des Landes zum anderen fahren kann

KAPITEL 3: Lisboa, a cidade branca – Lissabon, die weiße Stadt **59**
Weil immer noch die Linie 28 fährt – Weil es in Lissabon so viele Restaurants gibt – Weil hier die »Pastéis de Nata« erfunden wurden – Weil man in einer Zirkusschule zu Abend essen kann – Weil es kleine, feine Museen zu entdecken gibt – Weil in Lissabon eins der größten und schönsten Aquarien der Welt ist – Weil es ein Lissabon abseits der normalen Touristenattraktionen gibt – Weil auf einem alten Fabrikgelände neues Leben entsteht – Weil das Schloss in Sintra mit Worten nicht zu beschreiben ist … – Weil es noch viele weitere Gründe gibt, nach Lissabon zu fahren

KAPITEL 4: Portugal e o mar – Portugal und das Meer **83**
Weil Portugal und das Meer untrennbar sind – Weil Portugal 943 Kilometer Küste hat – Weil es am Strand so schöne Muscheln gibt – Weil hier immer noch die bunten Fischerboote aufs Meer fahren – Weil man in Portugal Delfine beobachten kann – Weil es in Nazaré haushohe Wellen zum Surfen gibt – Weil hier am Meer um die Weltmeisterschaft geangelt wird – Weil es hier einfach schöne Strände gibt – Weil in Portugal das Meersalz wirklich aus dem Meer kommt – Weil das neue Jahr am Meer beginnt

KAPITEL 5: O Sul – Der Süden **105**
Weil in der Algarve ein internationales Flair herrscht – Weil hier der südwestlichste Zipfel Europas ist – Weil hier Mandelbäume für eine Prinzessin gepflanzt wurden – Weil der Alentejo immer noch ein Geheimtipp ist – Weil man im Alentejo auf Safari gehen kann – Weil in Évora eine Kapelle aus menschlichen Knochen gebaut wurde – Weil Kork nicht nur für Flaschenkorken geeignet ist – Weil die Reisfelder im Sommer grün sind – Weil in Grândola die Zeit stehen geblieben ist – Weil in Setúbal eine der schönsten Buchten der Welt ist

KAPITEL 6: A vida portuguesa – Alltag in Portugal **129**
Weil die Familie immer noch wichtig ist – Weil es eine Art privaten Tauschring gibt – Weil man in Portugal immer noch überall ein Schwätzchen hält – Weil Krankenhausbesuche am Sonntag eine Art Volkssport sind – Weil in Portugal gemeinsam gewandert wird – Weil ein Keks als Grundnahrungsmittel angesehen wird – Weil man auf dem Monatsmarkt fast alles kaufen kann – Weil es in Portugal »Bruxas« und »Curandeiros«, Hexen und Heiler, gibt – Weil in Portugal Altes und Neues geschickt miteinander verbunden werden – Weil Portugiesen in der Tat Lebenskünstler sind

KAPITEL 7: Porto – Metropole im Norden **153**
Weil man auf dem Flughafen von Porto mit Musik begrüßt wird – Weil es viele Gründe gibt, nach Porto zu fahren – Weil die Innenstadt von Porto zum Bummeln und Shoppen einlädt – Weil man hier Portweinkellereien be-

sichtigen und Portwein probieren kann – Weil jedes Restaurant sein eigenes Rezept für »Francesinhas« hat – Weil hier die drittschönste Buchhandlung der Welt ist – Weil die alte Zahnradbahn endlich wieder fährt – Weil der Bahnhof São Bento so schöne »Azulejos« hat – Weil in Porto immer was los ist – Weil man eine Schifffahrt auf dem Douro machen kann

KAPITEL 8: A melhor cozinheira é a azeiteira – Die beste Köchin ist das Olivenöl-Kännchen 173

Weil es hier in den Cafés so leckere Snacks und Kuchen gibt – Weil das portugiesische Essen so gut und reichhaltig ist – Weil es in Portugal die sieben Wunder der Gastronomie gibt – Weil selbst aus Steinen Suppe gekocht wird – Weil eine »Sardinhada« mehr ist als nur gegrillter Fisch – Weil es wahrscheinlich sogar noch viel mehr als 1001 Rezept für »Bacalhau« gibt – Weil Oliven und Olivenöl zu jedem Essen dazugehören – Weil hier die Zitronen einfach auf den Bäumen wachsen – Weil es in Portugal nicht nur roten und weißen, sondern auch grünen Wein gibt – Weil aus allem Likör und Schnaps gemacht wird

KAPITEL 9: O Norte – Der Norden 197

Weil Portugal nicht nur die Algarve ist – Weil Guimarães Kulturhauptstadt war – Weil der Schriftsteller Miguel Torga in Coimbra sein eigenes Museum hat – Weil es das Wunder von Fátima gibt – Weil man in Aveiro einen Heiligen mit Kuchen bestechen kann – Weil die Maisspeicher ein ungewöhnlicher Anblick sind – Weil in der Serra da Freita die Steine Babys kriegen – Weil man hier mit heilenden Wassern kuren kann wie die Könige – Weil die »Feira de São Mateus« in Viseu schon seit über 600 Jahren besteht – Weil die letzten Meter der Serra da Estrela ein Turm sind

KAPITEL 10: A cultura portuguesa – Kultur in Portugal 221

Weil das Lied »Grândola, Vila Morena« bekannter als die Nationalhymne ist – Weil portugiesische Musik zum Träumen einlädt – Weil in Portugal ein über Hundertjähriger noch Filme dreht – Weil Portugal eine schöne Filmkulisse ist – Weil es für ein so kleines Land sehr große Literatur gibt – Weil es in Portugal gleich drei Tageszeitungen gibt, die über Fußball berichten – Weil es noch portugiesische Produkte gibt – Weil Portugiesisch eine Weltsprache ist – Weil ein einsamer alter Mann zu einer Legende wurde – Weil es angenehm ist, im Land der »brandos costumes«, der sanften Umgangsformen, zu leben

KAPITEL 11: A vida noturna – Ausgehen, Feiern, Feste & Co. 245
Weil es in Portugal viele Möglichkeiten gibt, das Nachtleben zu gestalten – Weil das Nachtleben wirklich nachts stattfindet – Weil es noch mehr Möglichkeiten gibt, abends auszugehen – Weil manche portugiesischen Abende irisch sind – Weil es in Portugal guten Jazz gibt, wenn auch manchmal etwas versteckt – Weil es so viele Musikveranstaltungen gibt, oft sogar ohne Eintritt – Weil in Viseu eine Woche lang temporäre Gärten installiert werden – Weil die Dorfbälle früher Heiratsmärkte waren – Weil junger Wein und heiße Kastanien beim »Magusto« zusammengehören – Weil man beim Fado in aller Öffentlichkeit weinen darf – Weil es noch viel mehr Gründe gibt, Portugal zu lieben

KAPITEL 12: Mais razões para amar Portugal – Die Bonusgründe 269
Weil es in Lissabon das vielleicht einzige Puppenkrankenhaus der Welt gibt – Weil die gegrillten Hähnchen auf dem Markt unvergleichlich gut sind – Weil man auf dem Bahnhof von Alvega-Ortiga gleichzeitig Störche beobachten und Pfirsiche vom Baum pflücken kann … – Weil Portugal seine eigene Pferderasse hat – Weil Lissabon eine open-air-Kunstgalerie ist – Weil die glücklichen Inseln hinter dem Winde vielleicht hier zu finden sind – Weil man im Reid's Hotel wie in der guten alten Zeit Tee trinken kann – Weil auf Madeira der Fisch mit Bananen serviert wird – Weil Portugal sich gerade neu entdeckt – Weil Saudade auf Platz 6 der schönsten Wörter der Welt steht – Weil man unvergessliche Momente in Portugal erleben kann

Por último – Und zum Schluss 296
Büchertipps, Links, Bildnachweis, Danksagung …

Bem-vindo a Portugal!

Vorwort

Das erste Mal hörte ich von Portugal, als ein Freund anfing, Romanistik zu studieren, und mir ständig von der Schönheit der portugiesischen Sprache vorschwärmte. Er brachte mir sogar bei, auf Portugiesisch Danke zu sagen.

Mil obrigadinhas, die tausend Dankeschönchen, waren meine ersten portugiesischen Worte. Zu diesem Zeitpunkt deutete nichts in meinem Leben darauf hin, dass ich ein paar Jahre später nach Portugal ziehen würde. Wo ich mittlerweile schon seit über 30 Jahren lebe. Anfangs im Süden, nun im Norden.

Wie überall hat auch das Leben in Portugal Höhen und Tiefen. Am Anfang war es einfach nur aufregend, neu und anders als in Deutschland. Aber wie es so ist mit der Liebe, nach einer Weile ist der Glanz ab, und es kamen die Zeiten, in denen wir uns manchmal fragten, warum um Himmels willen wir in einem Land lebten, in dem vieles so schwierig, mühsam und anders war als in Deutschland.

Das ist dann der Punkt, an dem man bleibt oder geht. Wir sind geblieben. Und nach ein paar weiteren Jahren bekommt das Leben im Ausland eine angenehme Normalität, man lebt sich ein und vergisst im Alltag oft, was das Land so schön, besonders und attraktiv macht.

Deswegen war es mir eine Freude, 111 Gründe, Portugal zu lieben, zu sammeln, und zu zeigen, was für ein wunderbares und interessantes Land Portugal ist. Ich habe angefangen, meine Wahlheimat noch einmal neu zu entdecken. Wie vielfältig und schön die Landschaft ist – die Küste mit ihren Felsen und Stränden, die blühenden Felder im Frühling im Alentejo und die vom Weinanbau geprägte Landschaft im Norden. Wie interessant die Großstädte Lissabon und Porto sind – alte Bauten modern renoviert, angesagte Designer und ein Kulturangebot vom Feinsten. Wie gut und reichhaltig das portugiesische Essen ist, wie hilfsbereit und freundlich die Menschen sind.

Die Auswahl der Gründe ist logischerweise subjektiv. Und natürlich unvollständig, das geht ja auch gar nicht anders bei 111 Gründen. Aber diese Gründe hier sind ja auch nur Ausgangspunkt für viele weitere Gründe, Portugal zu lieben, die jeder für sich selbst finden wird, wenn er anfängt, das Land zu entdecken. Dieses Buch soll dazu ermuntern!

Annegret Heinold

Vorwort zur erweiterten Neuausgabe

Verlieb dich in Lissabon,
verlieb dich in Lissabon,
dann träumst du ein Leben lang,
ein Leben lang davon

… sang schon Vico Torriani 1956 in dem Film *Der Fremdenführer von Lissabon.*

Und recht hat er – man verliebt sich in die Stadt Lissabon und träumt ein Leben lang davon. Die meisten wollen wiederkommen. Oder hat er gemeint, es ist die perfekte Stadt, um sich zu verlieben? Auch das, übrigens. Lissabon dürfte wohl eine der schönsten Datingkulissen sein, die man sich wünschen kann …

La Crise est mort – Portugal is alive stand neulich auf einem T-Shirt, das ein Jugendlicher vor dem Hieronymuskloster trug. Und der Spruch trifft sehr gut die Stimmung im Land. Als dieses Buch vor drei Jahren erschien, steckte Portugal ziemlich tief in der Krise. Rettungsschirm, Troika, Sondersteuern und Sparmaßnahmen.

Und jetzt ist Portugal plötzlich *in*. Ausländische Firmen investieren in Produktionsstätten, die Zeitschrift *Monocle* brachte dieses Jahr eine Sonderbeilage über Portugal mit dem Slogan: *Time to invest in Portugal.*

Die Presse berichtet über Portugal:

100 Jahre Wallfahrtsort Fátima einschließlich Papstbesuch.

Porto ist nun schon zum dritten Mal »Best European Travel Destination«.

Salvador Sobral gewann den Eurovision Song Contest.

Und der Tourismus boomt. Eher *boooooommt*. Aus verständlichen Gründen. Portugal ist ein tolles Land, das viel zu bieten hat. Lange Strände und von Wanderwegen durchzogene Gebirge. Historische Stadtzentren, Klöster und Kathedralen, pfiffig gemachte kleine Museen, ungewöhnliche Buchläden und Spezialläden, wie man sie heutzutage immer seltener findet. Hier existieren sie noch.

Mit der Überwindung der Krise, die eine deutsche Tageszeitung als ein »kleines europäisches Wunder« bezeichnet hat, ist ein neues Selbstbewusstsein entstanden. Man ist stolz auf nationale Produkte und reproduziert traditionelle Designs. Die Arbeitslosenquote sinkt, neue Jobs entstehen, viele davon im Tourismus.

Auch weil Portugal ein sicheres Land ist, denn laut der aktuellen in Neuseeland erstellten Studie ist Portugal das drittsicherste Land der Welt. Natürlich gibt es in Lissabon die Taschendiebe, vor denen überall – und ganz besonders in der gelben Straßenbahn der Linie 28 – gewarnt wird. Aber im Großen und Ganzen ist es ein sicheres Land.

»Das Paradies ist für jeden anders«, sagt der Fremdenführer Antonio im oben genannten Film. Er meint es ganz wörtlich, denn seine Tante hat ein Restaurant namens »Paradies«, das jeden Tag entsprechend der angemeldeten Gäste anders dekoriert wird.

Das ist für Portugal gar nicht nötig – die Vielfalt ist immer da, da muss nichts umdekoriert werden. Und auch wenn das Paradies für jeden etwas anderes bedeutet, die Chance, in Portugal das zu finden, was man sucht, ist ziemlich groß.

Annegret Heinold

KAPITEL 1

Bem-vindo a Portugal – Willkommen in Portugal

Weil man in Portugal am gleichen Tag am Strand liegen und Ski fahren kann

Wer es darauf anlegt, kann in Portugal morgens am Strand liegen und nachmittags Ski fahren. Oder umgekehrt.

In Portugal am Strand liegen? Auf jeden Fall, dafür ist Portugal bekannt, besonders die Algarve im Süden. Aber Schnee in Portugal? Und sogar Ski fahren? Das ist schwer vorstellbar und trotzdem wahr. Portugal ist natürlich kein klassisches Wintersportland, aber es gibt in der Serra da Estrela immerhin neun Ski-Pisten. Dort schneit es spätestens ab November und dann bleibt der Schnee bis März liegen, oft sogar bis in den April. Von der Algarve bis in die Serra da Estrela fährt man fünf Stunden mit dem Auto. Und aus Orten wie zum Beispiel Figueira da Foz oder Praia de Mira an der Westküste ist man in zwei Stunden dort. Hier ist es im Winter eiskalt, und der Schnee liegt meterhoch, während es an der Algarve 20 Grad oder mehr sind.

Portugal ist überhaupt ein Land voller Gegensätze. Es liegt am Atlantik und allein das portugiesische Festland hat über 940 Kilometer Küste. Aber es gibt auch eindrucksvolle Gebirge, von denen das höchste auf dem portugiesischen Festland ebenjene Serra da Estrela mit einem Gipfel von 2.000 Metern ist. (Eigentlich sind es nur 1.993 Meter, der Rest wurde mit einem Turm aufgestockt. Aber davon später in Grund Nr. 90 mehr.)

In jahrtausendealten Städten wie Braga, Coimbra und Évora, um nur einige zu nennen, findet man enge Gassen mit Kopfsteinpflaster und jahrhundertealte Gebäude. Aber jede Stadt hat auch ein modernes Einkaufszentrum, ja, es ist fast ein Wettbewerb, welche Stadt das größte und beste hat. Das *Centro Colombo* in Lissabon hat die meisten Läden. Das *Forum Coimbra* in Coimbra einen fantastischen Blick über den Fluss Mondego und die Altstadt mit der Universität. Und der *Palácio do Gelo* in Viseu hat eine Schlittschuhbahn, eine Gletscher-Bar und große Terrassen mit Panoramablick über die Serra da Estrela.

Es gibt fast verlassene Dörfer, in denen nur noch Alte wohnen, weil die Jungen längst in die Städte oder ins Ausland gezogen sind, da sie dort bessere Job- und Lebensbedingungen finden. Der Gegensatz dazu sind die Großstädte Lissabon und Porto, in denen das Leben rund um die Uhr pulsiert und wo die letzten Spätheimkehrer auf die ersten Marktbesucher treffen.

Im Supermarkt können Einkäufe heutzutage an einer Kasse ohne Verkäufer gescannt werden. Überweisungen und Zahlungen werden am Geldautomaten getätigt. Rechnungen und Lieferscheine werden direkt auf dem Webportal des Finanzamtes ausgestellt. Andererseits verteilen afrikanische Astrologen Werbezettel, auf denen sie nicht nur weiße, sondern auch schwarze Magie anpreisen. Alte Frauen kurieren mit Hilfe von Gebeten und Ritualen Verstauchungen, Sehnenzerrungen und befreien vom bösen Blick. Und der katholische Pfarrer in Vilar de Perdizes, einem kleinen Ort in Nordportugal, organisiert einmal im Jahr einen Markt für Hexerei, Magie und traditionelle Heilkunde.

Wenn ich aus meinem Fenster sehe, blicke ich über die *Quinta da Comenda*. Das Anwesen in São Pedro do Sul existiert seit rund 900 Jahren. Im 12. Jahrhundert war es im Besitz von Dona Teresa, der Mutter des ersten portugiesischen Königs, Dom Afonso Henriques. Danach war es einige Jahrhunderte im Besitz des Malteserordens. Heute ist es ein Weingut, in dem biologische Weine hergestellt werden, und außerdem ein *Agro-Turismo*, ein Gästehaus auf dem Land (mehr über diese Gästehäuser in Grund Nr. 13). Die *Quinta da Comenda* hat viel erlebt, sie ist mit der Zeit gegangen und hat doch ihre Eigenheit bewahrt.

Genau wie Portugal. Ein Land, das eine lange Geschichte hat, in dem Tradition und Moderne nebeneinander existieren und dessen Landschaft so vielfältig ist, dass man am gleichen Tag am Strand liegen und Ski fahren kann.

Weil die portugiesische Essenszeit heilig ist und der *Cafezinho* einfach dazugehört

Das ist der Rhythmus des Lebens in Portugal: *O Almoço*, das Mittagessen, ist von eins bis drei. *O Jantar*, das Abendessen, von sieben bis neun Uhr. Im Sommer gerne auch mal später. Aber nie früher. Frühstück gibt es auch. Es ist aber nicht so wichtig und besteht bei vielen Portugiesen immer noch aus Espresso und Kuchen, im Stehen am Tresen auf dem Weg zur Arbeit.

Für Menschen aus anderen Ländern ist es schwer zu verstehen, wieso die Restaurants in der Zwischenzeit nichts servieren. Was ist zum Beispiel, wenn ein Tourist Hunger hat? Tja, wem das so geht, der muss sich eben mit Snacks behelfen, die allerdings ganz köstlich sind (mehr dazu in Grund Nr. 71). Wenn der hungrige Tourist in einer größeren Stadt ist, kann er natürlich auch in das nächste Einkaufszentrum gehen und dort etwas essen. In den Fressmeilen der Shoppingcenter sind die Essstände durchgehend geöffnet. Aber natürlich wenig frequentiert. Denn Portugiesen essen zu ihren Essenszeiten, und die nehmen sie ernst. Undenkbar, zu diesen Zeiten jemanden zu besuchen oder auch nur anzurufen.

Deswegen beginnen die Musik- oder Theaterveranstaltungen in Portugal auch erst abends um halb zehn. So hat man Zeit, vor dem abendlichen Ausgang in aller Ruhe zu essen.

Ein Abendessen ist natürlich nicht nur einfach ein Abendessen. Als Erstes gibt es Vorspeisen bestehend aus Brot, Oliven und Käse. Gefolgt von einer Suppe wie *Canja* (Hühnersuppe), *Caldo Verde* (Kohlsuppe aus Stangenkohl) oder Gemüsesuppe. Das Hauptgericht ist entweder Fisch oder Fleisch. Nach der Regel: Wenn es mittags Fisch gibt, ist das Abendessen mit Fleisch. Und umgekehrt. Für Vegetarier ist es nach wie vor nicht einfach, in Portugal zu essen. Dann folgt die Nachspeise. Im Restaurant gibt es dafür eine lange

Liste plus Eiskarte. Zu Hause beim Essen mit Freunden oder Familie ist es meist Pudding, Kuchen oder auch einfach ein Stück Obst.

Ja, Essen wird in Portugal ernst genommen. Freunde verabreden sich zum Essen im Restaurant, mit viel Diskussionen und unendlichen Handygesprächen. Die Familie trifft sich am Sonntag zum Mittagessen, und von Enkel bis Oma sind alle dabei (siehe auch Grund Nr. 51). Bei der Planung eines gemeinsamen Wochenendes in einem Ferienhaus am Meer oder im Alentejo betrifft 99 Prozent der Planung das Essen. Wer bringt was mit? Wer kauft was ein? Bringt jemand Kaffee mit, oder gehen wir hinterher alle in das Café um die Ecke?

Ein *Café*, der Espresso, ist der unverzichtbare Abschluss eines guten Essens. Eine Nachspeise kann sein, muss aber nicht. Der *Cafezinho* muss sein. Nach dem Essen im Restaurant fragt der Kellner nicht, ob jemand Kaffee möchte, sondern wie viele *Cafés* er bringen soll. Diejenigen, die keinen nehmen, murmeln meist eine Erklärung wie zum Beispiel: Ich kann abends keinen Kaffee mehr vertragen. Und nach einem Abendessen zu Hause geht man oft für den *Café* noch mal auf die Straße.

So richtig wurde mir dieser Unterschied zwischen Portugal und Deutschland bewusst, als ich eine Rundfahrt durch Mecklenburg-Vorpommern machte. Nach einem langen Tag im Auto wollte ich mich ein bisschen bewegen. Ich ging daher in Goldberg spazieren. Kein Mensch war außer mir unterwegs. Die Straßenlaternen in den Nebenstraßen waren ausgeschaltet. Nur der blaue Schein der Fernseher leuchtete aus den Fenstern. Und das war nicht mitten in der Nacht, sondern um neun Uhr abends. (Allerdings im Februar. Aber trotzdem.)

Drei Tage später stieg ich abends um neun in Grândola aus dem Bus. Grândola im Alentejo ist eine ruhige Kleinstadt, in der nie viel los ist. Doch an diesem Abend wirkte selbst Grândola lebendig, gemessen an Goldberg. Die ganze Stadt war beleuchtet. Menschen liefen durch die Straßen. Und das *Café Central* war voller Leute, die dort ihren *Cafezinho* tranken. Manche auch einen *Café com cheirinho* – einen Espresso mit einem Schuss *Bagaço* (Schnaps) oder Brandy. Oder einen *Café* und einen Schnaps.

Ein gutes Essen mit viel Zeit, serviert zur richtigen Zeit, und hinterher als Abschluss einen *Cafezinho.* Das ist der Rhythmus des portugiesischen Lebens.

3. GRUND

Weil man sich immer und überall mit Küsschen begrüßt

Sonntagnachmittag in der Stadt bei Sonnenschein. Alle sind unterwegs. Familien, Freunde, Paare und Omas mit Enkelkindern. Sie stöbern auf dem Kunsthandwerksmarkt am *CCB*, dem *Centro Cultural de Belém*, in Lissabon, flanieren in Coimbra durch die Grünanlagen am *Mondego*, und laufen über die Strandpromenade in Matosinhos, Porto.

Klar, dass man da Bekannte trifft.

Und jetzt geht es los. Die Begrüßung mit Küsschen.

Küsschen links und rechts.

Danach ein paar Worte. Nichts Weltbewegendes, ein »Hallo, wie gehts«, manchmal noch ein kurzer Info-Austausch, und ein abschließendes »Lass uns telefonieren«.

Küsschen links und rechts.

Und weiter geht's.

Sollte jemand dabei sein, der die anderen nicht kennt, wird er oder sie vorgestellt.

Vorstellen, Küsschen-Küsschen.

Kurzes Reden.

Verabschieden, Küsschen-Küsschen.

Und weiter geht es über den Markt, durch die Grünanlagen oder über die Strandpromenade.

Stimmt übrigens doch nicht, dass man sich immer und überall mit Küsschen begrüßt. Es gibt Ausnahmen. Besuche bei Arzt, Bank, Steuerberater, Finanzamt und Ähnlichem sind ohne Küsschen. (Es sei denn, der Arzt, Bankbeamte, Steuerberater, Finanzbeamte oder Ähnliches ist ein sehr guter Bekannter.) Also Behörden, Banken und Polizei sind ausgenommen. Läden auch, es sei denn, man kennt die Verkäuferin.

Die Kirche allerdings ist nicht ausgenommen. Zugegeben, ich war nur einmal in der Kirche, aber da war ich schwer beeindruckt. Kein stundenlanges Sitzen, sondern fast so etwas wie gemeinschaftliche Gymnastik. Aufstehen und wieder hinsetzen. Aufstehen und hinknien. Aufstehen und den Banknachbarn küssen. Hinsetzen. Aufstehen und die Leute vor und hinter sich küssen.

Ich komme aus einem Deutschland, in dem man sich noch mit Handschlag begrüßte. Das hat sich mittlerweile geändert. Aber trotzdem sind Besucher aus Deutschland immer noch verunsichert, weil sie die Kussregeln in Portugal nicht kennen. Hier sind sie also:

Es sind zwei Küsse. Nicht nach französischer Sitte drei, sondern nur zwei. Jede Wange ein Kuss.

Erst links, dann rechts, dabei den Kopf kurz vor und zur Seite beugen.

Nicht wirklich Schmatzer aufdrücken, sondern nur flüchtig berühren.

Viele fragen: Wer küsst zuerst? Mann oder Frau? Alt oder Jung? Die Antwort lautet: keine Regel. Es passiert einfach, so wie es bei einem guten Kuss sein muss. Spontan von beiden Partnern.

Und sollte man sich bei so einem sonntäglichen Spaziergang immer wieder treffen, dann reicht die Küsschen-Küsschen-Begrüßung beim ersten Mal. Sonst würde es ja irgendwie albern. Bei mehrmaligem Aufeinandertreffen reicht Grüßen und Hallo.

Weil die Revolution den Namen einer Blume trägt

Als meine Freundin Elsa aus Lissabon am 24. April sehr spät in der Nacht nach Hause kam und das Radio anstellte, wurden die Verse des Liedes *Grândola, Vila Morena* vorgelesen. Sie fand das merkwürdig, denn das Lied war verboten. Diese Sendung war übrigens nicht die »historische« Sendung, die nachts um 20 nach zwölf im Rádio Renascença lief, sondern eine Nachrichtensendung morgens um zwei im Rádio Clube Português. Elsa ist sich nicht sicher, ob es wirklich der Rádio Clube Português war, aber den Tag und die Uhrzeit weiß sie noch ganz genau. Das war schließlich der Tag, der Portugal veränderte.

Meine Freundin Catarina hörte das verbotene Lied *Grândola, Vila Morena* morgens am 25. April im Radio. Sie war zu diesem Zeitpunkt Lehrerin in einer kleinen Stadt in Nordportugal und mit ihrem ersten Kind schwanger. Auch Catarina weiß noch genau, wann und unter welchen Umständen sie damals das Lied gehört hat.

Und so wird sich wohl jeder Portugiese, der älter als 45 oder 50 ist, an das Ereignis erinnern und kann seine ganz persönliche Geschichte dazu erzählen. Denn der 25. April 1974 war der Tag, der die fast 50-jährige Diktatur in Portugal endlich beendete, der Tag der portugiesischen Nelkenrevolution.

Aber zunächst brach erst mal Chaos aus. Tausende von Lissabonnern versammelten sich in der Stadt, um den Befreiern zuzujubeln. Tausende warteten gespannt darauf, was sich entwickelte. Und irgendwann tauchten rote Nelken auf, die die Soldaten in ihre Gewehrläufe steckten.

Catarinas Mutter, die in einer Pension direkt an dem Platz Largo do Carmo wohnte, dachte, der Krieg wäre ausgebrochen und sie würde ihre Kinder nie wiedersehen.

Elsa tankte ihren Citroën 2CV voll, was eine kluge Entscheidung war, denn kurz darauf gab es kein Benzin mehr. Dann lief sie mit Freunden durch Lissabon, und zum Schluss waren auch Elsa und ihre Freunde am Largo do Carmo, wo sich die Menschen drängten.

Hier hatte sich Marcelo Caetano, der Nachfolger des Diktators Salazar, in der Kaserne der GNR, der Polizei, verschanzt. Vier Demonstranten wurden von der Geheimpolizei erschossen, 45 wurden verletzt. Aber abgesehen davon verlief die Revolution unblutig. Gegen Abend gab Caetano auf, und die Regierung wurde von General Spínola übernommen.

Wieso da plötzlich roten Nelken waren, ist nicht ganz klar. Nach einer verbreiteten Legende steckte eine Blumenverkäuferin auf dem Weg zum Markt den Soldaten rote Nelken in die Gewehrläufe. Laut deutscher Wikipedia tauchte die rote Nelke auf, weil sie ein Symbol der sozialistischen Arbeiterbewegung war. Woher auch immer diese roten Nelken kamen – sie waren da. Und so bekam die Revolution den Namen »Nelkenrevolution«, mit der roten Nelke als Symbol.

Die Revolution, die roten Nelken und das Lied *Grândola, Vila Morena* des Sängers José Afonso sind untrennbar miteinander verbunden (mehr zu dem Lied in Grund Nr. 91). José Afonso, der schwer krank war, starb am 23. Februar 1987. Zu seiner Beerdigung in Setúbal kamen 30.000 Menschen. Alle hatten rote Nelken dabei. Und da die Blumen an diesem Tag in Setúbal und Lissabon schon bald ausverkauft waren, waren später auch rote Rosen dabei. Der Sarg wurde durch die ganze Stadt getragen, eine Musikgruppe spielte *Grândola, Vila Morena* und alle sangen mit.

Nie vorher und nie nachher habe ich so viele rote Nelken gesehen wie an diesem Tag. Rote Nelken in den Händen der Trauernden, rote Nelken auf der Straße, rote Nelken auf dem Grab. Die rote Nelke, das Symbol der portugiesischen Nelkenrevolution, als Ehrung für José Afonso, dessen Lied eine so entscheidende Rolle gespielt hat.

Weil in Portugal die Bürgersteige Muster haben und die Wände gekachelt sind

An der *Fonte de S. Martinho*, einem Brunnen im Thermalbad São Pedro do Sul, lautet die Inschrift: *Tive sede, e vim beber / À fonte de S. Martinho; / Desde então, para te ver, / Não procuro outro caminho.* Es heißt in etwa: Ich hatte Durst, und ging zum Trinken an den Brunnen von S. Martinho; und seitdem, um dich zu sehen, gehe ich nirgendwo anders hin.

Der Vers steht auf den *Azulejos*, den typisch portugiesischen Kacheln, mit denen der Brunnen verziert ist. Früher, als es noch kein fließendes Wasser gab, spielten die Brunnen natürlich eine ganz entscheidende Rolle im Alltagsleben. Sie versorgten die Bevölkerung nicht nur mit Wasser, sie waren auch – siehe oben – Treffpunkte. Und so haben die meisten Städte ausnehmend schöne Brunnen, die in der Regel mit *Azulejos* verziert sind.

Azulejos sind in Portugal überall zu finden. An Brunnen, an Häuserwänden, und sogar in den Lissabonner Metro-Stationen, wo sie von zeitgenössischen Künstlern gestaltet wurden. *Azulejos* haben den Vorteil, dass sie erstens dekorativ sind (die meisten jedenfalls) und zweitens praktisch. Ein Haus, dessen Wände mit *Azulejos* verkleidet sind, muss nie mehr gestrichen werden.

Historische *Azulejos* wie im Bahnhof *São Bento* in Porto zeigen oft Szenen aus der portugiesischen Geschichte (mehr zum Bahnhof *São Bento* in Grund Nr. 68).

Bei manchen Privathäusern und Geschäften stehen die Namen auf *Azulejos* an der Wand. Diese Schilder sind entweder speziell hergestellt oder aus fertigen Buchstaben- und Zahlenkacheln zusammengesetzt. Viele Baustoffhandlungen und Souvenirgeschäfte verkaufen diese kleinen Kacheln sowie Kachelbilder mit Szenen aus dem Landleben.

Und auch auf neuen Denkmälern werden die *Azulejos* verwendet. In Grândola gibt es eine Gedenkmauer zur Revolution. Auf der langen halbrunden Mauer sind die Noten und der gesamte Text des Liedes *Grândola, Vila Morena* zu sehen (mehr zu dem Lied in Grund Nr. 91). Über die *Azulejos* gibt es mittlerweile wunderschöne Bildbände, und in Lissabon ist ihnen sogar ein ganzes Museum gewidmet, das *Museu Nacional do Azulejo* (siehe auch Grund Nr. 25).

Aber in der Tat lohnt es sich, nicht nur auf die Wände, sondern auch auf den Boden zu gucken. Viele Bürgersteige, Promenaden und Fußgängerzonen in Portugal sind mit der *Calçada Portuguesa* gepflastert, das sind kleine weiße und schwarze Steine, die zu Mustern gelegt werden, welche manchmal so raffiniert sind, dass sie geradezu dreidimensional wirken. Andere häufige Motive sind Schiffe, Symbole oder auch Namen. So ist zum Beispiel vor dem Café der *Pastéis de Belém* der Name in den Boden des Bürgersteigs eingelassen. Die *Calçada Portuguesa* ist zwar schön für das Auge, aber tödlich für Stöckelschuhe, ganz besonders, wenn sich der Boden an manchen Stellen nach und nach absenkt oder von Baumwurzeln hochgedrückt wird. (In Nordamerika würde so ein Bodenbelag wahrscheinlich mit einer Warnung versehen …)

Wir hatten in unserem früheren Gästehaus eine Terrasse mit *Calçada Portuguesa*, und wer einmal die Arbeiter dabei beobachtete, wie sie die Steine zurechtklopfen und den Boden legen, wird die Arbeit so richtig zu würdigen wissen. Der *Calceteiro*, so heißt der Arbeiter, nimmt die Steine einzeln in die Hand, legt sie nebeneinander und passt sie so ein, dass sie am Ende fast nahtlos nebeneinanderliegen. Um den Beruf der *Calceteiros* vor dem Aussterben zu bewahren, hat die Stadt Lissabon 1986 eine *Escola de Calceteiros* gegründet, die das Legen der *Calçada Portuguesa* als Ausbildung anbietet.

Überall in Portugal findet man *Calçada Portuguesa* auf dem Boden und *Azulejos* an Hauswänden, Brunnen und auf Denkmälern. Und das Schöne ist, dass die Tradition fortlebt und beides sogar wieder richtig angesagt ist.

An dem Brunnen von São Pedro do Sul steht übrigens noch ein zweiter Vers: *Mas, ao ver-te, a sede passa, / Já não tenho de beber, / Pois a sede que eu sentia, / Era apenas de te ver* … Er heißt übersetzt: Aber als ich dich sah, war mein Durst vorbei, ich musste nicht mehr trinken, denn der Durst, den ich spürte, war nur Durst nach dir …

6. GRUND

Weil es noch die alten *Drogarias* gibt

Eine *Drogaria* ist in Portugal nicht, wie der Name vermuten lässt, eine Drogerie, sondern eine Art Eisenwarenladen, also so etwas wie ein Baumarkt ohne das grobe Baumaterial. Mit anderen Worten: Dort bekommt man Nägel, Schlösser, Eisenketten, Flohpulver, Hundehalsbänder und Zement, aber keine Kacheln, Ziegel oder Steine.

Als wir Anfang der Achtzigerjahre nach Portugal zogen und anfingen, unser Haus zu bauen, waren wir zwangsläufig oft Kunden in einer *Drogaria*. Und am allerhäufigsten kauften wir in der *Drogaria* in Grândola.

Diese *Drogaria* hatte kein Schaufenster, aber zwei Eingänge. Schaufenster waren auch nicht nötig, denn wer hierherkam, wusste, was er wollte beziehungsweise brauchte. Waren die Holztüren offen, war die *Drogaria* geöffnet. Die Offene-Tür-bedeutet-offener-Laden-Regel galt im Alentejo in den Achtzigerjahren überall. Offene Tür bedeutete offener Laden, geschlossene Türen bedeuteten geschlossener Laden, geschlossenes Café oder Restaurant. Das war im Sommer ja auch völlig okay. Aber im Winter war es in den Läden, Cafés und Restaurants im Alentejo bitterkalt.

Der begehbare Teil der *Drogaria* war klein und bestand aus einem Raum vor dem Tresen und einem schmalen Gang hinter dem Tresen. Vor dem Tresen standen die wartenden Kunden. Es waren immer viele Kunden, und jeder kaufte eine Reihe komplizierter Kleinigkeiten, also erforderte so ein Einkauf Geduld und Zeit.

Hinter dem Tresen bedienten drei ältere Herren. Und hinter den drei älteren Herren war eine Schrankwand aus Holz mit kleinen Schubladen von oben bis unten. Vorne auf der Schublade war das Teil befestigt, das sich in dieser Schublade befand. Nägel, Haken, Riegel, Schrauben, Muttern und so weiter. Die Schrauben wurden einzeln abgezählt, oft auch zweimal, damit es wirklich stimmte. Dann wurden sie in Tütchen gefüllt oder in Papier gewickelt. Nägel und Draht wurden abgewogen. Am Ende sah der Verkäufer in einem zerfledderten Buch nach, in dem die Preise mit Bleistift eingetragen waren. Warum mit Bleistift? Weil es die Achtzigerjahre waren, die Inflation war hoch, und die Preise änderten sich ständig.

Der für die Kunden nicht sichtbare Teil der *Drogaria* war riesig. Durch einen schmalen Gang verschwanden die Verkäufer und kamen nach einer Weile mit dem Gewünschten zurück. (Oder auch nicht, wenn man Pech hatte.) Einmal durfte ich in so einer *Drogaria* mit in die hinteren Räume. Ein Labyrinth erstreckte sich über eine halbe Häuserzeile, und die Räume waren voll mit gestapelten Schubkarren, Zement auf Paletten, schwarzen Eimern und aufgerollten schwarzen Schläuchen.

So ein Einkauf in einer *Drogaria* konnte ewig dauern, aber keiner regte sich darüber auf. Das war einfach so damals. *É a vida*, so ist das Leben. Und ohne *Paciência*, Geduld, konnte man damals im Alentejo sowieso gleich einpacken.

Einmal haben wir für den Kauf einer Wasserpumpe mit allen dazugehörenden Anschlüssen und Schläuchen einen ganzen Tag in einem Laden in Setúbal verbracht, in einer Art auf Pumpen und Wasseranschlüsse spezialisierten *Drogaria*. Am Ende des Tages kannten wir die Lebensgeschichte des Verkäufers und er kannte unsere, und jeder weitere Einkauf in diesem Laden war ein bisschen so, als ob man einen alten Freund wiedersieht.

Natürlich verschwinden diese Läden nach und nach. Sie sind ineffektiv. Sie sind unrentabel. Und nicht jeder hat die Zeit, für den Kauf von ein paar Nägeln oder Schrauben eine halbe Stunde seiner Zeit zu investieren. Überall in den Städten entstehen große Läden, die geheizt sind, in denen man seinen Einkaufswagen durch gut ausgeleuchtete Gänge schiebt und die Preise sichtbar ausgeschildert sind.

Aber noch gibt es die alten *Drogarias* in fast allen Städten, und ein Einkauf dort ist ein bisschen wie eine Zeitreise. Es ist ein Ausflug in die gute alte Zeit, wo Schrauben noch einzeln abgezählt und Nägel nach Gewicht verkauft werden. Wo die wartenden Kunden sich im Laden unterhalten. Wo der Verkäufer die Waren auf dem Tresen aus Holz aufreiht und in aller Ruhe nachsieht, was es kostet.

Eine *Drogaria* ist ein Ort, an dem Zeit (noch) keine Rolle zu spielen scheint.

7. GRUND

Weil Portugal einen Zeitsprung vollzogen hat

Portugal hat in den letzten drei Jahrzehnten in einer Art Zeitraffer einen Zeitsprung vollzogen. Als wir damals Anfang der Achtzigerjahre aus Hamburg in den Alentejo zogen, wechselten wir nicht nur das Land, sondern im Grunde auch das Zeitalter. Von Deutschland nach Portugal, von der Großstadt Hamburg in das Dorf Melides, vom Ende des Jahrhunderts zurück an den Anfang.

Über Strom, fließendes Wasser im Bad und Telefon dachte man in Deutschland nicht nach. Das war einfach vorhanden. Im Alentejo war das nicht der Fall. Strom gab es nur direkt in Melides. Die umliegenden Höfe hatten keine Stromversorgung. Die Leute holten das Wasser aus einer Quelle und das Badezimmer war die freie Natur. Es gab nur wenig Telefone, und Autos waren eine Seltenheit.

Wie lebten die Leute damals?

Im Grunde so wie die Leute früher auf dem Land in Deutschland. Wir hatten Licht durch Petroleumlampen, die jeden Tag neu gefüllt und geputzt werden mussten. Das Wasser wurde aus einem Tiefbrunnen mittels einer Pumpe in einen Tank gepumpt, aus dem es per Schwerkraft in unser Haus lief. Unser Kühlschrank funktionierte mit Gas, und für Musik hatten wir ein batteriebetriebenes Autoradio.

Beim Bäcker im Dorf gab es neben Brot auch Petroleum und Nägel. Die Gasflaschen tauschten wir im Landhandel, und die Batterien wurden in der Werkstatt aufgeladen, die auch Mopeds reparierte. Diese *Zündapps*, *Macals* und *Casals* waren damals das Haupttransportmittel – gnadenlos laut, deprimierend unzuverlässig und oft voll beladen. Manchmal war eine ganze Familie auf so einem Moped unterwegs, Vater vorne, Mutter hinten, das Kind in die Mitte geklemmt. Dazu die Einkäufe in einer Kiste oder Eselskörben, die auf dem Gepäckträger befestigt waren.

Telefonieren konnte man entweder in der Poststation im Dorf oder bei *Dona Júlia*, einer Kneipe auf der Straße zum Strand. Da stand ich dann in einer halb offenen Kabine in der Kneipe, in der angetrunkene Männer Karten spielten und lautstark diskutierten. In Kombination mit einer schlechten Verbindung nach Deutschland nicht gerade die perfekten Telefonbedingungen.

Aber es machte uns nichts aus, denn so lebten alle.

Und dann zog der Fortschritt ein. Die Stromversorgung wurde auf die umliegenden Dörfer und auf unser Grundstück ausgedehnt. Telefonanschlüsse wurden gelegt. Sickergruben wurden gebaut. Und praktisch parallel mit dem Telefon kam das Internet. Schon bald konnte ich in Melides am Bankautomaten mein Internetkonto per Karte aufladen.

Und heute – 30 Jahre später – gibt es fast überall Strom, fließendes Wasser, Telefon, Kabelfernsehen und Internet. Es gibt Tausende von Kanälen über Satellit oder Kabel, eine Flatrate fürs Internet, und USB-Sticks für mobiles Internet sind eine Selbstverständlichkeit. Selbst die Überlandbusse haben Wi-Fi. In Portugal gibt es mehr Handys als Einwohner. 99 Prozent der Haushalte haben Fernsehen, fast 60 Prozent verfügen über Internet. Einkäufe kann man online tätigen und selbst in mein kleines Dorf wird geliefert.

Der Übergang war nicht immer einfach. Ich kann mich noch gut an meinen ersten Versuch erinnern, Geld aus dem neu aufgestellten Bankautomaten in Grândola zu ziehen. Weil ich versucht habe, die Karte zurück in den Automaten zu schieben, schluckte er sie. Ich ging also in die Bank und erzählte von meinem Missgeschick.

»Schon wieder einer«, sagte der Bankangestellte.

»Passiert das öfter?«, fragte ich.

»Andauernd«, sagte der Bankangestellte.

»Ich weiß nicht, wer auf die Idee gekommen ist, hier in dieser Provinz solche Automaten aufzustellen«, sagte der Kunde am Nebenschalter.

Es endete damit, dass mir der Bankangestellte meine Karte wieder aushändigte. Er setzte sich dann von drinnen *in* den Automaten, während ich draußen nach seiner Anweisung Geld abhob. Sozusagen aus einem wirklich sprechenden Geldautomaten.

So etwas gibt es natürlich heute nicht mehr. Da werden falsch eingesteckte Karten an die Zentrale geschickt und erst nach ein paar Tagen ausgehändigt. Aber es kommt auch nur noch selten vor. Wir wissen jetzt ja alle, wie es geht. Weil wir alle mit dem Land zusammen einen Zeitsprung gemacht haben, der uns in die Neuzeit katapultiert hat.

8. GRUND

Weil die Mitbegründerin der revolutionären Brigaden heute Gesundheitstipps gibt

Isabel do Carmo ist über 70 und gibt in Zeitschriften Ratschläge zum Thema Abnehmen und Ernährung. Auch hat sie sieben Bücher veröffentlicht, in denen sie Gesundheitstipps gibt und eine vernünftige Lebensweise empfiehlt. Die anerkannte Spezialistin, Fachärztin für Endokrinologie und Ernährung, war bis vor Kurzem Leiterin der entsprechenden Abteilung im *Hospital de Santa Maria*, einem der größten Krankenhäuser in Lissabon.

Eine ganz normale Karriere also? Nicht ganz.

In ihrem Buch *Saber Emagrecer* über Strategien zum Abnehmen klingt kurz ihre Vergangenheit an. Sie besäße keinen Zaubertrank zum Abnehmen, schreibt sie. Und was sie versucht hat, gegen die Überflussgesellschaft zu tun, ist nur noch Teil ihres Lebenslaufs. Damit bezieht sie sich auf die Jahre vor und auch nach der Revolution, in denen sie versucht hat, die Welt zu verändern. Und zwar mit Gewalt.

Ein Versuch, der sie zweimal ins Gefängnis gebracht hat. Das erste Mal noch während der Diktatur, verhaftet von der PIDE, der damaligen Geheimpolizei. Das zweite Mal 1978, als Portugal schon eine Demokratie war. Vier Jahre hat Isabel do Carmo wegen der Teilnahme an bewaffneten Aktionen im Gefängnis gesessen.

Sie hat selbst keine Bomben geworfen, aber sie hat das Material für die Bomben transportiert und war an der Planung beteiligt. Sie steht dazu, sagt sie dazu der Journalistin Marta F. Reis in einem Interview für die portugiesische Tageszeitung *i*, weil sie das verteidigt hat, an was sie glaubt. Offen reden die Journalistin und Isabel do Carmo über diesen Teil ihrer Vergangenheit, und befragt, ob sie heute noch Bomben werfen würde, antwortet Isabel do Carmo, dass Bomben zu werfen heute nichts mehr nütze, da gegen den jetzt herrschenden globalen Finanz-Imperialismus nichts auszurichten sei.

Was für eine Karriere! Mit 18 Jahren tritt sie in die PCP ein, die kommunistische Partei Portugals. Mit 30 Jahren tritt sie wieder aus. Sie gründet zusammen mit Carlos Antunes die *Brigadas Revolucionárias*, die revolutionären Brigaden, und die PRP, die Partido Revolucionário do Proletariado, die Partei des revolutionären Proletariats. Bis zu ihrer Festnahme im Jahr 1978 ist sie Direktorin der Zeitschrift *Revolução* (Revolution).

Aber auch das ist Isabel do Carmo: Doktor der Medizin, Fachärztin, Vorsitzende der Ärzte-Vereinigung, Professorin an der medizinischen Fakultät, Leiterin der Abteilung für Endokrinologie.

Zum 30. Jahrestag der Revolution, also im Jahr 2004, wurde sie vom damaligen Präsidenten der Republik Jorge Sampaio für ihre Verdienste offiziell geehrt. Klar, dass da ein paar Politiker des rechten Spektrums die Veranstaltung boykottierten. Jorge Sampaio verteidigte ihre Ehrung mit den Worten, dass die Revolution das Ergebnis des Zusammenwirkens vieler Personen gewesen sei.

Das Erstaunliche, das Besondere, ja vielleicht das Portugiesische an dieser Geschichte ist, dass die Mitbegründerin der revolutionären Brigaden als integriertes Mitglied der Gesellschaft in diesem Land von der Mehrheit akzeptiert wird.

9. GRUND

Weil die Portugiesen über sich selbst lachen können

Rir é o melhor remédio – Lachen ist die beste Medizin, heißt auch ein portugiesisches Sprichwort. »Gib mir mal den Salazar«, sagt meine Freundin Catarina in der Küche. Wie bitte? Den Salazar? War das nicht der portugiesische Diktator, der jahrzehntelang das Land regierte? Ja, genau. Und deswegen heißt ein Teigschaber in

Portugal *Salazar*, weil man damit nämlich noch das Letzte rausholen kann. Jedes Quäntchen rausquetschen. Indem sie wenigstens die Teigschaber *Salazar* nannten, hat sich die Bevölkerung gewehrt.

Die Diktatur ist zum Glück seit 40 Jahren vorbei, aber Portugal hat es im Moment trotzdem nicht einfach. Ganz besonders nicht, seit es unter dem Rettungsschirm der EU ist und die Regierung eine Sparmaßnahme nach der anderen verordnet. Die Renten werden gesenkt, die Steuern erhöht und die Kontrollen verstärkt. Und für alles soll eine Rechnung ausgestellt und verlangt werden (was ja auch sinnvoll ist).

Und dann antwortet doch in der Tat ein hochrangiger Politiker auf die Frage, ob er für die Anmietung seines Ferienhauses in der Algarve eine Rechnung verlangt hat, das wäre seine Privatsache und ginge die Öffentlichkeit nichts an. Da reicht es dann irgendwie.

Was also machen die Portugiesen? Sie veröffentlichen die Steuernummern des Ministerpräsidenten und der Minister im Internet und fordern alle Portugiesen dazu auf, bei jedem Kauf eine dieser Steuernummern anzugeben. Wie viele es dann wirklich gemacht haben, weiß ich natürlich nicht, aber die Idee ist originell.

Wunderbar zu diesem Thema passt auch eine Karikatur zum Tag des Kindes. Ein kleines Mädchen zieht ein Spielzeug hinter sich her, und ein Politiker rennt dem Kind nach und fragt: »Hast du dafür auch eine Rechnung, Mädel?«

Solche Sachen gehen natürlich durch das ganze Land. Und das ist ja heutzutage dank Internet und Facebook kein Problem.

Wenn sie nicht über ihre Politiker lachen, machen die Portugiesen gerne Witze über die Alentejaner. Der Alentejo ist für Portugal das, was für Deutschland Ostfriesland ist. Und die Witze sind wohl vergleichbar. Die Alentejaner gelten als langsam, faul und schwerfällig. Seit einer Rundmail wissen wir, wie ihr Notfallkoffer aussieht: Ein Koffer wie ein Werkzeugkasten, nur statt Bohrmaschine und Co. enthält er Schweinefleisch, Würste und Schinken.

Ein älterer Witz aus der Zeit der deutschen Wiedervereinigung geht so: Warum haben die Alentejaner Berlin verlassen? – Weil es keine Mauer mehr zum Anlehnen gibt.

Früher hieß es, die Alentejaner könnten nicht lesen. Das hat sich anscheinend geändert: Warum lesen die Alentejaner ihre Zeitung an der Straßenecke? – Damit der Wind die Seiten umblättert.

Das sind die harmlosen Witze, aber es gibt auch andere, gemeine, unter die Gürtellinie gehende, die ich hier natürlich nicht wiederhole.

Früher war es Salazar, der das Land auspresste, jetzt sind es die Sparmaßnahmen.

»Das neue Sparschwein«, steht unter der Abbildung eines mageren Schweines, dessen Rippen kantig hervorstehen.

»Früher erreichten mich Wünsche, jetzt bekomme ich Bewerbungen«, steht auf dem Schild des Weihnachtsmannes in einem Cartoon.

»Hast du es satt, jeden Cent am Ende des Monats zu zählen? Hättest du doch weniger studiert! Dann wärst du heute Politiker«, lautet ein auf Facebook zirkulierender portugiesischer Witz, der sich auf die Tatsache bezieht, dass immer mal wieder ein portugiesischer Politiker auffliegt, weil es berechtigte Zweifel an seinem Studienabschluss gibt.

Eine wahre Fundgrube für diesen portugiesischen Humor ist die Facebook-Seite *Eu sou Português* – ich bin Portugiese.

Über 280.000 Leuten gefällt diese Seite, was auch zeigt, dass die Portugiesen über sich selbst lachen können. Denn egal, wie ernst die Lage ist, und egal, wie hoch die Schulden sind: *Tristezas não pagam dívidas* – mit Traurigkeit zahlt man keine Schulden. Und Lachen ist eben manchmal wirklich die beste Medizin.

Weil es in Portugal sieben Naturwunder gibt

15 Kilometer südlich von Fátima, der Stadt, in der den drei Hirtenkindern die Jungfrau Maria erschienen ist, gibt es noch ein Wunder. Ein Wunder der Natur. Und zwar die Grutas de Mira de Aire, die Höhlen von Mira de Aire. Sie gehören zu den sieben Naturwundern Portugals. Drei davon liegen auf den Azoren und Madeira, die vier anderen befinden sich auf dem Festland (mehr zu dem Wunder von Fátima in Grund Nr. 84).

Die Höhlen befinden sich in dem Ort Mira de Aire. Wir holen uns Tickets und warten dann mit den anderen Besuchern vor dem Eingang. Stimmt nicht – zuerst gehen wir mittagessen, denn es ist ein Uhr, und die Essenszeit wird in Portugal ernst genommen (wie ernst steht in Grund Nr. 2). Die Touristenattraktion ist eine große Anlage und so gibt es hier auch ein entsprechend großes Restaurant mit Mittagstisch. Und erst nach Essen und *Cafezinho* gehen wir zu dem Eingang der Höhlen und warten.

Zwei Tauben sitzen auf dem blauen *Entrada*-Schild am Eingang. An der Wand gegenüber ist eine große Tafel, die die Höhlen erklärt. Ein kurzer Film, und dann geht es runter in die Unterwelt. 680 Stufen gehen wir tiefer und tiefer in die Höhle.

Zum Glück gibt es Geländer, denn die Stufen sind durch die Feuchtigkeit in der Höhle ziemlich glitschig. Hier ist es kühl, es herrscht eine konstante Raumtemperatur von 17 Grad. Die Höhle ist fantastisch beleuchtet, das ist natürlich nicht das Wunder der Natur, aber es macht sich sehr gut. Gelb-grüne Lichter leuchten die Anfänge von Tunneln aus, die in den Berg führen. Helle Stalaktiten (das sind die, die von oben kommen) glänzen an orangefarbenen Wänden. Die Stufen winden sich nach unten. Manche der Stalaktiten sehen aus wie zum Trocknen aufgehängter *Bacalhau*, Stockfisch. (Das ist weniger verfänglich als die Form, die wir in den

Höhlen von Aracena in Spanien gesehen haben. Wo die Frauen alle gegrinst haben und die Männer ganz stumm wurden.) Die Formation und die Farben fügen sich zu abstrakten Gemälden, es wäre eine Traumkulisse für einen Märchen- oder Fantasyfilm. Tief unten in der Höhle liegt ein grüner See. Und sogar beleuchtete Springbrunnen gibt es. Zum Glück müssen wir die Stufen nicht wieder hochlaufen, sondern fahren mit dem Aufzug.

Die Grutas de Mira de Aire sind vielleicht das spektakulärste der sieben Naturwunder. Aber die anderen sind natürlich auch einen Besuch wert. Die Ria Formosa, das weite Lagunengebiet im Südosten der Algarve, ist ein großes Naturschutzgebiet, in dem viele Vögel leben und viele Zugvögel auf ihrem Weg in den Süden rasten. Die Bucht von Portinho da Arrábida liegt pittoresk in der Nähe von Sesimbra und ist durch die Nähe zu Setúbal und Lissabon ein beliebtes Ausflugziel.

Und der Parque Nacional da Peneda-Gerês ist der einzige Nationalpark Portugals. Er liegt ganz oben im Norden im Minho und Trás-os-Montes, an der spanischen Grenze. Dieser Naturpark ist berühmt für seine Wandermöglichkeiten, also haben Catarina, Elsa und ich beschlossen, dort demnächst wandern zu gehen. Und da Jugendherbergen so günstig sind, wollen wir dort übernachten.

Elsa ruft an, um das Zimmer zu buchen, und kann sich vor Lachen gar nicht mehr einkriegen. Bei der Buchung eines Zimmers in der Jugendherberge wird einem eine Sexualberatung angeboten. Brauchen wir nicht, finden wir. Und klar lachen wir erst mal, aber eigentlich ist es ein vernünftiges Angebot und wieder ein gutes Beispiel für den portugiesischen Pragmatismus.

Und so wird der Parque Nacional da Peneda-Gerês die nächste Station unserer sieben Naturwunder, mit Übernachtung in der Jugendherberge (ohne Beratung).

KAPITEL 2

Boa viagem – Gute Reise!

11. GRUND

Weil es an jeder Ecke mindestens eine *Pastelaria* gibt

»Komm, wann du willst«, sagt Catarina, »und wenn ich nicht da bin, ist der Schlüssel unten im Café.«

Diese Worte zeigen schon, dass ein Café oder eine *Pastelaria* in Portugal sehr viel mehr ist als einfach nur ein Ort zum Kaffeetrinken oder Kuchenessen. Und in der Tat, auch Nicht-Portugiesen gewöhnen sich schnell in die *Pastelaria*-Kultur ein.

Eine *Pastelaria* ist einfach alles: ein öffentliches Wohnzimmer, ein Treffpunkt für die Nachbarn, ein Ort, um sich mit Freunden zu verabreden, der Umschlagplatz für Klatsch, eine Möglichkeit, um Nachrichten, Schlüssel oder Ähnliches zu hinterlegen, eine Verkaufsstelle von Brot, Brötchen und Croissants. Ein Ort, an dem man ungestört Zeitung lesen kann. Entweder die eigene mitgebrachte oder eine der Zeitungen, die dort ausliegen. Keine *Pastelaria* ohne eine Tageszeitung wie *Correio da Manhã* oder *Jornal de Notícias*, plus selbstverständlich eine Fußball-Tageszeitung wie *Record* oder *A Bola*. Und weil wir schon bei Fußball sind: Hier ist auch der Ort, an dem man ein Fußballmatch verfolgen kann.

Eine *Pastelaria* ist somit der zentrale Punkt eines jeden Viertels. Kein Wohnviertel ohne, denn die Nähe einer *Pastelaria* ist für Portugiesen wichtig (für mich übrigens auch). Ein Tag ohne Besuch im Café? Kommt nicht infrage!

Morgens vor der Arbeit noch schnell eine *Bica* trinken und einen Kuchen essen oder zwischendurch mal eben kurz auf einen *Cafezinho* ins Café gehört zum Leben in Portugal. Der Angestellte ist gerade nicht da? *Foi tomar um cafezinho* – er ist im Café um die Ecke und trinkt einen Kaffee. Und abends nach dem *Jantar*, dem Abendbrot, geht man gemeinsam ins Café einen Kaffee trinken.

Natürlich gibt es auch in Deutschland Cafés, aber die sind anders. In Deutschland geht man in ein Café, trinkt gepflegt seine

Tasse oder sein Kännchen Kaffee und isst ein Stück Kuchen oder Torte, während man gesittet am Tisch sitzt.

In Portugal sind die *Pastelarias* Teil des Lebens. Brot holen, schnell was essen, einen Espresso trinken. *Ir ao café*, ins Café gehen, gehört in Portugal einfach dazu. Eine wissenschaftliche Studie bestätigt das. In seiner Arbeit über »Soziale Tendenzen und Perspektiven des Kaffeekonsums in Portugal« schreibt Tiago Oliveira, dass 80 Prozent des in Portugal konsumierten Kaffees im Café getrunken werden und nur 20 Prozent zu Hause. Im restlichen Europa ist das in etwa umgekehrt. Da werden nur 30 Prozent des Kaffees im Café konsumiert und 70 Prozent zu Hause.

Auch ehe ich die genauen Zahlen kannte – vermutet habe ich das schon immer. Allein die Anzahl der Cafés und *Pastelarias* spricht ja dafür. Wo so viel Kaffee außer Haus getrunken wird, muss es auch entsprechend viele Orte dafür geben. Mit anderen Worten: Urlauber in Portugal müssen sich überhaupt keine Sorgen darüber machen, wo sie ihren nächsten *Espresso*, *Galão*, *Bica Cheia* oder *Café duplo* (*sem ou com leite*) bekommen. Und sie werden nicht verhungern, obwohl die Zeiten für reguläre Mahlzeiten ausgesprochen streng sind (siehe auch Grund Nr. 2 und Grund Nr. 71).

Und hier der Wortschatz, um den passenden Kaffee zu bestellen:

- *Café, Bica* – Espresso (*Bica* im Süden, *Café* im Norden)
- *Curto* – Espresso mit wenig Wasser, sehr stark
- *Bica cheia* – Espresso mit viel Wasser
- *Galão* – Milchkaffee im Glas
- *Meia de leite* – Milchkaffee in einer Tasse
- *Café duplo* – doppelter Espresso
- *Com leite* – mit Milch
- *Café pingado* – Espresso mit Milch
- *Café com cheirinho* – mit einem Schuss Schnaps oder Brandy

Sie trinken lieber Tee? Auch kein Problem, in jeder *Pastelaria* gibt es eine gute Auswahl an *Chá*, Tees. Nicht nur *Chá preto*, schwarzen Tee, sondern normalerweise auch mehrere Sorten Kräutertee und *Chá de Limão*, bei dem Zitronenschale mit heißem Wasser übergossen wird. Es gibt auch Bier und alle möglichen alkoholischen Getränke. Es gibt im Grunde alles außer einem *Café triplo*.

Mein Freund Sam hat mal versucht, in »unserer« *Pastelaria* einen *Café triplo* zu bestellen, die Kellnerin hat es zunächst für einen Scherz gehalten und sich dann schlicht und einfach geweigert. Dazu war sie nicht bereit. *Café triplo*, ein dreifacher Kaffee? Kam nicht infrage.

Also hat Sam einen *Café duplo* und einen Espresso bestellt und den Espresso in den *Café duplo* gegossen. Noch heute lacht die Kellnerin jedes Mal, wenn sie Sam sieht. Der *Café triplo* ist uns allen unvergesslich. Und obwohl es an jeder Ecke eine *Pastelaria* gibt, gehen wir natürlich (fast) immer in »unsere«. Wie es sich gehört.

12. GRUND

Weil man hier besichtigen kann, wie Wein gemacht wird

António Monteiro lädt uns – meine Freundinnen April und Jean aus Kanada und mich – zum Mittagessen ein. In eins der vielen »typisch portugiesischen« Restaurants, die es überall in Portugal am Straßenrand gibt. Dieses hier, die Churrasqueira Arraúl, ist in der Avenida D. Faustino Moreira Santos in Gandra in Nordportugal und sieht von außen unscheinbar aus. Aber drinnen ist es erstaunlich groß, mit mehreren Räumen. Es ist einfach, gemütlich und gut besucht. Das Essen üppig und sehr gut. Es gibt die üblichen Vorspeisen, und dann als Hauptgänge Spanferkel und *Bacalhau*. Nachspeisen sind nach dem üppigen Essen natürlich nicht mehr drin. Aber selbstverständlich trinken wir unseren *Cafezinho*. Zum

Essen gibt es verschiedene *Vinho Verde*, den grünen Wein, der hier in Nordportugal wächst, und zwar nur hier.

António Monteiro erklärt uns die Weine. Er weiß, wovon er spricht, denn er hat sie selbst produziert. Seiner Familie gehört das Weingut *Quinta das Arcas* in Valongo, das auch das Restaurant beliefert.

Nach dem Mittagessen führt er uns über das Weingut, erst zu den Feldern mit den Weinstöcken in Reih und Glied, und danach gehen wir durch die Produktionshallen. Hier findet alles statt: die Anlieferung der Trauben, die Abfüllung in Flaschen und die Verpackung für die Auslieferung. Alles ist großzügig und modern. Die neueste Errungenschaft ist eine moderne Presse, die vor ein paar Tagen installiert wurde. Gerade rechtzeitig zum Beginn der Weinernte jetzt Ende September.

Zwischen dem, was ich zu Hause in meiner *Adega* im Keller habe und wo ich meinen Rotwein mache, und dieser Produktionsstätte liegen Welten und ein Jahrhundert. Mindestens. Aber ich mache ja auch nur Wein für den Hausgebrauch, die *Quinta das Arcas* produziert im großen Stil für Verkauf im In- und Ausland. Und diesem Export des *Vinho Verde* ins Ausland haben wir auch die Sonderführung zu verdanken. Eine Freundin von Jean importiert die Weine nach Ontario in Kanada und hat uns den Besuch vermittelt. (Ein bisschen wie im portugiesischen Tauschring, siehe Grund Nr. 52, nur globaler.)

Aber die Besichtigung von Weingütern in Portugal geht natürlich auch ohne Tauschring-Kontakte. Portugal hat elf *Rotas dos Vinhos*, Weinrouten, an denen Weingüter liegen, die man besichtigen kann. Die Informationen zu der jeweiligen Route der Region bekommt man bei den lokalen Touristeninformationsbüros. Die *Rota do Vinho do Porto* zum Beispiel führt zu 54 Weingütern, Unterkünften und Restaurants.

Eins davon ist die *Quinta da Pacheca*, am südlichen Douro-Ufer, gleich gegenüber von Peso da Régua. Auf der *Quinta da Pache-*

ca gibt es alles zusammen: Besichtigung des Weinguts, Unterkunft und Restaurant. Im Laden der Quinta kann man Portweine, Weine und Olivenöl kaufen. Außerdem eine *Redução de Vinho*, eine Weinreduktion, die wie ein Chutney als Beilage zum Essen serviert wird.

Die *Rota do Vinho do Porto* führt auf kurvigen Straßen am Douro-Ufer entlang. Der Douro liegt tief im Tal, an den steilen Hängen wachsen Wein und Oliven. Hier in dieser Gegend ist die Sonne besonders intensiv, mit anderen Worten: Es ist im Sommer brütend heiß und die Händler mit den Strohhüten am Anleger in Peso da Régua machen immer gute Geschäfte. Aber gerade durch diese Sonne werden die Trauben für den Portwein besonders gut. Hier aus dieser Gegend – und wirklich nur aus dieser – kommt der echte Portwein. Die Landschaft am Douro ist so einzigartig, dass das Gebiet 2001 von der UNESCO zum Weltkulturerbe erklärt wurde.

Ein Muss auf der Portweinroute ist natürlich Peso da Régua. Hier kann man nicht nur Portweinkellereien besichtigen, sondern auch eine Schifffahrt auf dem Douro buchen. Bei der längeren Fahrt flussaufwärts geht es durch beeindruckend hohe Schleusen. Bei der kürzeren Fahrt fährt das Boot eine halbe Stunde den Douro flussabwärts und wieder zurück (mehr zu Fahrten auf dem Douro in Grund Nr. 70).

Ein Highlight (für mich) ist jedes Mal der Besuch im *Museu do Douro*. Hier wird der gesamte Ablauf der Herstellung von Portwein gezeigt, vom Anbau bis zu Ernte und Abfüllung. (Und jedes Mal, wenn ich aus diesem Museum komme, bin ich voller guter Vorsätze, was meine eigenen Weinstöcke betrifft.) Bei dem Besuch der Portwein-Ausstellung unbedingt den Kopf in das überdimensionale Holzfass stecken – es duftet immer noch nach Frucht und Süße. Und im Museumsshop gibt es eine gute Auswahl an Portweinen, Büchern über Portwein und Souvenirs.

Außer der *Rota do Vinho do Porto* gibt es noch zehn andere Weinrouten. Unter anderem eine *Rota dos Vinhos do Alentejo*, eine *Rota dos Vinhos do Dão* und eine *Rota dos Vinhos Verdes*.

An dieser Route liegt auch die *Quinta das Arcas*. Deren *Vinho Verde Conde Villar Alvarinho 2012* hat übrigens auf der *Albariños Al Mundo 2013*, einem spanischen Wein-Wettbewerb, eine Goldmedaille gewonnen.

13. GRUND

Weil man hier in alten Herrenhäusern und anderen ungewöhnlichen Gebäuden übernachten kann

Möchten Sie in dem alten Herrenhaus übernachten, in dem schon die Mutter des ersten Königs von Portugal gewohnt hat? Dann buchen Sie doch in der *Quinta da Comenda*, in der Nähe von São Pedro do Sul. Sie werden zwar nicht direkt in dem alten Herrenhaus wohnen, aber in einem Gebäude auf dem Anwesen, das immerhin seit Anfang des 12. Jahrhunderts existiert. Dann können Sie auch gleich die Thermen besuchen und sich eine Massage gönnen, genau wie der erste König Portugals nach der Schlacht von Badajoz (siehe auch Grund Nr. 88).

Oder möchten Sie lieber in einer Filmkulisse übernachten? Auch kein Problem. Buchen Sie doch einfach einen Aufenthalt in der *Casa da Ínsua* in Penalva do Castelo.

In diesem stilvollen *Hotel de Charme* drehte José Fonseca e Costa 2006 den Film *Viúva Rica Solteira Não Fica* (auf Deutsch: Eine reiche Witwe bleibt nicht allein). Ende des 19. Jahrhunderts spielt diese Story, in der eine junge Adlige, die mit ihrem Vater aus Brasilien nach Portugal kommt, mit einem Unbekannten verheiratet wird. Als der Ehemann und der Vater sterben, ist sie auf einen Schlag Waise und Witwe und dazu auch noch so richtig reich. An neuen Bewerbern fehlt es daher nicht, aber sie verliebt sich unstandesgemäß in einen Bauern, den sie natürlich nicht heiraten darf. Das Ganze spielt in einem alten Herrenhaus, und der perfekte Drehort dafür war die *Casa da Ínsua*.

Oder möchten Sie lieber in einem Herrenhaus übernachten, das ein eigenes kleines Museum mit Schaustücken aus Indien hat und wo antike Seidenteppiche im Flur an der Wand hängen? Das Herrenhaus ist seit 1760 im Besitz der gleichen Adelsfamilie. Und der jetzige Nachfahre lädt gelegentlich zu klassischen oder Jazz-Konzerten im Haus. Zu dem Anwesen gehören Park, Pool und Tennisplatz. Wenn Sie das erleben möchten, dann gönnen Sie sich ein Wochenende im *Casa de Fataunços*, in Vouzela in der Nähe von São Pedro do Sul.

Diese *Solares*, *Palácios* oder Herrenhäuser sind sogenannte *Turismos de Habitação*, eine Kategorie des *Turismo Rural*, eine Art der Ferien auf dem Land, nur in edel. Im Zentrum und im Norden Portugals ist das Angebot erheblich größer als im Süden. Grob gesagt, je nordwestlicher in Portugal, desto mehr *Turismos de Habitação* gibt es. Woran das liegt? Wahrscheinlich einfach daran, dass es im Norden mehr alte Herrenhäuser als im Süden gibt. (Das *Casa da Ínsua* ist übrigens genau genommen kein *Turismo de Habitação*, sondern ein Hotel, aber es könnte vom Stil her gut einer sein.)

Aber bitte nur buchen, wenn Sie nicht den Luxus eines Fünfsternehotels erwarten. Ein *Turismo de Habitação* ist immer stilvoll und etwas Besonderes. Das Gebäude, die Gärten, das Mobiliar und die Dekoration sind oft jahrhundertealt, aber es bietet nicht den Service eines Hotels. Und wenn auch heutzutage alle Zimmer eigene Bäder haben, ergibt sich schon aus dem »jahrhundertealt«, dass nicht alles neu sein kann.

Dafür ist eine derartige Location sehr viel persönlicher. Oft kümmern sich die Besitzer selbst um die Gäste, geben Tipps und essen mit den Gästen. Viele kommen immer wieder, und es entsteht im Laufe der Jahre ein freundschaftlicher Kontakt. Es ist eben etwas ganz anderes als die glatte wohlgeölte Maschinerie eines Hotels. Und gerade deswegen so schön.

Ein Konzert in der *Casa de Fataunços*, mit einer russischen Pianistin und einem portugiesischen Saxofonisten an einem Sommerabend. Ein Flasche Sekt vom Hof trinken, während man vor seinem Appartement in der *Quinta da Comenda* sitzt und über die Weinfelder sieht, auf denen die Trauben für diesen Sekt gewachsen sind. Im gepflegten Park des *Casa da Ínsua* lustwandeln, und später zu Hause den Film sehen, der dort spielt. (Sehen, nicht verstehen, es sei denn, Sie sprechen portugiesisch, denn den Film gibt es leider nur auf Portugiesisch.)

In alten Herrenhäusern zu übernachten bietet Ihnen eine wirklich exklusive Möglichkeit, Portugal kennenzulernen.

14. GRUND

Weil hier Raser in den Dörfern automatisch gestoppt werden

Nach 20 Jahren im Alentejo, also einem Leben praktisch ohne Ampeln und ohne nennenswerten Verkehr, ziehen wir nach Nordportugal. Der Alentejo ist groß und nur spärlich besiedelt, im Norden liegen die Städte und Dörfer dicht beieinander. Und fast jedes Dorf, durch das wir fahren, hat eine Ampel. Und die ist immer rot.

»Komisch«, sagt mein Mann, »immer, wenn ich hier fahre, ist Rot.«

Kurze Zeit darauf begreifen wir, was hier los ist. Die Ampeln sind rot, *weil* wir hier fahren. Und zwar zu schnell. Nämlich über 50. Und in der Tat: Da reicht ein einziger Stundenkilometer zu schnell und die Ampel ist rot.

Besucher aus Deutschland sind normalerweise begeistert: Warum gibt es das nicht auch in Deutschland? Es ist eine so einfache und effektive Methode, die Raser zu stoppen. Jemand fährt über 50 – die Ampel wird rot. Der Fahrer stoppt. Der Fahrer wartet. Er fährt wieder an. Und nächstes Mal guckt er auf den Tacho, wenn er durch ein Dorf fährt. Es sind sozusagen Ampeln mit erzieherischem Wert.

Manche Autofahrer lernen allerdings anders als erwünscht. Sie wissen genau, an welcher Stelle die Kamera misst. Sie gehen nur an der entscheidenden Stelle kurz mit der Geschwindigkeit runter und geben dann wieder richtig Gas. Und es gibt natürlich auch besonders fiese Fahrer. Die fahren erst zu schnell durch das Dorf und biegen dann vor der Ampel rechts oder links ab, weil sie in einer Nebenstraße wohnen. Die sind dann weg und man selbst – obwohl brav 50 gefahren – steht an der roten Ampel und wartet.

Oder hier diese Variante, die ist die gemeinste überhaupt: Ein Raser überholt einen mit voller Geschwindigkeit und ist so schnell, dass er durch die Ampel gerast ist, ehe sie überhaupt schalten kann. Der rast da einfach durch und man selbst – obwohl brav 50 gefahren – muss warten.

Aber mal abgesehen davon ist es eine gute Regelung, finde ich, im Grunde ist sie einfach genial.

Und wenn Sie in Portugal unterwegs sind, und die Ampeln sind immer rot, kann es also durchaus sein, dass es nicht an der Ampelschaltung liegt. Sondern an Ihnen.

15. GRUND

Weil man und frau bei ROT die Straße überquert

»Das macht man nicht«, sagt die Frau zu dem kleinen Kind an der Hand, während sie das Kind über die Straße zieht, »man geht nicht bei Rot über die Ampel.«

Und schwupp ist sie auf der anderen Straßenseite. Und was hat das Kind jetzt gelernt? Dass man bei Rot eigentlich nicht über die Ampel geht, aber dass man es trotzdem tut?

Das Gleiche neulich in Lissabon, an der Ecke der Rua Saraiva de Carvalho und Ferreira Borges. Die Ampel zeigt Rot. Alle Fußgänger überqueren die Straße. Ein kurzer Blick nach links und rechts – und drüben sind sie. Nur ich stehe und warte.

»Jetzt mach schon«, sagt meine Freundin Maria.

»Es ist Rot«, sagte ich (brav deutsch, obwohl seit 30 Jahren im Ausland).

»An dieser Kreuzung ist immer Rot«, sagt Maria. »Hier dauert es ewig.«

Also überqueren wir die Straße bei Rot.

»Warum gehen die Portugiesen bei Rot über die Straße?«, frage ich Maria und bekomme gleich drei Antworten.

»Zeit ist Geld, aber man muss natürlich auch auf die Sicherheit achten«, lautet die erste Antwort, aus der die Vernunft spricht.

»Es ist auch einfach Nachlässigkeit«, gibt sie in der zweiten Antwort zu, die der Realität wohl am nächsten kommt.

»Und manchmal macht es auch einfach Spaß, die Regeln zu brechen«, lautet die dritte Antwort.

Die Kombination aus diesen drei Aussagen ist vielleicht die Antwort auf den portugiesischen Verkehr, und zwar sowohl was die Fußgänger als auch was die Autofahrer betrifft. Eile und eine gewisse Nachlässigkeit, gepaart mit dem Vergnügen, ab und an die Regeln zu brechen.

Manchmal treibt es mich in den Wahnsinn. Da parkt doch wieder einer vor der Apotheke, weil er eben nur schnell was holen will und der nächste Parkplatz fünf oder sogar zehn Minuten Fußweg bedeutet. Und weil er diese Zeit sparen will, steht eine Schlange von fünf Autos und wartet, bis die Gegenspur frei ist.

»Portugiesische Autofahrer sind beim Parken Autisten«, sagt Maria dazu als Erklärung. Sie muss es wissen, sie wohnt in Lissabon, da herrscht das reinste Chaos und Parkchaos. Da stehen die Autos nachts manchmal mitten auf der Kreuzung.

Ich werde nie den Anblick vergessen, als ich eines Morgens sehr früh aus dem Fenster sah, und unten auf der Kreuzung stand in der Mitte ein einzelnes Auto. Geparkt. Erklärung: Als der Fahrer nachts kam, war schon alles vollgeparkt, also hat er eine dritte Reihe aufgemacht. Im Vertrauen darauf, dass die anderen irgendwie rauskommen. Und morgens waren in der Tat alle irgendwie rausgekommen und weggefahren. Nur das weiße Auto stand da noch allein in der Mitte. Ein Joghurtlaster kam und konnte nicht über die Kreuzung fahren. Fahrer und Beifahrer stiegen aus, hoben das Auto zur Seite. Und fuhren weiter.

Nix Polizei und Zeit verlieren. Selbst eine Lösung schaffen. Ja, Portugiesen wissen sich (oft jedenfalls) zu helfen. Sie gehen mit den Verhältnissen um und finden eine Lösung. *Desenrascar* heißt das portugiesische Verb, das diese Fähigkeit umschreibt. Eine genaue deutsche Übersetzung gibt es für dieses Wort nicht. Die Umschreibung lautet: eine Situation schnell lösen. Ja, darin sind Portugiesen ziemlich gut. Sie sind schon irgendwie wirkliche Lebenskünstler (mehr über die portugiesischen Lebenskünstler in Grund Nr. 60).

Und wenn man es eilig hat und die Ampel so lange rot ist und kein Auto kommt, dann geht man eben bei Rot rüber.

Wo ist das Problem?

16. GRUND

Weil die Bahnhöfe so einen altmodischen Charme haben

Portugals Bahnhöfe haben einen ganz besonderen Charme. Und zum Glück ist der stilvollste Bahnhof von Portugal immer noch in Betrieb: der Bahnhof *São Bento* in Porto, der so oft gelobt wird, dass es schon fast müßig ist, ihn hier noch einmal zu erwähnen. Unzählige Seiten im Internet bezeichnen ihn als einen der schönsten Bahnhöfe der Welt; hauptsächlich wegen der über 550 Quadratmeter großen blau-weißen Kachelbilder in der Eingangshalle, die in der Tat sehr beeindruckend sind (mehr dazu in Grund Nr. 68).

Aber der Bahnhof *São Bento* ist nicht der einzige sehenswerte Bahnhof in Portugal. Fast ebenso oft wird der Bahnhof *Estação Ferroviária do Rossio* in Lissabon erwähnt, von dem aus die Vorortzüge nach Sintra fahren.

In vielen Städten gibt es solche Bahnhöfe, die altmodischen Charme ausstrahlen. Es sind kleine Gebäude, die Wände mit *Azulejos* verziert, dazu der Name des Ortes ebenfalls auf *Azulejos*. Auf dem Bahnsteig stehen bunte Blumen in alten Terracotta-Töpfen, und an der Wand hängt die überall gleiche Bahnhofsuhr aus schwarzem Eisen.

Nicht nur das Ambiente ist wie aus einer anderen Zeit, auch das Tempo ist auf diesen Bahnhöfen noch ein bisschen so wie früher. Wir kommen kurz vor sechs Uhr morgens am Bahnhof von Mangualde an. Der Schalterbeamte auch. Langsam öffnet er seinen Schalter, packt die Kasse aus, und dann werden in aller Ruhe die Tickets ausgestellt. Eine Weile später macht das kleine Café auf. Ein Tresen, zwei runde Tische, vier Stühle. Hier kann der Reisende noch schnell vor Abfahrt des Zuges seinen *Cafezinho* trinken. Und wenn alle eingestiegen sind und der Zug abgefahren ist, bleiben nur der Café-Besitzer und der Schalterbeamte auf dem Bahnhof zurück.

Aber man muss nicht mit der Bahn fahren, um die Bahnhöfe zu besichtigen, es lohnt sich, sie auf Fahrten durch das Land als Zugabe zu Denkmälern, Kathedralen und Landschaft einfach »mitzunehmen«.

Die Besichtigung des Bahnhofs von Pinhão zum Beispiel lässt sich wunderbar mit einem Ausflug zum Douro verbinden. Hier am Douro gibt es übrigens kombinierte Schiff- und Eisenbahnfahrten. Einen Teil der Strecke fährt man mit dem Schiff flussaufwärts, dann geht es per Bahn weiter. Endstation: der Bahnhof von Pinhão. Ein kleiner Bahnhof mit einem halbhohen Umlauf aus – natürlich, was sonst: aus *Azulejos*. Auch dieser Bahnhof hat Kachelbilder in Blau-Weiß, dieses Mal mit einer gelb-blauen Borte. Dazu an der Wand die traditionelle Bahnhofsuhr aus Eisen.

Einige Bahnhöfe sind noch in Betrieb, andere sind stillgelegt worden. In Aveiro gibt es den schönen alten Bahnhof noch, aber der Bahnhofsbetrieb wurde in das neue Gebäude nebenan verlegt. Im Bahnhof von Sines ist ein Restaurant entstanden. Und manche Bahnhöfe stehen einfach leer.

Vor gut 100 Jahren wurde die Eisenbahn nach Vouzela eingerichtet, die *Linha do Vouga*. Die Strecke führte von Espinho an der Küste zwischen Aveiro und Porto bis nach Viseu. 1990 wurde ein großer Teil der Strecke geschlossen. Der ehemalige Bahnhof von Vouzela wurde zum Busbahnhof umfunktioniert. Aus dem Bahnhof von São Pedro do Sul in der Avenida José Vaz ist die *Estação de Artes e Sabores da Região* geworden, eine Kooperative, die Kunsthandwerk herstellt und verkauft. Außerdem betreibt die Kooperative ein kleines Restaurant mit einem guten und günstigen Mittagstisch.

Teilweise führen heute auf Teilstrecken dieser ehemaligen Eisenbahntrasse Wanderwege entlang. Einer davon führt sogar direkt an meinem Haus vorbei. Würde der Zug noch fahren, könnte ich im Dorf einsteigen und bis Espinho fahren, und von dort aus weiter mit dem Vorortzug nach Porto. Und in Porto würde ich an der *Estação São Bento* aussteigen – habe ich es schon erwähnt? –, einem der schönsten Bahnhöfe der Welt.

17. GRUND

Weil die historischen Dörfer einen Einblick in die Vergangenheit schenken

Der beste Zeitpunkt, um mit Besuchern einen Ausflug in das historische Dorf Aldeia da Pena zu machen, ist ein eiskalter, regnerischer Wintertag. Denn an diesen Tagen zeigt sich die ganze Trostlosigkeit und Einsamkeit am eindrucksvollsten. Da die meisten Freunde aber im Frühling, Sommer oder Herbst zu Besuch kommen, tut es notfalls auch ein grauer Regentag Anfang Oktober.

Aldeia da Pena liegt etwa 20 Kilometer nördlich von São Pedro do Sul. Der Zugang ist eine Straße, die erst über Kilometer hoch in die Berge der Serra de São Macário führt. Wer will, kann hier einen Abstecher zum São Macário machen, einem kleinen Plateau auf 1.050 Meter Höhe mit einer alten Kapelle und modernen Windrädern. An klaren Tagen kann man bis nach Spanien sehen. An windigen Tagen haut einen der Eiswind fast um.

Aber zurück zur Anfahrt nach Aldeia da Pena. An der Kreuzung hat man die Wahl zwischen Porta do Inferno (Tor zur Hölle, links) und Aldeia da Pena (rechts). Also biegen wir rechts ab. Ab jetzt windet sich die Straße, auf der genau ein Auto Platz hat, in Serpentinen nach unten.

»Was passiert, wenn uns ein Auto entgegenkommt?«, fragen die Besucher jedes Mal.

»Dann muss einer zurücksetzen«, antworte ich.

Wer zurücksetzt? Der, der am nächsten an einer der wenigen Ausweichstellen ist. Hoffentlich nicht ich. Die Besucher blicken sich um und hoffen nun mit mir, dass uns keiner entgegenkommt.

Unten angekommen, parken wir das Auto vor dem Dorf, denn im Dorf ist Autoverkehr a) verboten und b) sowieso unmöglich. Es gibt keine Straßen, nur holprige Wege mit Kopfsteinpflaster, die in einem Ziegen- oder Hühnerstall oder an einer Hauswand enden.

Im Dorf stehen aneinandergedrückt und ineinander verschachtelt dunkle Häuser. Sie sind komplett aus schwarzem Schiefer, die Wände, die Dächer, selbst die Fensterbänke sind aus Schieferplatten. Wenn man in dem Dorf steht und auf den schwarzen Schiefer sieht, der im Regen glänzt, fragt man sich: Warum zum Teufel hat sich hier jemand angesiedelt? Was haben die Leute hier gemacht? Kann das bisschen Land, können die paar Schafe und Ziegen und das bisschen Honig jemanden ernähren?

»Wieso haben sich hier Leute angesiedelt?«, fragen meine Besucher jedes Mal.

Wir gehen durch die Gassen. Ein Pferd steht in einem Hinterhof und frisst Heu. Ein paar Hühner gackern. Menschen sehen wir keine. 35 Einwohner hat das Dorf, steht vorne am Ortseingang. Sechs Einwohner hat das Dorf, steht in der Wikipedia.

Ich habe vier getroffen. Den Mann und die Frau, die vorne am Ortseingang einen vier Quadratmeter großen Laden betreiben, in dem sie Häuschen aus schwarzem Schiefer und Honig in Kilogläsern verkaufen. Der Honig schmeckt bitter-süß und ist fast so schwarz wie der Schiefer der Häuser. Die beiden anderen Einwohner sind die Betreiber des Cafés. Auch hier ist alles aus schwarzem Schiefer. Wer will, oder muss, kann hier auf Toilette gehen. Dazu geht man über die schwarze Schiefertreppe in den Keller aus schwarzem Schiefer.

Wir gehen zum Auto zurück und fahren die Serpentinen hoch. Und hoffen wieder, dass uns keiner entgegenkommt. Aber an diesem Tag passiert es natürlich. Vier Autos kommen von oben. Fünf Autos kommen von unten, eins davon unser Auto. Jetzt kann keiner mehr vor oder zurück. Besonders nicht die arme Frau, die am Steuer des Wagens sitzt, der eigentlich zurückfahren müsste. Aber sie traut sich nicht. Ich mache drei Kreuze, dass es nicht mich getroffen hat.

Es schüttet wie aus Eimern. Wir sitzen in unseren Autos und warten. Als der Regenschauer vorbei ist, fährt einer der Männer das Auto der verzweifelten Frau rückwärts auf einen Wendeplatz und wir können alle weiterfahren.

Von oben werfen wir einen letzten Blick auf die weit unten im Tal liegenden schwarzen Häuser von Aldeia da Pena. *Pena* heißt auf Deutsch Leid, Strafe oder Mühe. Was für ein Name für ein Dorf.

Zurück in der »normalen« Welt machen wir Station in dem Dorf Macieira. Hier gibt es ein Restaurant mit dem Namen *Salva Almas* (Seelen retten). Auch hier sind die Wände aus schwarzem Schiefer, aber es wirkt anheimelnd und gemütlich. Und während wir es uns bei es *Javali* (Wildschwein), *Arroz do Marisco* (Reis mit Meeresfrüchten) und *Vinho Verde* gut gehen lassen, rätseln wir weiter über die Frage: Warum haben sich dort Leute angesiedelt?

Um diese Dörfchen ganz vor dem Aussterben zu bewahren, gibt es mittlerweile ein *Programa de Aldeias Históricas*, ein Programm zur Rettung der historischen Dörfer. Zwölf Dörfer sind bis jetzt in das Programm aufgenommen worden. Die Zeitschrift *National Geographic* hat sogar ein Sonderheft dazu herausgebracht. Vielleicht kann ja der Tourismus dazu beitragen, die Dörfer zu erhalten. Sehenswert sind sie auf jeden Fall, aber wohnen möchte ich dort nicht.

18. GRUND

Weil es in Portugal so schöne Fenster und Türen gibt

Warum sind die Türen und Fenster in Portugal immer geschlossen? Meist sind sogar die Läden vor den Fenstern zu oder die Rollläden heruntergelassen.

Ich habe keine Ahnung.

Der Grund, den man meistens hört, ist die Temperatur. Und da viele portugiesische Häuser schlecht isoliert und nicht richtig beheizbar sind, könnte das tatsächlich eine Erklärung sein. Im Sommer sind die Fenster geschlossen und die Läden zu, weil es draußen so heiß ist. Und im Winter sind die Fenster geschlossen und die Läden zu, weil es draußen so kalt ist.

Manchmal im Sommer, wenn die Hitze des Tages in die Kühle der Nacht übergeht, sieht man geöffnete Fenster. Aber nur für kurze Zeit. Schon wenig später sind sie wieder geschlossen. Unsere Angestellte im Gästehaus hat grundsätzlich die Gardinen zugezogen, wenn sie ein Zimmer fertig geputzt hatte. Das war der letzte Touch, den sie dem Zimmer gab. Nur dann war das Zimmer fertig hergerichtet für die nächsten Gäste.

Hatte es etwas mit der Hitze zu tun? Der Sonneneinstrahlung? Eher nicht, denn durch das Dach des Ganges vor den Zimmern konnte keine Sonne in die Fenster scheinen. War es einfach Gewohnheit? Ja, wahrscheinlich. Türen und Fenster in Privathäusern sind geschlossen, das gehört sich einfach so in Portugal.

Anders sieht es bei Läden und Restaurants aus, da stehen die Türen oft offen. Früher selbst im Winter. Heute hat sich das etwas geändert. (Zum Glück – es ist nämlich keine Freude, in einem eiskalten zugigen Café seinen *Cafezinho* zu trinken.)

Aber wenigstens sind die geschlossenen Fenster und Türen schön, jedenfalls bei älteren Häusern. Besonders schöne Exemplare gibt es übrigens in Aveiro zu sehen, an den Art-Nouveau-Häusern. Ein berühmtes Beispiel ist die *Vila Africana*, ein Art-Nouveau-Haus in Ílhavo, Aveiro. Es gibt in Aveiro sogar eine *Rota da Arte Nova*, sodass der Besucher die *Arte-Nova*-Häuser auch findet (mehr dazu in Grund Nr. 85).

Schöne Fenster und Türen gibt es im ganzen Land, und es macht Spaß, in Lissabon oder Porto, in Coimbra oder Guimarães durch die alten Viertel zu gehen. Über alten Fenstern sind bunte *Azulejos* mit Ornamenten oder Blumenkörben an der Wand. Blumentöpfe hängen an halbhohen Eisengittern vor den Fenstern. (Manchmal hängt natürlich auch die Wäsche auf diesen Eisengittern oder auf Wäscheleinen vor den Fenstern.) Viele Fenster haben eine Unterteilung in kleine Quadrate, ganz besonders eindrucksvoll ist das im historischen Zentrum von Guimarães zu sehen.

Genauso schön sind die Türen. Holztüren haben dekorative Verzierungen aus Eisenbeschlägen. Darüber üppige spitze Torbögen aus Stein. Stuck am Eingang. In die Tür eingelassene Briefkästen aus Messing. Eine Klingel aus Messing, natürlich ohne Namen. Denn genauso, wie die Türen in Portugal geschlossen sind, haben die Klingeln keine Namen.

Ein großer Teil des Charmes der portugiesischen Städte – im Norden mehr als im Süden – kommt von diesen schönen Fenstern und Türen.

Wenn die Läden offen und die Rollläden hochgezogen sind, kann man immer noch nicht in die Häuser sehen, denn in vielen Fenstern hängen gehäkelte Gardinen. Diese Filethäkelei ist so etwas wie ein nationales Hobby. Jedes Papiergeschäft verkauft die Anleitungen für immer neue Muster, die durch feine Stäbchenhäkelei entstehen. Blumen, Drachen, Katzen oder auch einfach Ornamente. Gehäkelt wird mit dünnen Häkelnadeln, feinem Baumwollgarn und viel Geduld. Und ältere Frauen haben ihr Häkelzeug oft in der Tasche dabei und häkeln im Wartezimmer des Arztes, an der Bushaltestelle oder vor ihrer Haustür.

In vielen alten Städten gibt es in den engen Gassen und Straßen keine Bürgersteige, der Eingang zum Haus ist direkt an der Straße. Geht die Tür auf, steht man sofort im Flur oder Wohnzimmer. Aber sie geht selten auf.

Portugiesische Häuser haben immer etwas Geheimnisvolles. Oft wirken sie unbewohnt, weil durch die Läden oder Rollläden kein Licht fällt. Warum schotten sich Portugiesen so ab? Warum sind die Türen und Fenster immer geschlossen? Ist es wirklich das Klima? Oder gibt es einen anderen Grund?

Ich habe keine Ahnung.

19. GRUND

Weil Ortsnamen manchmal Geschichten erzählen

Wie weit ist es vom Ort der Freuden bis zum Fegefeuer? Laut Google Maps sind es 340 Kilometer und gute drei Stunden mit dem Auto. Vom Tal der Toten bis zum Fegefeuer sind es sogar nur 133 Kilometer, allerdings mit zwei Stunden Fahrt. Und vom Ort der Freuden in das Tal der Toten? 316 Kilometer, beziehungsweise gute drei Stunden Fahrt.

Vilar dos Prazeres (Ort der Freuden), *Purgatório* (Fegefeuer) und *Vale dos Mortos* (Tal der Toten) sind Namen portugiesischer Dörfer. Warum *Vilar dos Prazeres* so heißt, wie es heißt, verrät Google leider nicht. Aber für den Ort *Purgatório*, Fegefeuer, gibt es eine Erklärung in einem Text von 1910. An diesem Ort gab es früher nur ein Haus, mit einer Kneipe. Dorthin gingen die Männer an Sonn- und Feiertagen nach dem Kirchgang und betranken sich so heftig, dass sie kaum noch nach Hause fanden. Daher sagten die Frauen der Gegend: Dieser Ort ist unser Fegefeuer. Und deswegen heißt der Ort *Purgatório*. Das *Vale dos Mortos*, das Tal der Toten heißt so, weil niemand dort die Felder bestellte.

Auf der Fahrt nach *Aldeia da Pena* (Dorf der Strafe oder Mühe) gibt es eine Kreuzung mit einer Abbiegung rechts nach *Aldeia da Pena* und links nach *Porta do Inferno* – Tor zur Hölle. Eines Tages konnten wir nicht widerstehen und sind zum Tor der Hölle abgebogen. Rechts und links der Straße waren tiefe Schluchten. Wir fuhren neugierig ein bisschen weiter – und plötzlich hatten wir uns in den Bergen total verfahren. Nachdem wir dreimal an derselben Stelle vorbeikamen und wussten, es ist weder der eine noch der andere Weg, waren wir froh darüber, dass wir wenigstens einen Sack mit Fischfutter im Auto hatten. Aber nach viel Kurverei über enge Straßen mit Schlaglöchern kamen wir dann letzten Endes doch wieder zurück in die Zivilisation. Das war unser Ausflug durch die *Porta do Inferno*. (Was lernen wir daraus? Nie ohne GPS in Richtung Höllentor abbiegen!)

Für viele Ortsnamen findet sich leider keine Erklärung. Warum zum Beispiel heißt ein kleiner Ort in der Nähe von Grândola *Água Derramada*? Hat da jemand Wasser verschüttet, wie der Name »verschüttetes Wasser« vermuten lässt? Und wurden in der *Venda da Pulgas* – dem Flohladen – wirklich Flöhe verkauft? Oder war der Laden in diesem Ort einfach nur versifft? Ein Ort mit dem Namen *Vinha da Desgraça* (Unglücks-Weinberg) ist wahrscheinlich kein guter Ort, um Winzer zu werden. Auch *Deserto* (Wüste) oder *Mulher Morta* (tote Frau) möchte ich nicht als Adresse haben. Dann schon lieber zwölf Kilometer weiter in *Mulher Bonita* (hübsche Frau) wohnen, oder 160 Kilometer entfernt in *Carne Assada* (Schmorbraten).

Mein Lieblingsortsname ist allerdings *Deixa-o-Resto*, denn dieser Name beruht auf einer netten Legende. *Deixa-o-Resto* ist ein Straßendorf im Alentejo, zwischen Melides und Santiago do Cacém. Die Bauern der Gegend, die ihre Sachen in Santiago do Cacém auf dem Markt verkaufen wollten, kamen durch diesen Ort. Und da fast alle zu Fuß gingen und so ein Markttag lang und anstrengend war, machten sie auf dem Weg nach Hause in der Kneipe in *Deixo-o-Resto* Rast. Sie bezahlten, indem sie ihre unverkauften Waren dort ließen. Daher heißt der Ort *Deixa-o-Resto*, lass den Rest hier.

In der Gegend von Alcobaça gibt es einen Ort mit dem Namen *Venda das Raparigas*. Da sind zwei Übersetzungen möglich, entweder gehört die *Venda*, der Laden, den Mädchen, oder es werden Mädchen verkauft. Was es damit genau auf sich hat, konnte ich nicht herausfinden. Doch immer wenn wir durch diesen Ort fahren, stehen am Straßenrand auffällig viele Mädels. Aber das kann natürlich Zufall sein …

Von *Venda das Raparigas* bis *Purgatório* sind es übrigens 295 Kilometer beziehungsweise drei Stunden und 37 Minuten mit dem Auto …

20. GRUND

Weil man für 32 Euro von einem Ende des Landes zum anderen fahren kann

A chegada é apenas mais um ponto de partida. Die Ankunft ist nur der Ausgangspunkt für eine neue Reise. Dieser Satz steht groß an der Wand im Busbahnhof in der Nähe der Praça da Batalha in der Innenstadt von Porto. (Ja – auf Portugiesisch klingt es schöner, wie so vieles in dieser Sprache.)

Von diesem Busbahnhof aus fahren Busse in das ganze Land, und wer will, kann von Porto aus bis in die Algarve fahren. Das Bussystem ist in Portugal sehr viel besser ausgebaut als das Eisenbahnnetz. Die Eisenbahnen haben die schöneren Bahnhöfe, aber viele Strecken sind stillgelegt, viele Bahnhöfe geschlossen, und die Eisenbahn verbindet im Grunde nur noch die großen Städte. Die Busbahnhöfe sind meistens groß, funktional und hässlich. Aber die Überlandbusse haben kostenloses Wi-Fi, die Fahrpläne sind im Internet, die Infos sogar auf Englisch und Französisch, und man kann die Tickets online buchen.

Hier sieht man wieder, dass das Land einen echten Zeitsprung gemacht hat. Im Grândola der Achtzigerjahre waren Fahrpläne so etwas wie Geheimdokumente, die von Schalterbeamten und Busfahrern sorgsam gehütet wurden. Die Buspläne für die Busse ab Grândola hingen im Fenster am Schalter in Grândola. Und nur dort. Kopien davon gab es nicht.

Nur ein einziges Mal ist es mir gelungen, eine gedruckte Fahrplanauskunft zum Mitnehmen zu bekommen. Aber wirklich nur mit viel Bettelei. Schließlich wohnte ich 20 Kilometer von Grândola entfernt und wurde von den Gästen ständig nach Buszeiten gefragt. Ich brauchte diese Buszeiten. Also hatte der Schalterbeamte schließlich ein Einsehen und druckte mir widerwillig und mit einer Geste, als ob er mir einen riesigen Gefallen tun würde, den Fahrplan aus. Auf einem schmalen Zettel, der aussah wie ein Kassenbon. Den durfte ich mitnehmen. Fehlte nur noch, dass er gesagt hätte: »Aber nicht weitergeben …«

Im Laufe der Zeit habe ich die verschiedenen Buszeiten unserer Gegend zusammengesammelt und selbst einen Fahrplan getippt, den ich im Gästehaus auslegen konnte. Das war das Busfahren in den Achtzigerjahren.

Diese Art der Nicht-Fahrplanauskunft hat sich übrigens bei uns auf dem Dorf noch gehalten. Hier gibt es immer noch keine Aushänge. Auf mein Nachfragen im Busbahnhof von Viseu hieß es, das wäre zu kompliziert, Figueiredo das Donas würde von verschiedenen Busgesellschaften und Linien bedient, und daher gebe es keine Möglichkeit, einen Fahrplan zu erstellen. (Hallo?)

Wer wissen will, wann die Busse fahren, fragt am besten im Café oder die Nachbarn. Hier hat sich die alte Zeit eine Nische bewahrt, hier ist es noch ganz wie früher. Wer wissen will, wann der Bus fährt, geht in das Café und fragt den Besitzer. Und da der Bus vor dem Café hält, weiß er das.

Ein bisschen hat sich die alte Zeit auch noch in den Buspreisen gehalten, sie sind nämlich immer noch relativ günstig. Eine Fahrt von Porto nach Lissabon dauert im Schnitt dreieinhalb Stunden und kostet 20 Euro. Für immerhin 312 Kilometer. Eine Busfahrt von Viano do Castelo ganz oben an der Küste in Nordportugal, schon fast an der spanischen Grenze, nach Faro in der Algarve dauert zehn bis zwölf Stunden, je nach Verbindung. Es sind 686 Kilometer und man fährt einmal von Norden nach Süden durch das ganze Land. Und das kostet in der Tat wirklich nur 32 Euro.

KAPITEL 3

Lisboa, a cidade branca – Lissabon, die weiße Stadt

21. GRUND

Weil immer noch die Linie 28 fährt

Ich steige in Campo de Ourique in die berühmte gelbe Straßenbahn der Linie 28 ein, nicht als Touristin, sondern weil ich hier in diesem Viertel bei meiner Freundin Maria wohne und in die Baixa möchte, die Innenstadt von Lissabon.

Die Linie 28 ist zwar mittlerweile eine Touristenattraktion, aber trotzdem auch immer noch ein ganz normales Verkehrsmittel. Meine Haltestelle ist die Rua Domingos Sequeira, ein paar Stationen nach dem Ausgangspunkt der Linie am *Cemitério dos Prazeres*, was übersetzt so viel wie »Friedhof der Freuden« heißt. Der etwas merkwürdige Name ist entstanden, weil der Friedhof nach dem Hof benannt wurde, auf dessen Gelände er erbaut wurde.

Ein paar Stationen weiter hält die Straßenbahn vor der Basílica da Estrela, der monumentalen Kirche gegenüber dem Jardim da Estrela, dem Estrela-Park. Der Park gehört für mich zu den schönsten von Lissabon. Es gibt hier einen Kiosk mit Gartencafé und einen kleinen Teich mit den obligatorischen Enten und Schwänen. Auf den Bänken sitzen alte Männer und Frauen, Kinder spielen und im Sommer gibt es abends Livemusik.

Die Straßenbahn fährt weiter und schon bald werden die Gassen enger und enger. Wenn ich jetzt die Hand ausstrecke, kann ich die Häuser anfassen. Zumindest wirkt es so. Rechts und links der Gassen sind kleine Läden, die auf wenigen Quadratmetern Brot und Gemüse verkaufen. So etwas gibt es also immer noch in Lissabon.

Vor ein paar Jahren habe ich erlebt, dass die Straßenbahn nicht weiterfahren konnte, weil ein Auto so parkte, dass es die Schienen blockierte. Nach ein paar Minuten sprangen vier kräftige Männer aus der Straßenbahn und hoben das Auto einfach zur Seite. Ich frage mich, ob das heute immer noch so gemacht wird.

Bei unserem Auto haben sie es auf jeden Fall damals leider nicht getan, und als wir vom Essen aus dem *Restaurante Bota Alta* im Bairro Alto zurückkamen, war unser Auto weg. Erst waren wir verwundert und dachten, wir hätten uns vielleicht in der Straße geirrt, aber dann sagte uns jemand, dass der Wagen abgeschleppt worden sei. Mit anderen Worten: Das war ein teures Abendessen (wenn man die Gebühren für Abschleppen und das Ticket für Falschparken dazurechnet).

So langsam füllt sich die Straßenbahn, mehr und mehr Touristen steigen ein, es wird voll, die Leute stehen dicht gedrängt. Vorne im Waggon hängt ein Schild, das vor Taschendieben warnt. Eine Warnung, die man ernst nehmen sollte.

Einem Freund von mir wurde in der Metro in Lissabon mal das Portemonnaie geklaut. Er hatte Glück, er hat gemerkt, dass der Taschendieb es ihm aus der hinteren Hosentasche zog, und gesehen, wir er es in der zusammengerollten Zeitung verschwinden ließ, die er unter dem Arm trug. Mein Freund hat damals einfach in die Zeitung des Diebes gegriffen, das Portemonnaie wieder an sich genommen und in die hintere Hosentasche gesteckt. Wortlos. Der Taschendieb ist daraufhin an der nächsten Station ausgestiegen. Aber so gut geht so etwas wohl nur selten aus.

Ich steige in der Baixa aus. Und wenn ich eine Erinnerung an die Linie 28 haben wollte, hier könnte ich sie erwerben. Es gibt die gelbe Straßenbahn mittlerweile in allen Varianten: auf Fotos, als Aquarell, als Druck, als Kühlschrankmagnet, als Miniatur, als Schlüsselanhänger. Von realistisch bis kitschig. Wenn das wirklich alles verkauft wird, werden Zigtausende von Touristen Zigtausende von gelben Straßenbahnen bei sich zu Hause in der Wohnung haben. Es ist ein Überangebot an gelben Straßenbahnen, das einen praktisch erschlägt. Aber selbst das kann mir die Fahrt mit der Linie 28 nicht verleiden, denn es ist trotzdem jedes Mal wieder schön.

22. GRUND

Weil es in Lissabon so viele Restaurants gibt

Das Restaurant *Bota Alta* im Bairro Alto in Lissabon ist kein Geheimtipp. Da haben wir schon vor 30 Jahren gestanden und auf einen Platz gewartet. Und das ist heute noch genauso. Das spricht natürlich für das Restaurant. Gutes Essen, gemütliches Ambiente, vernünftige Preise. Und das im Herzen des Bairro Alto, des berühmten Ausgehviertels Lissabons, in der Travessa da Queimada 35. In Lissabon kann man von billig bis teuer und von (leider) schlecht bis exzellent essen.

Es gibt versteckte Restaurants, in denen die Einwohner des jeweiligen Bairros, des Viertels, essen. Dort gibt es Tagesgerichte, die nur ein paar Euro kosten, einschließlich Wein und *Café*. Und es gibt Restaurants wie zum Beispiel das berühmte *Gambrinus* und das *Pap'Açorda*, Luxus-Restaurants, die so richtig teuer sind. Beide haben einen guten Ruf.

Wenn ich in der Baixa, der Innenstadt, bin und einfach nur gut und schnell essen will, gehe ich in ein kleines Restaurant in der Rua da Conceição, in der Nähe der Rua Augusta. Hier essen die Lissabonner Angestellten zu Mittag. Männer in Anzügen, die in einer der vielen Banken der Innenstadt arbeiten. Frauen in Kostümen, die ihre Laptops dabeihaben. Kantinen sind in Portugal selten, dafür zahlen manche Firmen einen Zuschuss zum Mittagessen. Hier im *O Facho* gibt es immer noch für wenige Euro einen Mittagstisch, der schmeckt. Portugiesische Hausmannskost wie gebratene Leber mit Zwiebeln, Truthahnschnitzel mit Pilzen oder Fischfilet mit Kartoffelsalat.

Wenn ich mir etwas Besonderes gönnen will, gehe ich mit einer Freundin in das *Café Canas* in Campo de Ourique, in der Rua Saraiva Carvalho, und esse Roastbeef. Dafür zahlen wir dann aber auch fünfmal so viel wie im *O Facho*. Aber zum Glück ist das *Café Canas* nicht nur Restaurant, sondern auch *Pastelaria*, mit einer großen Auswahl an köstlichen Kuchen, die von schwarz-weiß gekleideten Obern serviert werden, zu ganz normalen Preisen.

An heißen Tagen empfiehlt sich die *Cervejaria Trindade* in der Rua Nova da Trindade. Sie ist die schönste und älteste *Cervejaria* Portugals, die ihre Wurzeln im Jahr 1294 hat. An den Wänden finden sich große Bilder aus *Azulejos*, den traditionellen portugiesischen Kacheln. 1986 wurde das Restaurant sogar zum Kulturerbe Lissabons ernannt. Zu Recht. In der *Cervejaria Trindade* eine *Sapateira recheada* essen, einen gefüllten Krebs, ganz besonders, wenn es einem gelingt, an einem heißen Tag einen Platz im kühlen Innenhof zu ergattern – das ist Lebensqualität.

Sollte die *Cervejaria Trindade* überfüllt sein, gibt es noch die *Cervejaria Portugália* mit ihren berühmten Steaks, zum Beispiel am Cais do Sodré oder in der Avenida Almirante Reis und unzählige andere kleine und große, günstige und teure, bekannte und unbekannte Restaurants.

Selbst Vegetarier haben in Lissabon endlich mal die Gelegenheit, etwas Vernünftiges zu essen. Auf der Website des *Centro Vegetariano, centrovegetariano.org*, des vegetarischen Zentrums, findet sich eine Liste mit 38 vegetarischen Restaurants. Von *Afreudite* über *Green Pepper* bis *Yin-Yang*. Ein guter Ort für vegetarische Küche ist übrigens auch das Gelände der *Lisbon Factory* (mehr zur *Lisbon Factory* in Grund Nr. 28).

Dass es außerdem japanische, indische, afrikanische, vietnamesische, italienische, thailändische, russische, französische, spanische sowie unzählige chinesische Restaurants gibt, versteht sich in einer Großstadt wie Lissabon eigentlich von selbst.

Mit anderen Worten: Es gibt in Lissabon so viele Restaurants, dass sich die Anzahl nicht mal googeln lässt. Da wird wohl jeder etwas nach seinem Geschmack finden! Und vielleicht ist ja der nächste neue Geheimtipp dabei …

Weil hier die *Pastéis de Nata* erfunden wurden

295 weltberühmte Kalorien. Ja, so viele Kalorien hat ein *Pastel de Nata*, das Puddingtörtchen, das in Lissabon erfunden wurde und gerade dabei ist, seinen Siegeszug um die Welt anzutreten. Trotzdem hält sich im Internet hartnäckig das Gerücht, es sei der gesündeste Kuchen, weil er weniger Kalorien habe als andere Kuchen. Na ja, kommt darauf an, mit was man vergleicht. Wie alles auf der Welt sind auch Kuchenkalorien relativ. Die Antwort beim *Pastel de Nata* lautet: Weniger als ein Muffin, aber mehr als ein Stück Apfelkuchen.

Das *Pastel de Nata* ist eins der *7 Maravilhas da Gastronomia*, der 7 Wunder der portugiesischen Gastronomie. Es hat sogar einen Eintrag in Wikipedia, und zwar gleich in 16 Sprachen, von denen ich zwei nicht mal kenne. Es gibt eine Seite auf Cebuano und eine auf Ido. Weiteres Recherchieren ergibt: Ido ist eine aus Esperanto entstandene Welthilfssprache. Und Cebuano ist eine austronesische Sprache, die immerhin von 18 Millionen Menschen auf den Philippinen gesprochen wird. In diese Gegend hat sich das *Pastel de Nata* über Macao eingeschlichen und ist somit indirekt eine Folge der portugiesischen Kolonialzeit, denn Macao stand einige Jahrhunderte unter portugiesischer Verwaltung.

In Europa wurde das *Pastel de Nata* durch die portugiesischen Cafés bekannt, die überall dort entstanden, wo es Gastarbeiter aus Portugal gab. Und so weiß heutzutage jeder in Hamburg, was ein »Nata« ist, wie die Puddingtörtchen dort genannt werden.

Erfunden wurden die Törtchen 1837 von Mönchen in einem Kloster in Belém, das am Ufer des Tejos westlich vom Zentrum Lissabons liegt. Und hier in der Rua de Belém werden sie heute noch hergestellt, unter dem Namen *Pastéis de Belém*, jeden Tag 15.000 Stück. Das Originalrezept ist geheim, die Konditoren müssen schwören, es nie zu verraten. Aber Nachahmungen gibt es natürlich viele, das Internet ist voll von Rezepten.

Es gibt Schummelrezepte für einfache *Pastéis de Nata*, aus fertigem Blätterteig. Es gibt eine Vorführung auf YouTube, die genau erklärt, wie Puddingtörtchen gebacken werden. Sogar Jamie Oliver hat ein Rezept dafür im Internet. Aber die ganz richtigen, die echten, die wirklichen – das sind natürlich die Puddingtörtchen in Belém. Es gibt einen Artikel im *Guardian*: *The 50 best things to eat in the world, and where to eat them* (Die 50 besten Speisen auf der Welt und wo man sie am besten isst). Da ist das *Custard Tart* auf Platz 15, und der Ort, wo man es findet, ist natürlich – Belém.

In Belém, das sollte ich hier vielleicht erwähnen, gibt es natürlich nicht nur die berühmten Puddingtörtchen, sondern auch andere touristische Highlights.

O Mosteiro dos Jerónimos, das Hieronymitenkloster aus dem 16. Jahrhundert, ist ein mächtiger Bau, der seit 1983 Weltkulturerbe der UNESCO ist. A torre de Belém, der Turm von Belém, auch aus dem 16. Jahrhundert, ist ein ehemaliger Festungsturm, ehemalige Zollstation, Leuchtturm und Gefängnis. Und selbstverständlich Weltkulturerbe der UNESCO. O Padrão dos Descobrimentos, das Denkmal der Entdeckungen, mit Heinrich dem Seefahrer an der Spitze der steinernen Karavelle, errichtet zu Zeiten der Diktatur.

Diese drei Sehenswürdigkeiten sind ein perfektes Alibi, um einem Ausflug nach Belém einen kulturellen Anstrich zu geben, während es im Grunde doch nur um das eine geht: die *Pastéis de Belém*. Und in der Bäckerei ist die einzige Entscheidung: gleich hier essen, warm und mit Zimt und Puderzucker bestreut, oder einpacken lassen und mitnehmen.

Wie viele Kalorien waren es noch mal? Ach was, wen interessiert das. Und außerdem – ist das *Pastel de Nata* nicht der Kuchen mit den wenigsten Kalorien? Na also.

Weil man in einer Zirkusschule zu Abend essen kann

Es ist einer der schönsten Orte von ganz Lissabon: das *Chapitô* in der Costa do Castelo 1, in der Alfama direkt unter dem Castelo de São Jorge. Das *Chapitô* ist vieles: eine Zirkusschule, ein Sozialprogramm für Kinder aus der Alfama, ein Ort der Resozialisierung für straffällig gewordene Jugendliche, eine Bar mit Livemusik, in der auch unbekannte Künstler auftreten können, und ein Veranstaltungsort für Künstler aus dem In- und Ausland. Und am Abend verwandelt sich der Innenhof in ein Restaurant.

So sieht ein perfekter Sommerabend aus: Man kommt gegen sieben oder acht in das Restaurant des *Chapitôs*. Das ist für die hiesigen Verhältnisse früh, echte Lissabonner kommen eher gegen neun oder zehn. Man bekommt daher noch einen Tisch an der Balustrade mit Blick über den Tejo, den Fluss, an dem Lissabon liegt. Die Abendsonne taucht genau zu diesem Zeitpunkt die Altstadt und den Tejo in ein in der Tat goldenes Abendlicht.

Dazu gibt es eine Flasche gekühlten *Vinho Verde*, als Vorspeise einen Salat mit Entenbrust, und ein Fondue, das man sich zu zweit teilt, als Hauptgericht. Als Dessert Eis oder eine der anderen Nachspeisen, wenn man denn noch ein bisschen Platz dafür hat. Danach einen Espresso.

Und wenn man ganz viel Glück hat, gibt es an diesem Abend sogar eine Veranstaltung im Innenhof, vielleicht ein Kabarett oder das Stück einer Theatergruppe auf Durchreise. Wenn kein Kabarett oder Theater ist, beobachtet man einfach die anderen Gäste. Hier treffen sich die Lissabonner Intellektuellen. Die Kleidung ist lässig bis extravagant. Neben uns ein langer Tisch mit Gästen aus mindestens drei verschiedenen Ländern. Lange war das *Chapitô* ein Geheimtipp, das ist es jetzt wohl nicht mehr, es ist bekannt und wird in Reiseführern empfohlen. Jetzt sind auch Touristen unter den Gästen, man hört English, Deutsch, Schwedisch an den Nebentischen. Viele der Touristen werden die Geschichte des *Chapitôs* nicht kennen, das ist schade. Denn dieser Ort hat eine ganz besondere Geschichte.

Früher war in diesem Gebäude das Frauengefängnis. Jetzt stellt das Justizministerium das Gebäude der Zirkusschule zur Verfügung. Dafür unterrichten Lehrer der Zirkusschule Jugendliche im Gefängnis. Es gibt sogar eine Wohnung, in der ehemalige Straftäter als Eingliederungsmaßnahme wohnen. Ein großer Teil des Personals im Restaurant sind Studenten der Zirkusschule, die sich so ihr Studium verdienen.

Die Zirkusschule hat Werkstätten und Trainingsräume. Sie bietet eine solide Ausbildung, die alle Bereiche des Zirkus und der Veranstaltungsbranche umfasst. Manchmal sieht man Studenten auf einem Einrad vor dem *Chapitô* fahren. Am Abend sind sie für Bühne und Technik zuständig. Wer hier die dreijährige Ausbildung macht, hat gute Chancen, nach dem Abschluss eine Stelle zu finden.

Das Projekt existiert seit 25 Jahren, gegründet wurde die Zirkusschule von Teresa Ricoh, genannt Tété, einer der wenigen Clown-Frauen, die es gibt. Tété leitet die Zirkusschule bis heute, ihr Büro ist oben im Gebäude und abends kommt sie oft in »ihr« Restaurant und isst da. Viele erkennen sie, grüßen sie, reden mit ihr.

Tété ist in Portugal bekannt und nutzt diese Bekanntheit für ihre Schule, für Sponsoring, für Zusammenarbeit, für Räume, für … alles Mögliche. Für alles, was dem Projekt nützt. Tété und die anderen Mitarbeiter sind außerordentlich gut darin, kreative Lösungen zu finden. Das Projekt *Chapitô* arbeitet mit vielen Institutionen und Ministerien zusammen. Und so fand zum Beispiel die Abschlussaufführung eines Jahrgangs im ehemaligen Straßenbahndepot von Lissabon statt.

Das Gebäude des *Chapitôs* ist groß und die Räume sind multifunktional: Die Bar ist tagsüber ein Computerraum für die Studenten, das Restaurant mittags die Kantine. Oben am Eingang wird Kunsthandwerk verkauft, das in der Werkstatt entstanden ist: emaillierte Broschen, Schmuck aus Flaschendeckeln, Gegenstände aus Kassetten oder ähnlichen Zivilisationsresten.

Und das Essen? Das Essen schmeckt ganz ausgezeichnet. Der Service ist gut, das Ambiente ungewöhnlich, der Preis absolut okay. Und der Blick über das abendliche Lissabon einfach unschlagbar.

25. GRUND

Weil es kleine, feine Museen zu entdecken gibt

Eine Gruppe Kinder sitzt auf dem Boden, gekleidet in dunkelblaue Kindergartenkleidung. Sie hören gespannt einer Frau zu, die ihnen erklärt, wie ein Film gedreht wird, in dem Puppen die Akteure sind. Alles ist aufgebaut: Die Puppe sitzt auf einer Couch in der Ecke des offenen Wohnzimmers, eine Kulisse wie bei einem »richtigen« Film, nur eben in Miniatur. Genauso wie die Requisiten: Rollkoffer, Uhr, Kuli, Bücher. Eine normal große Kamera ist aufgestellt. So als ob der Film wirklich gedreht würde.

Das Ganze findet in einem der Räume des *Museu da Marioneta* statt, dem Marionettenmuseum in Lissabon. In einem anderen Raum sind chinesische Schattenpuppen und Wasser-Marionetten aus Vietnam ausgestellt. Außerdem gibt es Tierköpfe, einen tanzenden Derwisch und natürlich die Handpuppen für das Kasperletheater, die hier nicht Kasperle und Gretel, sondern Punch und Judy heißen.

Der Slogan des Museums in der Rua da Esperança heißt: *Um Mundo de Estórias* – eine Welt voller Geschichten. Und wer möchte, kann ein bisschen was davon mit nach Hause nehmen, denn im Museumsshop kann man ein Marionettentheater aus Pappe mit Bühne und Figuren zum Ausschneiden kaufen.

Das Marionettenmuseum ist nur eins von den kleinen, feinen weniger bekannten Museen Lissabons, die es zu entdecken gibt. Ein weiteres ist das *Museu do Fado*, das Fadomuseum am Largo do Chafariz de Dentro, das im Jahr der Lissabonner Expo 1998 eröffnet wurde. *Fado* ist der typisch portugiesische Gesang, der 2011 von der UNESCO zum Weltkulturerbe erklärt wurde. Dieser Musikart ist das ganze Museum gewidmet. Hier wird die Geschichte des Fados erzählt, werden die Kostüme ausgestellt und die Fadosänger gewürdigt. Die modernen Sänger wie Camané, Ana Moura, Mísia und Mariza und die älteren wie Carlos do Carmo und natürlich Amália Rodrigues, kurz Amália genannt.

Ein Freund postete vor ein paar Tagen ein Bild von Amália auf Facebook und schrieb als Kommentar: *Sou amaliano*. Ich bin *Amalianer*. Ein Bekenntnis von heute für eine Sängerin von gestern, denn Amália Rodrigues starb 1999 im Alter von 79 Jahren. Aber sie ist, wie es so schön heißt, unvergessen (mehr zum Fado in Grund Nr. 110).

Ein anderes Museum, das *Museu Nacional do Azulejo* in der Rua da Madre de Deus, ist den *Azulejos* gewidmet, den Kacheln, für die Portugal auch berühmt ist und die es im ganzen Land seit Jahrhunderten gibt. In Lissabon wurden eine Reihe von Metro-Stationen von zeitgenössischen Künstlern mit modernen *Azulejos* gestaltet. Auf *Azulejos* können sowohl Bilder als auch Ornamente abgebildet sein. Typisch für die Kacheln mit Ornamenten sind die Abschlussbänder. Das sind Kacheln oben und unten, die die Farben und das Ornament der Hauptkacheln aufnehmen und so einen Abschluss schaffen. Diese Kacheln findet man in Lissabon an vielen Wohnhäusern. Eine Zeit lang habe ich diese *Azulejos* an Häusern in Lissabon fotografiert. Das hätte ich mir sparen können. Luís Filipe Carvalho Ribeiro zeigt in seinem Bildband *Azulejos de Lisboa* die schönsten Kacheln von Lissabon viel besser, sogar mit Straßenname und Hausnummer.

Das Beste am Kachelmuseum ist allerdings das Café, finde ich. In das Museum geht man vor allen Dingen mit Besuchern, aber in das

Café geht man immer. Viele Lissabonner essen hier zu Mittag. Der Innenhof ist eine Oase, ganz besonders an heißen Tagen. Das Essen in dem Restaurant ist gut, und der Käsekuchen mit Brombeersoße fantastisch.

Das waren drei Beispiele für kleine, feine Museen. Es gibt selbstverständlich noch viel mehr Museen. Das MUDE – *Museu do Design e da Moda*, in der Rua Augusta, zum Beispiel ist auch ein kleines, feines. Und natürlich gibt es die großen und bekannten Museen. Wie zum Beispiel das *Museu Calouste Gulbenkian* mit seiner außergewöhnlichen Kunstsammlung und wechselnden Sonderausstellungen, das *Museu Nacional de Arte Antiga* mit alter Malerei und das *Museu Nacional dos Coches*, das Kutschenmuseum. Aber die drei kleinen oben genannten sind etwas ganz Besonderes. Und ein Fadomuseum wird man wohl in keinem anderen Land finden.

26. GRUND

Weil in Lissabon eins der größten und schönsten Aquarien der Welt ist

Ó avó, olha, guck mal, Oma! Tiago zieht an Catarinas Arm, mit der anderen Hand zeigt er auf den Fisch. Ein kreisrunder Fisch schwimmt direkt an der Wand entlang. Er ist hellgrau, hat eine Flosse oben, eine Flosse unten und hinten lauter rundliche Zacken. Sein großes Maul ist ein langgezogener Strich. Er sieht aus wie ein schwimmender Stein mit Gesicht.

Es ist ein *Peixe-lua*, ein Mondfisch. Über drei Meter lang beziehungsweise groß, weil rund, können diese Fische werden, und bis zu 2.300 Kilo wiegen. Dieser hier ist kleiner Mondfisch, er schwimmt ungerührt an der Glaswand entlang und sieht aus wie nicht von dieser Welt.

Ist er auch nicht, er ist aus der Unterwasserwelt. Wir befinden uns im *Oceanário* in Lissabon. Es wurde 1998 für die Expo gebaut und war jahrelang das größte Aquarium Europas und das zweitgrößte der Welt. Aber da in Singapur, Moskau und Dubai neue Aquarien entstanden sind, ist es das wohl nicht mehr. Macht aber überhaupt nichts. Lissabon ist viel näher als Singapur und Dubai. Und das Aquarium auch ohne Superlative schön.

Das große Becken mit den verschiedenen Fischen einschließlich Mondfisch und Haien ist vielleicht das spektakulärste. Es gibt sogar das Angebot: *dormir com os tubarões*, mit den Haien schlafen, bei dem Kinder vor diesem Becken im Ozeanarium übernachten können.

Aber ich mag die kleinen Aquarien am liebsten. Hier sind Unterwasserwelten mit Anemonen und anderen Unterwasserpflanzen in Türkis, Lila, Orange und Rot zu sehen, wie in einer Fantasy-Welt. Es gibt Seepferdchen in allen möglichen Varianten. Eins hat helle Auswüchse, die wie transparente Flügel aussehen. Ein anderes ist dunkel und spiddelig und erinnert an eine chinesische Schattenfigur.

Tiago, Catarina und ich sind nur drei von einer Million Menschen, die jährlich das Lissabonner Aquarium besuchen. Tiago zeigt immer wieder auf Fische. Er bewundert die Pinguine. Er freut sich über den Mondfisch. Besonders für Kinder ist es ein klasse Erlebnis. Deswegen kommen auch viele Schulklassen, für die es spezielle Veranstaltungen und Workshops zum Thema Umwelt gibt.

Ein Besuch des Aquariums lässt sich gut mit einem Besuch des ehemaligen Expo-Geländes verbinden. Dieser *Parque das Nações* am Ufer des Tejo ist ein beliebtes Ausflugsziel. Hier ist aber auch ein neues (und teures) Wohngebiet entstanden. Außerdem gibt es zahlreiche Restaurants und Kneipen, sowie die *Meo Arena*, die größte Veranstaltungshalle Portugals mit Plätzen für 20.000 Zuschauer. In der *Meo Arena* treten Stars wie Lady Gaga, Rihanna und Madonna auf.

Zu erreichen sind der *Parque das Nações* und das *Oceanário* am Ufer des Tejo im Nordosten am besten mit der Metro. Die *Estação do Oriente* ist eine der Metro-Stationen, in der die *Azulejos* von Künstlern gestaltet wurden und hier sind Kacheln von internationalen Künstlern wie zum Beispiel Hundertwasser zu sehen.

»An diesen Tag wird Tiago sich immer erinnern«, sagt Catarina am Ende unseres Besuchs im Aquarium.

Denn das sind die Sachen, die Kinder behalten, die Pinguine, die Seepferdchen und den Mondfisch. Auf Englisch heißt der Mondfisch übrigens *Sunfish*. Aber auf Englisch heißt der Wintergarten ja auch *Sunroom*. Doch das nur nebenbei.

27. GRUND

Weil es ein Lissabon abseits der normalen Touristenattraktionen gibt

In Lissabon bei Freunden wohnen, obwohl man niemanden in der Stadt kennt? Oder sich mit jemandem zum Essen oder Kaffee verabreden, obwohl man nur für ein paar Tage in der Stadt ist?

Kein Problem.

Über 3.600 Lissabonner sind bereit, Fremde auf ihrer Couch schlafen zu lassen. Und über 4.500 Lissabonner sind bereit, Besuchern ihre Stadt zu zeigen oder sich auf einen Kaffee zu treffen. Die Gastgeber und Besucher finden sich über *couchsurfing.org*, eine Website, auf der Traveller weltweit Couchen anbieten und finden.

Ja, es gibt Paralleluniversen, und natürlich existieren sie nebeneinander. Es gibt die Welt der soliden High-End-Unterkünfte wie das *Sheraton* in der Rua Latino Coelho in der Lissabonner Innenstadt. Und das *York House* in der Rua das Janelas Verdes. Ähnliche Preisklasse wie das *Sheraton*, aber mit individuellem Ambiente und charmantem Innenhof.

In der anderen Welt wohnen junge Leute in Hostels wie dem *Oasis Backpackers Hostel* in der Rua de Santa Catarina. Direkt hier ist auch der *Miradouro de Santa Catarina*, mit Café und Esplanada. *Miradouro* bedeutet »schöner Blick«. Dieser schöne Blick geht über den Tejo, und abends ist es hier gedrängelt voll.

In den letzten Jahren sind viele dieser Hostels in Lissabon entstanden. Hier wohnen Traveller, die mehr Wert auf Erlebnis als auf Service legen. Hier erzählen sie sich ihre »Worst travels make the best stories«-Geschichten. (Die schlimmsten Reisen sind später die schönsten Geschichten.) Hier geht es lauter und unordentlicher zu als im *Sheraton* oder im *York House*, und die Herkunft des Essens ist wichtiger als die Gourmet-Zubereitung. Viele sind Vegetarier oder wollen zumindest bio.

Vor ein paar Jahren war das noch ein echtes Problem. Anfang der Achtzigerjahre gab es nur zwei Möglichkeiten, an Müsli für unser Gästehaus zu kommen. Wir fuhren in einen Bio-Großhandel in der Nähe von Lissabon. Das war zwar weder zeitlich noch ökologisch sinnvoll, aber wir hatten wenigstens Müsli für die Gäste. Oder jemand brachte das Müsli aus Deutschland im Auto mit. Und da sich Müsli nicht ewig hält, war die Beschaffung über Jahre ein Dauerproblem. Heute ist so etwas überhaupt kein Thema mehr.

Lissabon hat mittlerweile fast 40 vegetarische Restaurants und mehrere Bioläden. Der Biosupermarkt *Brio* hat vier Filialen und alles, was das Bioherz begehrt.

Und endlich gibt es in Lissabon auch attraktive Kunsthandwerksmärkte. Hier werden handgenähte Taschen aus Leder oder Stoff verkauft, Silberschmuck und Röcke, Blusen, Jacken, die in kleinen Ateliers entstanden sind. Sowie aller möglicher Schnickschnack, der ständig wechselt. An jedem ersten Sonntag im Monat ist von zehn bis 19 Uhr ein großer Markt am CCB – dem *Centro Cultural de Belém*. Dieser Mercado do CCB Novo & Antigo ist eine Mischung aus Kunsthandwerksmarkt, Flohmarkt und Lissabonner Sehen-und-Gesehenwerden. Ein Haupttreffpunkt der innovativen und alternativen Szene in Lissabon ist die *Lisbon Factory* in Alcântara (siehe auch Grund Nr. 28).

Es gibt mittlerweile auch alternative Stadtführungen, die mehr Wert auf politische Geschichte als auf touristische Highlights legen. Das ist dann so, als ob einem Freunde die Stadt zeigen. Die Deutschen Lonha und Susanne zum Beispiel verbinden auf ihren »Stadtspaziergängen Lissabon« Wissenswertes über die Stadt mit Informationen über das Alltagsleben der Lissabonner und das politische Geschehen in Portugal.

Wer möchte, hat also mit den Stadtspaziergängen, einem Treffen mit einem Einheimischen in einer *Pastelaria* oder in einer Kneipe und einer Übernachtung privat über *couchsurfing.org* wirklich die Möglichkeit, das Alltagsleben der Portugiesen kennenzulernen. Zumindest ein bisschen.

28. GRUND

Weil auf einem alten Fabrikgelände neues Leben entsteht

Wenn es stimmt, was auf vielen Websites steht, bietet Sofia Landeau in ihrem Café *Landeau Chocolate* in der *Lisbon Factory*, in der Rua Rodrigues Faria 103 in Alcântara, den besten Schokoladenkuchen von Lissabon an. Schade, dass ich das nicht wusste, als ich in der *Lisbon Factory* war.

Auf dem Gelände der *Lisbon Factory* gibt es aber nicht nur Schokoladenkuchen, sondern viele Gastronomie-Varianten von portugiesischem Essen bis Sushi, und hier kommen endlich auch die Vegetarier zu einer guten Mahlzeit, da gleich mehrere Cafés und Restaurants vegetarisches Essen anbieten.

Die LX *Factory*, wie die *Lisbon Factory* auch genannt wird, ist der Ort, an dem sich das kreative Lissabon trifft. Hier haben bekannte und (noch) unbekannte Künstler und Designer ihre Ateliers. 150

Ateliers, Läden, Firmen und Restaurants sind hier seit 2008 eingezogen und so ist ein Zentrum für Kunst und Kultur entstanden. Hier gibt es Näh-Workshops, Yoga-Kurse, Ausstellungen und Konzerte. Das Angebot wechselt ständig, das ganze Projekt ist noch relativ neu und entwickelt sich stetig weiter.

In einer alten Druckerei ist eine Buchhandlung mit dem schönen Namen *Ler Devagar* (Langsam lesen) entstanden. Eine Buchhandlung für Schwindelfreie – die Bücher sind an meterhohen Wänden in Regalen, zu erreichen über metallene Gänge. Mit in der Buchhandlung ist der Plattenladen *Ouvir Devagar* (Langsam hören), Schwerpunkt ist portugiesische Musik. Für die Website *flavorwire.com* gehört *Ler Devagar* mit zu den 20 schönsten Buchhandlungen der Welt. Und somit hat Portugal jetzt schon zwei der schönsten Buchhandlungen der Welt. *Ler Devagar* in Lissabon und die *Livraria Lello* in Porto (siehe auch Grund Nr. 69).

An jedem Sonntag gibt es auf dem Gelände einen Flohmarkt, auf dem man von elf bis 18 Uhr stöbern kann. Flohmärkte sind in Portugal immer noch ungewöhnlich. Der einzige bekannte ist bisher die *Feira da Ladra*, der Diebesmarkt, auf dem Campo da Santa Clara in der Alfama (jeden Dienstag und Samstag, gut zu erreichen mit der Linie 28). Aber abgesehen vom Diebesmarkt gibt es in Portugal kaum Flohmärkte. Der Grund dafür ist wohl einerseits, dass Portugiesen auf Grund ihrer finanziellen Situation ihre Sachen nutzen, bis sie nicht mehr brauchbar sind. Und andererseits Misstrauen gegenüber gebrauchten Sachen, auch was ihre Herkunft betrifft, wie ja schon der Name *Feira da Ladra* vermuten lässt.

Früher war auf dem Gelände der *Lisbon Factory* eine Textilfabrik, die *Companhia de Fiação e Tecidos Lisbonense*, jetzt ist hier der Treffpunkt des kreativen und alternativen Lissabon. Hier entsteht ständig Neues. Hier trifft sich die Szene. Hier werden neue Ideen und Projekte geboren.

Abends sind die Cafés und Restaurants voll, man kennt sich, es ist eben eine ganz bestimmte Szene, die hier arbeitet und ausgeht.

Wir treffen ein paar Bekannte, es gibt die übliche Küsschen-Küsschen-Begrüßung, wir tauschen ein paar Infos, wir sagen »Lass uns telefonieren oder mailen« oder machen kurz was ab und ziehen dann weiter.

Und das mit dem Schokoladenkuchen hole ich natürlich bei nächster Gelegenheit nach …

29. GRUND

Weil das Schloss in Sintra mit Worten nicht zu beschreiben ist …

… und wenn dann vielleicht noch am ehesten mit den Worten meiner Freunde aus Kanada, die fassungslos und fasziniert vor dem Palácio Nacional da Pena in Sintra standen und sagten: *This is Disney gone wild.* Was so viel heißt wie: Hier ist Disney außer Kontrolle geraten.

Denn der oft verwendete Ausdruck »eine Mischung von Stilen« ist zu milde für das, was hier architektonisch geboten wird. Das von Dom Fernando II ab 1840 auf den Ruinen eines Klosters erbaute Schloss ist im romanisch-gotischen-barocken-manuelinischen Stil gebaut, mit maurischen und indischen Einflüssen. Mindestens. Eine Art von Wenn-schon-denn-schon-Bau.

Der Palácio da Pena ist in der Nähe von Sintra und liegt auf einem 500 Meter hohen Berg. Der Zugang zu dem auf Felsen gebauten Schloss führt durch einen Park. Ein Weg aus Kopfsteinpflaster führt vorbei an hohen Bäumen, üppigen Pflanzen und runden Felsen. Am Wegesrand ist ein steinerner Brunnen, mit *Azulejos* verziert und mit Moos bewachsen, man läuft ein bisschen weiter und dann steht man vor dem imposanten Schloss, inmitten der vielen anderen Touristen, die hier täglich herkommen, und es verschlägt einem die Sprache.

Die Farben des Palastes sind Grau, Gelb und Altrosa. Die Stile siehe oben. Die Anordnung verwirrend. Es ist ein verwinkeltes Schloss, überdachte Gänge führen von einem Trakt zum anderen und um einzelne Gebäudeteile herum. Überall Säulen und Erker, Sitzbänke und Treppchen. Ein kleiner Wachtturm mit einer gelben Kuppel, indischer oder maurischer Einfluss. Ein verspielter Torbogen, mit Zinnen versehen. Die Wachttürmchen passend mit den gleichen Zinnen. Ein gotischer Gang, ganz in Weiß.

Ein Dämon, mit Fischschwänzen statt Füßen, der seine Hörner mit den Händen umfasst, stützt grimmig einen verzierten Erker ab, während er auf die Besucher hinabsieht.

Kein Wunder, dass wir alle fotografieren wie verrückt.

Die Räume im Schloss sind eingerichtet, fast wie bewohnt. Und das war es ja auch. Bis 1910 hat hier Dom Manuel II, der damalige König von Portugal, gewohnt.

Das ganze Schloss ist so – sagen wir mal: ungewöhnlich, dass es schon wieder was hat. Der Architekt war übrigens ein Deutscher, Wilhelm Ludwig von Eschwege. Ob dieser Palast nun hässlich oder schön ist? Was für eine Frage. Er ist natürlich beides. Die UNESCO hat ihn jedenfalls als Weltkulturerbe klassifiziert und in Portugal gehört er zu den *7 Maravilhas de Portugal*, den sieben Wundern von Portugal.

Im *Merian*-Heft über Lissabon wird der Palácio da Pena als »verspieltes Zauberschlösschen ohne Rücksicht auf Konventionen« bezeichnet. Genau so ist es. Oder mit anderen Worten: *Disney gone wild.*

Weil es noch viele weitere Gründe gibt, nach Lissabon zu fahren

- *Estufa Fria*: Das Kaltgewächshaus am Parque Eduardo VII gehört zu den Oasen mitten in der Stadt. Gebaut 1933, renoviert 2012. Zu viele Autos in der Stadt, zu viele Menschen, zu heiß, zu viel Beton? Hier in der *Estufa Fria* gibt es die Auszeit von Lärm und Hektik, hier kann man sich eine Pause gönnen.

- Castelo de São Jorge: Noch eine Oase. Bei jedem Lissabon-Besuch bin ich früher hoch zur Burg gegangen, dem Castelo de São Jorge. Mit der Linie 28 zum Martim Moniz und den letzten Kilometer zu Fuß, direkt von der Baixa hoch durch die Alfama, oder mit dem Taxi durch die engen Gassen. Und dann habe ich unter den schattigen Bäumen gesessen und einfach den Blick auf die Altstadt genossen. Früher umsonst. Heute leider mit Eintritt.

- Das Café *A Brasileira* und die Statue *Fernando Pessoa*: Fernando Pessoa stört es nicht, dass sich ständig Fremde an seinen Tisch setzen. Er verzieht keine Miene, denn er ist aus Bronze. Seit über 25 Jahren sitzt er hier schon und lässt sich geduldig mit Besuchern ablichten. Fernando Pessoa ist der wohl berühmteste portugiesische Schriftsteller und war genauso wie andere Künstler seiner Zeit Stammgast im *A Brasileira*, das schon im Jahr 1905 gegründet wurde und somit eins der ältesten und bekanntesten Kaffeehäuser Lissabons ist. Der Name kommt daher, dass hier Kaffee aus Brasilien verkauft wurde. Das Café in der Rua Garrett, in der Nähe des Largo do Chiado, ist drinnen dunkel und stilvoll und draußen städtisch und belebt. Aber Fernando Pessoa behält die Ruhe.

- *Cinemateca Portuguesa*, kurz *Cinemateca* genannt: Noch eine Oase im Zentrum Lissabons. Die Cinemathek ist Filmtheater, Museum und Café in einem. Sie befindet sich in der Rua Barata Salgueiro 39, in der Nähe der Avenida da Liberdade. Hier habe ich *Schloß Vogelöd* gesehen, einen 1921 von Friedrich Murnau gedrehten Film. Mit anderen Worten: Hier werden Filme gezeigt, die nicht unbedingt Mainstream sind.

- Rua Augusta: Die Rua Augusta ist die zentrale Straße im Herzen der Baixa, sie führt direkt vom Rossio zur Praça do Comércio (von Einheimischen meist Terreiro do Paço genannt) unten am Ufer des Tejo. Die Rua Augusta ist *die* Einkaufsstraße Lissabons mit Läden internationaler Marken bis hin zu den obligatorischen mit Kitsch überfüllten Souvenirshops sowie Straßenmusikern und Pantomimen in immer neuen Kostümen. Einheimische und Touristen sind einfach an der Kleidung zu unterscheiden, ganz besonders im Frühling. Die Portugiesen dem Wetter angemessen noch in Winterjacke. Die Touristen dem Wetter angemessen in T-Shirts und Shorts.

- *Chiado* – früher und heute: *Os Grandes Armazéns do Chiado* war ein Kaufhaus wie ein Labyrinth, es hatte etwas von einem Maulwurfshügel (allerdings oberirdisch). Fast ein Jahrhundert lang war es das Lissabonner Kaufhaus schlechthin, bis es 1988 abbrannte und mit ihm noch 17 andere Gebäude im Viertel Chiado. Nach einem Plan des berühmtesten Architekten Portugals – Álvaro Siza Vieira – wurde unter Erhaltung der alten Fassade an dem alten Ort ein modernes Einkaufszentrum gebaut.

- Cascais und Estoril: Hier wohnen die Reichen und Schönen wie zum Beispiel ein paar Politiker und die Society-Damen Cinha Jardim und Lili Caneças (mehr über Letztere in Grund Nr. 41). Hier in Estoril war auch das Exil der spanischen Königsfamilie.

In dem architektonisch eigenwilligen Museum *Casa das Histórias Paula Rego* sind Bilder und Werke von Paula Rego ausgestellt. Die bekannteste Künstlerin Portugals wohnt in London. In einem Artikel im Februar 2008 berichtet der *Público*, dass ihr Bild *Uivando* auf einer Versteigerung bei Sotheby's über 740.000 Euro erzielt hat. Damit dürfte sie nicht nur die bekannteste lebende, sondern auch die teuerste portugiesische Künstlerin sein.

- Alfama: »Sie sprechen ja portugiesisch, da wird das schon gut gehen, bleiben Sie immer in der Straßenmitte und halten Sie Ihre Handtasche gut fest.« Seit dieser Auskunft, die ich zu der Wegbeschreibung durch die Alfama vor ein paar Jahren dazubekam, als ich abends nach dem Weg in die Innenstadt fragte, ist mir dieses Viertel nicht ganz geheuer. Dass ich mal ein gruseliges Buch mit dem Titel *Die Vampire von Lissabon* gelesen habe, das in der Alfama spielt, macht die Sache auch nicht gerade besser. Gerechtfertigt oder ungerechtfertigt, das ist schwer zu sagen. Aber Vorsicht ist angebracht, ganz besonders nachts. Die Alfama ist auf jeden Fall einen Besuch wert. Und vorsichtig sollte man in Lissabon eigentlich immer sein. Und in der Alfama eben ein kleines bisschen mehr.

- Die Lissabonner Metro-Stationen: Moderne Kunst statt grau und einfallslos. Die *Azulejos* in den Lissabonner Metro-Stationen sind von zeitgenössischen Künstlern gestaltet. Einfach eine Fahrkarte lösen, einsteigen und Bahnhof für Bahnhof bewundern …

- Esplanadas: Jedes Jahr, wenn es Sommer wird, bringen Zeitungen und Lifestyle-Zeitschriften Artikel über die Esplanadas. Die Frauenzeitschrift *Máxima* berichtet über *10 Esplanadas com belas Vistas*, zehn Esplanadas mit schönem Blick. *Fugas*, die Wochenendbeilage der Tageszeitung *Público*, empfiehlt die *Esplanadas e Terraços para um Verão alfacinha*, die Esplanadas und Terrassen für den Lissabonner Sommer, und der Fernsehsender RTP verrät die *Esplanadas Secretas*, die geheimen Esplanadas … Und wer einmal mit einer *Caipirinha* oder einem *Imperial* (Fassbier) am Abend eines heißen Sommertages auf einer Dachterrasse gesessen hat, während die frische Brise vom Tejo die Luft erträglich werden lässt, wird verstehen, warum die Esplanadas in Lissabon so beliebt sind.

Bairro Alto: Das Bairro Alto liegt auf dem Hügel gegenüber der Alfama. Hier kann man nicht nur gut essen (siehe Grund Nr. 22), sondern hier spielt sich auch ein Großteil des Lissabonner Nachtlebens ab.

KAPITEL 4

Portugal e o mar – Portugal und das Meer

Weil Portugal und das Meer untrennbar sind

Portugal hat zwei Nachbarn – Spanien und das Meer. Und über Jahrhunderte hat sich Portugal Spanien gegenüber abgeschottet und stattdessen in Richtung Meer orientiert. Ein kleines Beispiel: Noch als wir Anfang der Achtzigerjahre nach Portugal zogen, wurden viele portugiesisch-spanische Grenzübergänge nachts geschlossen.

Portugal ist als Seemacht bekannt, seine Geschichte untrennbar mit den Entdeckungen in der Neuen Welt, dem Handel mit Übersee und der daraus entstehenden Kolonialisierung verbunden.

Heinrich der Seefahrer, Ferdinand Magellan und Vasco da Gama sind wohl die drei berühmtesten portugiesischen Seefahrer. Wobei der Mann mit dem Beinamen Seefahrer nicht selbst zur See gefahren ist. Heinrich der Seefahrer, der 1394 in Porto geboren wurde, hat die Seefahrerei nur gefördert und unterstützt. Die finanziellen Mittel dazu hatte er, da er Sohn des Königs war. Seine Statue steht an der Spitze des *Padrão de Descobrimentos* in Belém, des Denkmals der Entdeckungen, das unter dem Salazar-Regime zum 500. Todestags von Heinrich dem Seefahrer errichtet wurde.

»Die Kirche sagt, dass die Erde flach ist, aber ich weiß, dass sie rund ist, denn ich habe ihren Schatten auf dem Mond gesehen.«

Dieser Satz wird Ferdinand Magellan zugeschrieben, er wird heute noch oft auf Facebook und anderswo zitiert. Ferdinand Magellan, geboren 1480 in Nordportugal, brach 1519 von Sevilla aus zu einer Weltumseglung auf. Die Flotte umsegelte die Welt, Magellan starb jedoch 1521 auf den Philippinen in einer Schlacht. Trotzdem ist er ein Weltumsegler, denn er hat die Welt umsegelt, wenn auch auf zwei verschiedenen Reisen, wie Wikipedia anmerkt.

Eine Zeitgenosse Magellans war Vasco da Gama, der in Sines geboren wurde. Am Kastell von Sines steht seine Statue, die Hand am Säbel, guckt er über das Meer. Vasco da Gama entdeckte den

Seeweg um das Kap der Guten Hoffnung und war am Ende seines Lebens für kurze Zeit Vize-König von Indien.

Worum es bei all diesen Reisen ging? Um Handel. Mit Gold und Gewürzen, und auch mit Sklaven. Durch die Entdeckungen wurde Portugal laut Wikipedia zum ersten tatsächlichen Weltreich. Dieses zerbröckelte, die Kolonialkriege gingen weit über Portugals Kräfte. Und mit der Revolution vom 25. April 1974 begann endlich die lange überfällige Entkolonialisierung.

Das ist die Geschichte im extremen Zeitraffer, aber das ist hier ja schließlich kein Geschichtsbuch, es geht nur darum, die Bedeutung des Meeres für Portugal zu erklären.

Heute ist das Verhältnis zu Spanien entspannter. In den vergangenen Jahren sind viele Arbeitssuchende nach Spanien gegangen, weil die Lebens- und Arbeitsbedingungen dort sehr viel besser als in Portugal waren. Durch die Krise hat sich das geändert, aber es gibt immer noch Portugiesen, die in Spanien arbeiten, zum Beispiel in der Landwirtschaft. In den Schulen wurde vor einigen Jahren Spanisch als Fremdsprache eingeführt, weil das Interesse an Studiengängen in Spanien so groß ist. Aber auch Spanier arbeiten mittlerweile in Portugal, besonders im Gesundheitssystem.

Das Meer hat seine Bedeutung natürlich trotzdem nicht verloren. Portugal und das Meer sind untrennbar verbunden. Und laut eines Artikels in der Zeitschrift *Público* wohnt jeder zehnte Einwohner direkt an der Küste, Tendenz zunehmend.

Die Felsenküste, die Strände, der Sommerurlaub am Meer, der Fischfang und das Angeln, die Salzgewinnung, das Surfen – das alles sind wichtige Bestandteile des portugiesischen Lebens, die es ohne das Meer nicht gäbe. Portugal und das Meer gehören einfach zusammen, auch wenn es durch die Seefahrt und die Kolonialgeschichte viel Leid gebracht hat.

»Oh salziges Meer, wie viel von deinem Salz sind Tränen Portugals!«, lautet der Anfang des Gedichts *Mar Português* von Fernando Pessoa. Und wie so vieles klingt es auf Portugiesisch besonders schön: *Ó mar salgado, quanto do teu sal / São lágrimas de Portugal!*

32. GRUND

Weil Portugal 943 Kilometer Küste hat

Okay, hier ist er, ein Punkt auf meiner »Löffel-Liste«, dieser Liste mit den Dingen, die man im Leben unbedingt noch machen möchte, ehe man den Löffel abgibt.

Paragliding an der portugiesischen Küste.

Jahrelang habe ich die Drachenflieger an der Küste von Melides gesehen. Es muss unglaublich schön sein, über die portugiesische Küste zu gleiten. 943 Kilometer – und das ist nur Kontinental-Portugal, da sind die Küsten von Madeira und den Azoren noch nicht mal dabei.

Aber natürlich ist Paragliding nicht das Einzige, was an der Küste möglich ist. 20 Jahre lang habe ich an der Küste gewohnt und der Strand hat zu unserem Leben gehört. Freunde von uns haben sogar ihre Hochzeit am Strand gefeiert. Das war einerseits ein schöner Gedanke, aber auf der anderen Seite mühsam in der Durchführung. Alles musste über die Dünen geschleppt werden: Tische, Stühle, Geschirr, Besteck, das ganze Essen, die Kerzen, die Lampen. Und natürlich ausreichend Getränke für eine Hochzeitsgesellschaft von 20 Leuten. Da kommt ganz schön was zusammen. Aber es war ein unvergesslicher Abend.

Genauso unvergesslich wie der 60. Geburtstag einer Freundin aus Berlin, den wir mit Sekt in den Dünen gefeiert haben (womöglich sogar bei Vollmond).

Außerdem unsere Abende im Restaurant in Sines, direkt über den Klippen, mit dem Blick auf segelnde Schwalben, über die Fischerboote im Hafen und einer *Salada de Lagosta*, einem Langustensalat auf dem Teller.

Oder unsere Angelausflüge an den Strand nachts, wo wir stundenlang unter den Sternen saßen und nie was gefangen haben. Aber schön war's trotzdem. Selbst in der Nacht, als mich eine Welle erwischte und ich von oben bis unten nass war.

Unvergesslich auch die Geschichte des deutschen Urlaubers, der sein Portemonnaie am Strand von Melides eingegraben hat, damit es nicht wegkommt, während er im Meer badet. Er hat den Platz markiert, indem er seine Schuhe daraufgestellt hat. Und als er aus dem Meer kam, hat er die Schuhe genommen und ist in die Kneipe gegangen. Und erst, als er sein Bier zahlen wollte, hat er sein Portemonnaie vermisst. Natürlich hat er versucht, es wiederzufinden. Aber am Strand sieht im Grunde eine Stelle wie die andere aus. Da kann man lange suchen und graben …

Mehr Glück hatte die vietnamesische Schauspielerin, die ihre Sonnenbrille am Strand von Aberta Nova verloren hat. Das war nicht irgendeine Sonnenbrille, das war die Requisiten-Sonnenbrille aus einem ihrer Filme. Und unglaublich, aber wahr, der Bademeister hat sie am nächsten Tag gefunden.

Das alles und noch viel mehr ist die portugiesische Küste. Und das alles kann man an dieser Küste sonst noch machen:

Surfen. In Nazaré sind die höchsten Wellen der Welt, Garrett McNamara hat hier seinen Weltrekord aufgestellt (mehr darüber in Grund Nr. 36).

Segeln und Boot fahren. Überall möglich, denn in den letzten Jahren sind viele Jachthäfen entstanden.

Angeln. Und zwar Meeres- oder Brandungsangeln. Dabei steht der Angler auf den Felsen und wirft seine Angeln aus. Oder er ist am Strand und angelt von da aus. An der Küste in Portugal fand sogar die Weltmeisterschaft im Meeresangeln statt (siehe auch Grund Nr. 37).

Muscheln sammeln. Die portugiesischen Strände sind voller wunderschöner Muscheln, ganz besonders kurz nach der Flut, wenn das Meer sich zurückzieht und die Muscheln am Strand lässt (siehe auch Grund Nr. 33).

Einfach am Strand liegen und sonnenbaden. Allerdings mit Vorsicht. Kein vernünftiger Portugiese würde in der knallheißen Mittagssonne an den Strand gehen.

In einer der vielen Strandbars den Tag ausklingen lassen und eine Caipirinha trinken, mit den nackten Füßen im Sand. Wo? Überall. An der Algarve. An der Costa da Caparica, gegenüber von Lissabon. In Costa Nova in Aveiro.

Wattwürmer sammeln. Besonders gut kombinierbar mit Grund Nr. 37 (und im Grunde auch nur dann sinnvoll).

Am Strand laufen. Es gab über viele Jahre sogar einen Marathon am Strand von Troia bis Melides. Tipp: Es läuft sich besser in der Nähe des Wassers, da ist der Sand fester.

Seinen Geburtstag oder die Hochzeit am Strand feiern (siehe oben).

Frisch verliebt in den Dünen sitzen. Oder sogar mehr … (Zitat zu unserer Küste aus Antonio Tabucchis Roman *Der verschwundene Kopf des Damasceno Monteiro*: »… und außerdem den Pinienhain, den menschenleeren Strand, die Liebesspiele unter freiem Himmel, die regionale Küche«.)

Kitesurfen, und zwar in der Ria von Aveiro, oder in Lagos an der Algarve oder irgendwo anders. Es ist an der ganzen Küste möglich, von Viana do Castelo bis Tavira.

Der letzte Punkt gehört auf keinen Fall auf meine »Löffel-Liste«, weil viel zu gefährlich. Aber den vorletzten könnte ich vielleicht aufnehmen …

33. GRUND

Weil es am Strand so schöne Muscheln gibt

Eine Zeit lang habe ich Muscheln gehasst. Nicht das Innere, wie zum Beispiel das Fleisch der Venusmuscheln mit Knoblauch in

Weißweinsoße als *Amêijoas à Bulhão Pato*, sondern das Äußere. Die leeren Muschelschalen, die man am Strand findet. Die Gäste haben sie geliebt und ich habe sie gehasst. Das hing zusammen.

Ein Gast kann auf einem Strandspaziergang viele Muscheln sammeln. Ganz besonders, wenn er vorausschauend eine Tüte mitnimmt. Und zwei muschelbegeisterte Gäste können doppelt so viele Muscheln anschleppen. Da kommen in zwei Wochen Urlaub mit täglichen Spaziergängen am Strand viele Muscheln zusammen. Und wenn die beiden dann am Ende ihres Urlaubs ihre Koffer packen, stellen sie plötzlich fest, dass sie diese Menge Muscheln nicht mit nach Hause nehmen können, ohne eine Extra-Tasche zu kaufen und Übergepäck zu zahlen. Also suchen sie die schönsten aus, stecken sie zwischen ihre T-Shirts und der Rest bleibt im Zimmer liegen, auf dem Tisch, auf dem Fensterbrett und im Bad auf der Ablage, weil die Muscheln ja zu schön zum Wegwerfen sind.

Das Putzen eines solchen Doppelzimmers beginnt mit dem Wegwerfen von Muscheln. (Als ob es nicht genug andere Arbeit gäbe.) Und wenn das Zimmer sauber und ordentlich und muschelfrei ist, zieht das nächste Paar ein. Und als Erstes geht das Paar natürlich an den Strand. Und was finden sie? Richtig. Muscheln. Sie stopfen ihre Taschen voll. Und am nächsten Tag haben sie eine Tüte dabei …

Muschelnsammeln ist so beliebt, dass es im Internet mehrere Seiten gibt, die sich mit dem Thema beschäftigen. Eine häufige Frage ist: Darf man Muscheln nach Deutschland einführen? Die Antwort darauf ist nicht eindeutig. Eine genauso häufige Frage ist: Wo finde ich die schönsten Muscheln? Die Antwort auf diese Frage lautet sehr oft: in Portugal.

An Portugals Stränden gibt es viele und oft auch große Muscheln. Nicht jeder Strand ist gleich gut, aber an vielen Stränden kann man bei Ebbe sehr gute Beute machen. Oft sind besonders schöne Exemplare dabei, wie zum Beispiel die Jakobsmuschel, auch Pilgermuschel genannt (für Autofahrer: das ist die Shell-Muschel). Diese Muschel ist auch das Symbol für den Caminho de Santiago, den

Jakobsweg, auf dem man auch von Portugal aus nach Santiago de Compostela wandern kann.

Aber Muscheln werden nicht nur von Touristen gesammelt. Auch Portugiesen tun das. Es gibt in Portugal Mauern und Wände, in die Muscheln eingelassen sind. Fischrestaurants haben sie oft innen als Dekoration, manchmal geschmackvoll, manchmal hässlich in grauem Beton in die Wand eingelassen. Und manchmal zusammen mit der Wand in einer scheußlichen Variante von Hellblau oder Altrosa gestrichen.

Muscheln werden natürlich in allen möglichen Varianten als Souvenirs verkauft, das bietet sich bei der Menge ja an. Bunt bemalt mit Ornamenten, Schiffen oder einer Jesusfigur mit ausgebreiteten Armen im Inneren der Muschel. Mit Kunstblumen gefüllt. Zusammengeklebt, sodass sie ein Segelschiff oder eine Puppe ergeben. Die Möglichkeiten sind unendlich und die Ergebnisse in allen Souvenirshops in Strandnähe erhältlich.

Eine Freundin, die regelmäßig bei uns Urlaub machte und Portugal liebte, hat ihre Muscheln vom Strand immer brav mit nach Hause genommen, eines Tages einen Geschenkeladen mit dem Namen »Das Muschelhaus« eröffnet und an jede Verpackung eine Muschel gehängt. Das ist mal eine sinnvolle Verwendung von Muscheln.

Aber die meisten Gäste ließen ihre Muscheln einfach liegen. Und wir haben sie dann auf dem Gelände entsorgt. Und wenn eines Tages Archäologen Studien machen, dann werden sie denken, dass das Meer an dieser Stelle so weit in das Land reichte oder dass eine große Flutwelle über das Land ging, so viele Muscheln liegen hier.

34. GRUND

Weil hier immer noch die bunten Fischerboote aufs Meer fahren

»Früher kamen die Boote oft so schwer beladen in den Hafen, dass sie fast untergingen«, sagt Licínia. Wir sitzen in Sines oben auf der Mauer und sehen zu, wie die Fischerboote unten in den Hafen einfahren. Ein Anblick wie aus dem Bilderbuch. Der Himmel ist blau. Möwen kreisen über uns. Boote tuckern langsam in den Hafen. Die Boote sind in den Primärfarben gestrichen. In kräftigem Blau oder Himmelblau, oder sie sind weiß mit einem Streifen Feuerrot oder Zitronengelb. Die Boote legen an und das Ausladen beginnt. Kisten mit Sardinen werden auf dem Kopf an Land getragen, die Soße läuft aus den Kisten. Die Möwen kreischen. Ab und zu fällt eine Sardine ins Wasser oder auf den Boden und eine der schreienden Möwen schießt nach unten und pickt sie auf.

»Früher«, sagt Licínia. »Da hatten sie nicht nur Fische an Bord.«

Licínias Vater ist Fischer, und sie erzählt Geschichten aus der guten alten Zeit. Von früher in den Sechziger-, Siebzigerjahren – als es in Portugal kaum etwas zu kaufen gab und Elektrogeräte ein Vermögen kosteten, ganz besonders, wenn man sie mit einem portugiesischen Gehalt erwerben musste. In diesen Zeiten hatten die Boote oft Schmuggelware an Bord. Kühlschränke zum Beispiel, oder Musikanlagen. Oder andere Elektrogeräte. Darüber kam eine Plastikplane und darauf eine Schicht Kisten mit Sardinen als Tarnung. Die Boote lagen schwer im Wasser und luden im Hafen einen mageren Fang aus. Der dicke Fang wurde dann nachts ausgeladen, wenn niemand kontrollierte. Oder kontrollieren wollte, weil er auch einen Kühlschrank brauchte.

Diese Zeiten sind natürlich längst vorbei. Portugal ist zwar immer noch eins der ärmeren Länder Europas, aber nicht mehr *so* arm. Es gibt Elektrogeräte zu akzeptablen Preisen, und selbst die

Gehälter sind etwas besser. (Noch lange nicht gut, aber ein bisschen besser. Das finde ich. Mein Freund Fernando sieht das anders, also gibt es zu diesem Thema jedes Mal eine Diskussion. Aber hier geht es nicht um die portugiesischen Gehälter.)

Die bunten Boote fahren immer noch aufs Meer. Vom Boot kommt der Fisch in die Hallen zur Versteigerung und von da geht es an die Fischhändler, die Supermärkte, die Restaurants und in die Markthallen.

Früher – nicht ganz so früher wie zu Schmugglerzeiten, sondern früher im Sinne von vor der EU – wurde der frisch gefangene Fisch auf der Straße gegrillt, auf Holzkohle in wackligen Eisengrills, die vor den Restaurants standen. An der Wand hing eine Tafel, auf der mit Kreide der Fisch des Tages angeschrieben stand. *Espada* (Säbelfisch), *Lulas* (Calamares) und natürlich *Sardinhas* (Sardinen, mehr dazu in Grund Nr. 75).

Zur Essenszeit mittags und abends hing der Geruch von Grill, Fisch und Rauch in den Straßen. Die EU hat das verboten. Es darf nicht mehr auf der Straße gegrillt werden. Warum? Aus Hygienegründen? Oder wegen der Umweltverschmutzung? Warum auch immer – die Straßengrills sind verschwunden.

Früher wurden auch in Nazaré die Fischerboote mit Ochsenkarren den Strand hochgezogen. Und früher wurden in Aveiro die Algen aus der Ria, der Lagune, mit schmalen Booten, den *Moliceiros*, über die Kanäle landeinwärts geschifft und die Algen als Dünger auf den Feldern verwendet. Das ist alles vorbei. Die Ochsen wurden durch Trecker ersetzt und die mit naiven Bildern und anzüglichen Sprüchen dekorierten *Moliceiros* schippern jetzt Touristen durch die Kanäle von Aveiro.

Aber die bunten Boote fahren immer noch raus aufs Meer, und der fangfrische Fisch schmeckt immer noch so gut wie früher, auch wenn er nicht mehr auf der Straße gegrillt werden darf.

Weil man in Portugal Delfine beobachten kann

Wir haben früher oft Delfine gesehen und zwar nicht auf einer gebuchten Delfin-Watching-Tour, wie sie heute in Setúbal und in der Algarve angeboten werden, sondern schlicht und einfach bei der Fahrt mit der Fähre, die die 17 Kilometer lange Landzunge von Troia mit der Stadt Setúbal verbindet. Und zwar an der Stelle, wo der Sado in den Atlantik fließt. Vorher verbreitert er sich in einem großen Flussdelta, dem Estuário do Sado. Das ist ein großes Naturschutzgebiet. Es ist nicht nur eine ganz besondere Landschaft, es gibt hier auch etwas, was auf der Welt einzigartig ist. Hier lebt eine Herde Delfine. Das bedeutet: Diese Delfine ziehen nicht von Ort zu Ort, wie es Delfine normalerweise tun, sondern die Schule von etwa 30 Tieren bleibt im Sadodelta und in den Gewässern vor Setúbal und Arrábida.

Und deswegen ist es nicht ungewöhnlich, auf der etwa 20 Minuten dauernden Überfahrt Delfine zu sehen. Anfang der Neunzigerjahre hat eine Gruppe Meeresbiologen aus Lissabon ein Unternehmen aufgemacht und Delfin-Watching angeboten. Wir haben so eine Tour mitgemacht und waren in einem Schlauchboot von Arrábida aus unterwegs. Die Meeresbiologen wussten, was sie taten, und haben die Tour so durchgeführt, dass wir die Delfine nicht störten.

Heute gibt es viele Anbieter für solche Touren. Und damit entstand auch die Kontroverse: Ist Delfin-Watching für die Delfine gut oder nicht? Dazu gibt es verschiedene Meinungen. Einige sind der Ansicht, man sollte die Delfine in Ruhe lassen und die vielen Touren würden sie stressen. Andere meinen, noch vor einigen Jahrzehnten wurden Delfine in Portugal gegessen und der Delfin-Watching-Tourismus sei daher ein Fortschritt und für die Delfine besser als Ersteres.

Ein guter Kompromiss ist sicher ein Anbieter wie *Vertigem Azul* aus Setúbal, der Öko-Tourismus praktiziert und bei dem man daher davon ausgehen kann, dass er den Lebensraum und die Lebensgewohnheiten der Delfine respektiert. Man findet ihn in der Rua Praia da Saúde im Edificio Marina Deck oder auf *vertigemazul.com.*

Oder man nimmt die Fähre von Setúbal nach Troia, hofft auf Delfine und verbindet das Ganze mit einem Ausflug in das Naturschutzgebiet um den Sado. Gleich auf der Landzunge von Troia gibt es eine »Fischfabrik« aus der Römerzeit, die besichtigt werden kann. Hier wurde aus Sardinen und Öl die Paste hergestellt, die in Amphoren abgefüllt und dann in das ganze Römische Reich transportiert wurde. Die Anlage ist so gut erhalten, dass man noch die Becken sehen kann, in denen die Sardinen verarbeitet wurden.

Außerdem lohnt sich ein Ausflug nach Carrasqueira. Carrasqueira ist ein kleines Dorf am Sadobecken. Am Ufer sind lange verschachtelte Stege aus Holzplanken, die nicht so aussehen, als ob sie betretbar wären. Die Fischer tun es trotzdem, denn hier liegen ihre bunten Boote.

Im Ort gab es früher – und vielleicht auch heute noch? – den besten *Arroz de Marisco* aller Zeiten. Er wurde in den einfachen Restaurants serviert, man saß an groben Tischen, aber das Essen war fantastisch. *Arroz de Marisco* ist ein Reis-Eintopf mit Meeresfrüchten, also Krebs, Krabben und Muscheln. Dadurch, dass der Reis im Sud der Krabben gekocht wird, ist der Geschmack besonders intensiv. Gewürzt wird der Eintopf mit frischem Koriander. Dazu ein Stück Alentejo-Brot und die perfekte Mahlzeit ist fertig.

Ach, ist das lange her, dass ich diesen *Arroz de Marisco* gegessen habe. Ich glaube, es ist wieder mal an der Zeit. Und wenn ich Glück habe, sehe ich vielleicht sogar meine alten Bekannten wieder, die Delfine aus dem Estuário do Sado.

36. GRUND

Weil es in Nazaré haushohe Wellen zum Surfen gibt

Es ist Freitag, der 1. November 2013, fünf Uhr früh, und wir sind auf dem Weg nach Nazaré. Nazaré ist der Badeort an der portugiesischen Westküste, der am 28. Oktober 2013 durch die Presse ging, als die brasilianische Surferin Maya Gabeira bei einem Surfunfall fast ihr Leben verlor. Sie wurde von dem brasilianischen Surfer Carlos Burle gerettet und ist zum Glück mit einem gebrochenen Knöchel davongekommen. Carlos Burle hat nach der Rettungsaktion eine 30 Meter hohe Welle gesurft. Es könnte sein, dass er damit den Weltrekord gebrochen hat, den Garrett McNamara im Januar 2013 – ebenfalls in Nazaré – aufgestellt hat. Aber das wird im Moment noch heftig diskutiert. Für heute werden wieder so hohe Wellen erwartet. Nazaré ist berühmt für die höchsten Wellen der Welt, sie entstehen durch einen 300 Meter tiefen Unterwasser-Canyon vor der Küste und starke Winde. Und heute will Garrett McNamara wieder hier surfen und so vielleicht seinen eigenen Weltrekord brechen.

In Nazaré müssen wir etwas suchen, bis wir den richtigen Ort finden: den Leuchtturm an der Praia do Norte. Um halb acht sind wir da, parken das Auto und gehen in Richtung Leuchtturm. Wir sind natürlich nicht die Einzigen, die hier heute Morgen hohe Wellen erwarten. Viele mit Rucksack und Kamera ausgerüstete Surf-Fans pilgern zum Leuchtturm. Da es noch so früh ist, finden wir einen guten Platz direkt davor, von dem aus wir eine tolle Sicht auf das Meer haben.

Noch sind die Wellen klein, aber für acht oder neun Uhr werden welche von mindestens sechs Metern erwartet. Die Wellen rollen an, werden langsam höher und brechen. Aber noch sind keine Surfer in Sicht. Neben uns baut jetzt der Kameramann eines portugiesischen Fernsehsenders seine Kamera auf. Vorne an der Mauer stehen Fotografen, die ihre Kameras mit großen Teleobjektiven bestücken.

Noch ist es ruhig. Die Wellen rollen weiter auf die Küste zu. Ein paar Zuschauer kommentieren sie. Die Wellen sind zu klein, sagt jemand, und außerdem zu nah an den Felsen, das ist zu gefährlich für die Surfer. Viele von denen, die heute hier sind, surfen selbst. Ein paar andere Zuschauer hat einfach die Aussicht auf ein vielleicht einzigartiges Ereignis an diesem Morgen nach Nazaré gelockt.

Wir sitzen vor dem Leuchtturm, Blick aufs Meer und warten. Aber das macht nichts, der Anblick der Wellen ist auch so beeindruckend. Wir sind jetzt schon Hunderte von Zuschauern, darunter mehrere Fotografen, und natürlich die Presse. Wir alle erwarten die Super-Welle und hoffen, dass wir Zeuge werden, wie McNamara einen neuen Weltrekord aufstellt. Neben dem Kameramann steht jetzt die Fernsehreporterin, das Mikro in der Hand. Eine junge Portugiesin flirtet mit Kozmo, unserem kleinen Hund, der unter dem Stativ der Fernsehkamera sitzt. Vorne an der Mauer unterhalten sich zwei Fotografen.

Und um Viertel vor zehn ist es endlich so weit: Drei Surfer werden von Jetskis in Richtung Wellen gezogen. Jetzt kommt es darauf an, *die* Welle zu orten. Dann zieht der Jetski den Surfer in die richtige Position, und los geht's. Die Wellen sind jetzt hoch. Wie hoch ist sehr schwer zu sagen von hier oben. Jemand schätzt sie auf 15 Meter. Am nächsten Tag lese ich in dem Artikel der Tageszeitung *Jornal de Notícias*, dass die Wellen sechs Meter hoch waren. Die Überschrift des Artikels lautet: »Hunderte in Nazaré haben keine Rekorde gesehen«. Tja, leider, so war es.

Die Wellen sind jetzt so hoch, dass die Spritzer des Schaums bis hoch zu unserem Platz am Leuchtturm reichen. Die Zuschauer ziehen Kapuzen über den Kopf, ein Fotograf schützt seine Kamera mit einem Überzug. Neben mir berichtet die Reporterin für das Fernsehen über das Ereignis.

Ja, es sieht toll aus, wenn es den Surfern gelingt, mit der Welle zu gleiten. Und wahrscheinlich ist es nicht gerechtfertigt, dass wir im Grunde alle ein bisschen enttäuscht sind, einfach weil wir einen neuen Weltrekord erwartet haben und jetzt »nur« sehen, wie Weltmeister McNamara eine immerhin gut sechs Meter hohe Welle surft.

Gegen Mittag brechen viele auf, wir sind dabei. Wir gehen den langen Weg zurück zu den Autos, aber es kommen uns erstaunlich viele Leute entgegen. Für Mittag werden wieder spektakuläre Wellen erwartet. Aber wir drehen nicht wieder um.

37. GRUND

Weil hier am Meer um die Weltmeisterschaft geangelt wird

Es gibt eine Weltmeisterschaft im Meeresangeln beziehungsweise Brandungsangeln. Das habe ich auch erst erfahren, als sie 1995 direkt bei uns vor der Haustür stattfand, an der Küste zwischen Troia und Melides. Und zwar als bei uns im Gästehaus ein netter Herr mit vielen Angeln für drei Wochen einzog. Er hieß Alois Kunz und erzählte uns, dass er dabei war, sich auf die Weltmeisterschaft im Meeresangeln vorzubereiten, die im gleichen Jahr bei uns an der Küste stattfinden sollte. (Woraufhin ein Gast zum anderen sagte: »Ich wollte auch schon immer mal angeln, vielleicht sollte ich ihn um Rat fragen.« Und der andere Gast antwortete: »Das kannste nicht machen, du kannst doch auch Steffi Graf nicht bitten, dir Tennisspielen beizubringen.«) Die konsequente Vorbereitung hat sich für Alois Kunz ausgezahlt. Ein paar Wochen später haben wir in der Zeitung gelesen, dass er in der Tat Weltmeister geworden war. Und zwar doppelter Weltmeister, in der Einzelwertung und als Mitglied der deutschen Mannschaft.

Zu einem der Wettbewerbe des Weltmeisterschafts-Wettangelns sind wir als Zuschauer gegangen. (Natürlich als Zuschauer, was sonst.) In dieser Nacht fand das Angeln am Strand von Aberta

Nova statt, nur wenige Kilometer von Melides entfernt. Jeder Teilnehmer saß an einem ihm zugeteilten Stück Strand, hatte seine vorgeschriebenen Köder dabei und angelte. Wirklich sehen konnten wir nichts, da es Nacht und daher dunkel war. Aber witzig war es trotzdem, denn wann hat man schon mal die Möglichkeit, live die Austragung einer Weltmeisterschaft zu sehen? Noch dazu ohne Eintritt.

Mit anderen Worten: Portugal ist ein Angelland. Und zwar sowohl für Meeresangeln als auch für das Süßwasserangeln. Die meisten Flüsse zum Süßwasserangeln sind in Nordportugal, und viele der Flüsse sind gute Forellenflüsse. Beim Meeresangeln handelt es sich eigentlich um Brandungsangeln, da der Angler vom Strand oder Felsen aus seine Angeln ins Meer auswirft. Eine *Licença de Pesca*, eine Angellizenz, ist für beides nötig und immer noch relativ günstig. Der Preis richtet sich danach, für wie lange und für welche Region die Angellizenz erworben wird.

Angeln gehört für viele Portugiesen zum Leben, besonders wenn sie in der Nähe des Meeres wohnen. In Melides kamen die Angler meistens am frühen Abend an den Strand und angelten über Nacht. Sie hatten einen Stuhl dabei und ein oder zwei Angeln, die auf Ständern abgelegt wurden. Als Köder verwendeten sie meistens Wattwürmer. Die gefangenen *Pregados* (Steinbutt), *Solhas* (Schollen) und *Robalos* (Seehechte) wurden von den Anglern oft morgens an die Restaurants am Strand verkauft, wo sie noch am selben Tag auf die Speisekarte kamen. Das geht heutzutage natürlich nicht mehr. Schon aus finanztechnischen Gründen.

Die meisten Angler hatten eine sehr einfache Ausrüstung, weder teure Angeln noch raffinierte Köder. Fische gefangen haben sie trotzdem. Diese wurden auch nicht in einer speziellen Fischtasche aufbewahrt, sondern schlicht und einfach in eine Plastiktüte gesteckt, bis der Angler spät in der Nacht oder frühmorgens nach Hause ging.

Und die Geschichte von dem Angler, der morgens nur noch die Fischgräten neben seinem Stuhl fand, weil die Sandflöhe den Steinbutt bis auf die blanken Gräten abgenagt hatten, ist schön, aber vermutlich eine Legende.

38. GRUND

Weil es hier einfach schöne Strände gibt

Es gibt in Portugal über 700 Strände. Welcher davon der schönste ist? Die Wochenzeitschrift *Visão* bringt alle paar Jahre einen *Guia Praias* heraus, einen Strandführer, in dem sie die Strände in Portugal vorstellt und bewertet. Wobei die Bewertung eines Strandes auch davon abhängt, was man sucht. Im *Guia Praias 2004* gibt es neun verschiedene Kriterien, von »für Nudisten« bis zu »Sehen und Gesehenwerden«. Andere Kategorien sind kinderfreundliche Strände, Strände fürs Nachtleben und für *namorar.*

Namorar heißt flirten, mit jemandem gehen, lieben. Ein guter Strand dafür ist laut *Guia Praias* der Strand von Aberta Nova. Die Praia da Aberta Nova ist einer der Zugänge zu dem 65 Kilometer langen Sandstrand zwischen Troia und Sines. Am Fuß der gelben Sandfelsen ist eine Bar mit Blick aufs Meer, oben am Parkplatz stehen ein paar Picknicktische, und zum Sonnenuntergang ist es schön wie in einem Sonntagabend-Liebesfilm im öffentlich-rechtlichen Fernsehen.

Und wo baden die Nudisten?

Früher am Strand von Melides gab es eine einfache Regel. Wer an den Familienstrand wollte, blieb auf der südlichen Seite der Lagune und behielt seinen Badeanzug an. Wer »ohne alles« sonnenbaden wollte, ging auf die andere Seite der Lagune und suchte sich dort einen Platz. »Ohne alles« sonnenbaden war damals offiziell nicht erlaubt, wurde aber stillschweigend toleriert, wenn man sich nicht erwischen ließ. Einmal am Tag patroullierte die Marine-Polizei am Strand. Wurde sie gesichtet, zog man Badeanzug oder Badehose an, wartete, bis sie auf dem Rückweg wieder vorbeikamen, und zog sich wieder aus.

Das ist jetzt einfacher, es gibt zum einen offizielle Nudistenstrände und zum anderen viele Strände, an denen es üblich ist, nackt zu baden. Die Wochenzeitung *Visão* empfiehlt mittlerweile über 20 Strände für Nudisten.

Jetzt bin ich ja gespannt, wo die Sehen-und-Gesehenwerden-Strände sind. Was sagt der *Guia Praias*?

14 Strände von *Barranco das Belharucas* in Albufeira bis *Vale de Lobo* zwischen Faro und Albufeira. Ja, das glaube ich sofort. *Vale de Lobo* ist das Luxus-Resort in der Algarve. Es wurde vom britischen Golf-Magazin *Today's Golfer* zum besten Golf-Resort in Portugal gewählt, und hier wohnen die Promis, von denen ich bei meinen Zahnarztbesuchen in *Gala* und *Hola* lese. (In meinem Fall wäre es natürlich mehr Sehen als Gesehenwerden …)

Zwei andere Sehen-und-Gesehenwerden-Strände sind laut Strandführer der Strand Costa Nova in Aveiro und der Strand in Figueira da Foz. Der Strand von Figueira da Foz ist im August gedrängelt voll, aber insgesamt ist das Städtchen ein schöner Urlaubsort mit einer langen Strandpromenade zum Radeln, Joggen und Sehen und Gesehenwerden. Der Strand von Costa Nova ist der Strand mit den gestreiften Häusern (mehr dazu und zu Aveiro in Grund Nr. 85).

277 Strände haben im Jahr 2013 die *Bandeira Azul* bekommen, die blaue Fahne. Das bedeutet, die Strände sind sauber und haben eine gute Wasserqualität. Und immerhin 162 Strände sind behindertengerecht. Am Strand in Barra – und hoffentlich auch an vielen anderen Stränden – gibt es einen strandgeeigneten Rollstuhl, der von Mai bis September kostenlos zur Verfügung steht. Und wenn ein Rollstuhlfahrer ans Meer möchte, dann schiebt ihn der Bademeister in diesem Rollstuhl ans beziehungsweise ins Meer.

Über 700 Strände gibt es in Portugal. Welcher davon der schönste ist? Das kommt wirklich ganz darauf an, was man möchte. Meinen Lieblingsstrand gibt es leider nicht mehr. Es war der Strand von Melides in den Achtzigerjahren mit seinen einfachen Restaurants, der gemischten Besucher-Szene und interessanten Begegnungen.

Meine Lieblingsstrände heute: zum Baden und Sonnenbaden einer der vielen Strände der Algarve, für einen Sundowner nach einem Tag in Lissabon der Strand von Caparica, und zum Flanieren und Radfahren die Strandpromenade von Figueira da Foz.

39. GRUND

Weil in Portugal das Meersalz wirklich aus dem Meer kommt

Zwischen der Stadt Aveiro und dem Strand sind hohe weiße Pyramiden am Straßenrand zu sehen. So wird Salz gewonnen. Durch Wind und Sonne verdunstet das Wasser und das Salz bleibt zurück. Dieses Salz ist ein reines Naturprodukt. Wirkliches, echtes Meersalz. Schon in vorrömischer Zeit wurde in Portugal Salz produziert und exportiert, aber erst die Römer haben es so richtig ausgebaut, ganz besonders an den Flüssen Tejo und Sado, im Norden Portugals und in der Algarve.

Im Mittelalter fuhr Portugal das Meersalz nach ganz Europa aus. Und auch heute noch wird Salz exportiert, und es gibt gleich mehrere Firmen, die portugiesisches Salz in Deutschland verkaufen. Eine Hamburger Bäckerei-Kette wirbt sogar auf ihren Brötchentüten damit, dass sie ausschließlich Meersalz von der portugiesischen Atlantikküste für ihre Brötchen verwendet.

Das edelste der Salze, sozusagen die Königin des Meersalzes, der Gipfel des Gourmet-Salzes, ist das *Flor de Sal*. Das ist das Salz, das oben geerntet wird, die oberste Schicht, die täglich neu abgeschöpft wird. Dieses Salz ist besonders schmackhaft und wird nicht zum Kochen verwendet, sondern als Würze über das Essen gestreut.

Allerdings hat es Preise von bis zu unvorstellbaren 140 Euro pro Kilo. Aber es gibt das Salz natürlich auch erheblich günstiger, und meine Freundin Anja verlässt Portugal nie, ohne sich im ganz normalen Supermarkt mit *Flor de Sal* für ein ganzes Jahr einzudecken (plus natürlich Sardinenpaste, Olivenöl, Rotwein, Portwein, Ziegenkäse und Lorbeerblätter).

Sehr lecker sind auch die Salzmischungen, die jetzt oft in Souvenirshops und auf Märkten verkauft werden. Das Meersalz wird dabei mit verschiedenen Gewürzen und manchmal auch Knoblauch gemischt und für Fleisch- oder Fischgerichte und zum Grillen benutzt.

Es heißt, dass das portugiesische Meersalz als das beste der Welt gilt. Und ob es nun wirklich so ist oder nicht – Hauptsache, es schmeckt, und das tut es, vor allem das »weiße Gold«, das *Flor de Sal*. Und ganz besonders gut schmeckt es natürlich, wenn man es in Aveiro auf dem Kunsthandwerksmarkt in der Altstadt kauft, nur wenige Hundert Meter entfernt von der Lagune, aus der es stammt.

40. GRUND

Weil das neue Jahr am Meer beginnt

Die Vorbereitung für das neue Jahr beginnt natürlich wie überall auf der Welt schon am Abend vorher. Mit einem guten Essen. Traditionell gibt es am Silvesterabend in Portugal *Bacalhau* oder Truthahn.

Manche Portugiesen buchen eine *Réveillon*, einen Abend in einem Restaurant, wo es ein aufwendiges Menü und Musik gibt. Spätestens im Dezember hängen überall Plakate, auf denen Restaurants für ihren Silvesterabend werben, Zeitungen und Zeitschriften geben Tipps für besondere *Réveillons*, und viele Hotels und Gästehäuser bieten ein Paket aus Übernachtung und Silvesterfeier an.

Andere feiern mit Freunden oder Familie zu Hause. Aber überall knallen um Mitternacht die Sektkorken und jeder bekommt zwölf Rosinen in die Hand. Mit jedem Glockenschlag wird eine Rosine gegessen und dazu wünscht man sich etwas. Pro Rosine ein Wunsch. Und nach Mitternacht gibt es normalerweise ein *Caldo Verde*, die klassische Kohlsuppe.

Meine Recherche im Internet ergibt, dass auch Geschirr-aus-dem-Fenster-Werfen, Topfdeckelschlagen und das Tragen von blauer Unterwäsche zum Jahreswechsel gehört. Das habe ich allerdings noch nicht erlebt. (Und das mit der Unterwäsche ist ja auch nicht so einfach nachprüfbar. Jedenfalls nicht im großen Stil.) Außerdem soll es Glück bringen, mit Geld in der Hand auf einen Stuhl zu steigen, während der Feiertage Geld in der Hosentasche zu tragen und das neue Jahr in einem neuen Kleidungsstück zu begrüßen.

Das neue Jahr selbst beginnen die Portugiesen am Wasser. Menschen, die in Küstennähe wohnen, fahren an diesem Tag ans Meer. Ganz Mutige gehen sogar ins Wasser. Mutig, weil das Meer um diese Jahreszeit wirklich richtig kalt ist, egal, wie warm die Sonne scheint.

An meinem ersten 1. Januar am Strand von Melides war ich verblüfft, wie viele Menschen dort waren. Aus der ganzen Umgebung waren Leute gekommen, um das neue Jahr am Meer zu begrüßen. Aber es sind nicht nur die Strände von Melides und Santo André, sondern Strände im ganzen Land. Angefangen hat es angeblich 1943 am Strand von Carcavelos. Und gehalten hat sich dieser Brauch bis heute.

Há mar e mar, há ir e voltar, heißt es in Portugal.

Jeder kennt diesen Satz. Er klingt so schön und ist so bekannt, dass viele ihn für ein Sprichwort halten, aber es ist ein Werbe-Slogan, der viele Jahre an allen Stränden aushing. Damit wurde vor der Gefahr durch Ebbe und Flut gewarnt und dazu ermahnt, am Strand vorsichtig zu sein. Erfunden hat den Satz der bedeutende portugiesische Dichter Alexandre O'Neill, der in der Werbung arbeitete, weil er von seinen Büchern nicht leben konnte.

Übersetzt heißt es: Das ist das Meer, ein ewiges Kommen und Gehen. Und genauso wie das Meer kommen und gehen die Jahre. Sollte das der Grund sein, warum es so viele Portugiesen am 1. Januar ans Wasser zieht? Oder ist es die ewige Verbundenheit mit dem Meer? Das Gen der Seefahrer-Nation? Oder hat es etwas mit *Saudade* zu tun, der ewigen Sehnsucht der Portugiesen?

Oder ist es einfach schön, am ersten Tag des neuen Jahres am Meer zu stehen? In die Wellen zu sehen? In die Ferne zu gucken? Das Salz in der Luft zu riechen und den Wind auf der Haut zu spüren?

Wahrscheinlich hat jeder seinen eigenen Grund, das neue Jahr am Meer zu beginnen. Meiner ist, dass ich das Meer liebe.

KAPITEL 5

O Sul –
Der Süden

Weil in der Algarve ein internationales Flair herrscht

Was haben David Cameron, Pedro Passos Coelho, Lili Caneças und die Mauren gemeinsam? Die Algarve. Wer Lili Caneças ist? Sozusagen die Inkarnation des portugiesischen Jetsets. Eine viel abgebildete Society-Lady. Was sie getan hat, um diesen Status zu verdienen, außer als Flugbegleiterin einen erfolgreichen Unternehmer zu heiraten? Alles Mögliche und nichts. Auf jeden Fall war sie oft in der Algarve im Urlaub, und dabei immer sehr gut sichtbar für die Paparazzi.

David Cameron ist (zur Zeit) der britische Premierminister. Die portugiesische Zeitung *Público* zeigt ihn mit Ehefrau an einem Fischstand in der Markthalle von Aljezur, das gerade noch so zur Algarve gehört. Pedro Passos Coelho ist (zur Zeit) der portugiesische Premierminister. Die Tageszeitung *Jornal de Notícias* zeigt ihn in Freizeitkleidung und händchenhaltend mit Gattin in der Algarve im Urlaub. Und die Mauren waren das Volk südlich von Portugal, das das Land fünf Jahrhunderte lang besetzt hatte und dem die Algarve ihren Namen verdankt. *Al Gharb* – der Westen, so nannten die Mauren Portugal.

Algarve: Das ist mediterranes Klima, die Winter sind kurz und mild, die Sommer lang und heiß, und jährlich scheint über 3.000 Stunden die Sonne.

Algarve ist:

- über 200 Kilometer Küste mit Stränden und Felsen
- malerische Städte wie Tavira oder Olhão, in denen man stundenlang im Café sitzen und dem Leben und Treiben auf der Straße zusehen kann
- der südwestlichste Zipfel Europas am Cabo São Vicente (mehr dazu in Grund Nr. 42)
- weiß blühende Mandelbäume im Frühling (siehe auch Grund Nr. 43)

- süß schmeckende Orangen, Feigen und Mandeln, aus denen Nachspeisen und Marzipan gemacht wird
- gegrillter Fisch direkt aus dem Meer
- ein teilweise wenig bekanntes Hinterland, das zum Wandern einlädt, wie zum Beispiel die Serra de Monchique
- mehr als 30 Golfplätze
- Unterkünfte von Privatzimmern bis Luxushotel

Mit anderen Worten: Die Algarve ist perfekt für einen Urlaub. Kein Wunder, dass der gesamte Lissabonner Jetset einschließlich Lili Caneças und Politiker dort die Sommer verbringt. Plus Portugiesen aus dem ganzen Land, ganz besonders im August. Und Promis aus aller Welt. (Und wenn ich aufmerksamer die Zeitschriften *Caras*, *Nova Gente* und *Maria* beim Friseur und beim Zahnarzt lesen würde, könnte ich jetzt hier einen Haufen Namen nennen. So leider nicht.)

Die Algarve ist übrigens nicht nur ein beliebtes Urlaubsziel, sondern hier wohnen auch viele Menschen aus anderen Ländern. Engländer, Deutsche und Niederländer lassen sich seit vielen Jahren in der Algarve nieder und haben eine eigene Infrastruktur geschaffen. Mit dem Vorteil, dass es in der Algarve überhaupt kein Problem ist, einen deutsch- oder englischsprachigen Arzt, Klempner oder Bau-Unternehmer zu finden. Oder an Schwarzbrot, Quark und Zimtsterne zu kommen.

Es gibt sogar eine deutschsprachige Zeitschrift, die monatlich erscheint, die *Entdecken Sie Algarve*. Und die deutschen Kulturvereine *Alfa* und *Kulturpunkt Algarve* organisieren regelmäßig Kulturveranstaltungen wie Lesungen, Filmvorführungen und Ausstellungen.

Die Mauren sind seit dem 13. Jahrhundert wieder weg. Lili Caneças ist vor Kurzem nach L.A., Kalifornien, gezogen, weil sie nach eigener Aussage die Krise in Portugal satthat. Die Premierminister sind wieder auf ihren Posten und regieren ihre Länder. Aber sie kommen alle wieder. Und die Nachfahren der Mauren kommen heute in Form arabischer Millionäre wieder, die in der Algarve Partys schmeißen, zu denen Stars wie Kevin Costner, Sean Connery und Catherine Zeta-Jones eingeladen sind.

42. GRUND

Weil hier der südwestlichste Zipfel Europas ist

37° 1' 30" N, 8° 59' 40" O: Bei diesen Koordinaten ist Europa zu Ende. Hier ist der südwestlichste Zipfel Europas. Danach kommt für viele Kilometer nur noch das Meer. Im Süden liegt gegenüber Afrika oder genauer gesagt Marokko. Und im Westen Amerika, genauer Virginia.

Hier an diesen Koordinaten ist das Cabo de São Vicente, mit einer kleinen Festung, der Fortaleza de São Vicente. In dieser Gegend ist die Algarve rau und wenig touristisch. Etwas weiter östlich liegt Sagres. Auch Sagres hat eine Festung. Diese wurde 1450 gebaut und ist somit das älteste Haus, in dem ich je übernachtet habe, denn hier war mal eine Jugendherberge.

Es war im Januar 1983, ich war mit meiner Schwester per Bus und Trampen in Portugal unterwegs und wir hatten eine Mitfahrgelegenheit bis Sagres bekommen, direkt bis vor die Fortaleza de Sagres. Soweit ich mich erinnern kann, war es in dem Gebäude ziemlich kalt und ungemütlich, aber das war es im Grunde im Winter in Portugal damals überall. Und wir waren die einzigen Gäste, was ein etwas merkwürdiges Gefühl war. Allein zu zweit in dieser Festung am Ende Europas.

Meine Freundin Jane aus Kanada hat sogar noch früher in der Fortaleza de Sagres übernachtet und zwar 1969, auf einer Interrail-Tour durch Europa. Damals machten die Jugendherbergen abends noch zu, und so wurden meine Freundin und ihre Begleiterin in der Festung eingeschlossen, in Räumen, deren Fenster sich nach außen verjüngten, sodass ein Entkommen aus welchen Gründen auch immer unmöglich war. (Ein beeindruckendes und beängstigendes Highlight ihrer Europareise.)

Anfang der Achtzigerjahre wurde die Jugendherberge geschlossen. Die Festungsmauern wurden restauriert, und in der Fortaleza de Sagres wurde mit viel Pomp ein Museum eröffnet, das allerdings aus finanziellen Gründen schon nach kurzer Zeit wieder geschlossen wurde. Was schade ist, denn es soll eine sehr gute Ausstellung von Fotografien gehabt haben.

Heute gibt es außer Befestigungsmauern und verrosteten Kanonen nicht viel zu sehen. Es sei denn, man zählt den Souvenirshop mit seinen T-Shirts, *Lembranças* (Andenken) und Büchern als Besichtigungsobjekt. Und man hat natürlich einen fantastischen Ausblick über das Meer und die Küste.

Lange hieß es, dass Heinrich der Seefahrer hier seine Seefahrtsakademie hatte. Das scheint allerdings ein Mythos zu sein. Aber sind die portugiesischen Karavellen von hier aus zu ihren Entdeckungsfahrten gestartet? Viel Googeln, wenige Antworten. Ja, vielleicht. Sinn würde es machen, von hier aus zu starten und die Welt zu entdecken.

Wir hatten damals nur vor, die Algarve zu entdecken. Deswegen haben wir am nächsten Tag die Fortaleza de Sagres verlassen und sind weiter nach Lagos gefahren. Und hier soll wohl wirklich die Seefahrerakademie von Heinrich dem Seefahrer gewesen sein. Von hier aus, dem südwestlichen Ende Europas – und ob es nun genau das Cabo São Vicente, Sagres oder Lagos war, ist im Grunde völlig egal –, hat Portugal die Welt entdeckt.

Weil hier Mandelbäume für eine Prinzessin gepflanzt wurden

Okay, so bekannt wie Schneewittchen oder Dornröschen ist die Prinzessin nicht, von der hier die Rede ist, aber in Portugal kennt sie jeder. Vielleicht nicht ihren Namen, aber auf jeden Fall ihre Geschichte. Es gibt viele Versionen der Legende um die nordische Prinzessin Gilda, die in Silves in der Algarve lebte. Jede ist ein bisschen anders.

In einer Version der Legende hat der König sie von einem Feldzug aus dem Norden mitgebracht, in einer anderen entdeckt er sie unter seinen Gefangenen und Sklavinnen. Einmal ist es ein maurischer König namens Ibn-Almundin, ein anderes Mal ein christlicher Prinz. Aber darin sind sich alle Versionen einig: Gilda war wunderschön mit ihren blonden Haaren und blauen Augen.

In jeder Version verliebt sich der König in sie, lässt sie frei und die beiden heiraten und werden glücklich. Die meisten Märchen enden an dieser Stelle, aber diese Legende geht weiter. (Vielleicht weil es eine Legende ist und kein Märchen?)

Eines Tages wird Gilda krank und nichts und niemand kann sie heilen, bis eines Tages ein alter Gefangener aus dem Norden die Lösung findet. Er erklärt, die Prinzessin sei krank vor Heimweh nach Schnee. Der König lässt daraufhin in der ganzen Algarve Mandelbäume pflanzen. Und als die Prinzessin im nächsten Frühjahr aus dem Fenster sieht und die weißen Blüten der Mandelbäume sieht, wird sie auf der Stelle gesund. Ihr Heimweh nach Schnee ist geheilt, weil die weißen Mandelblüten sie an Schnee ihrer Heimat erinnern.

Das ist die Erklärung für die vielen Mandelbäume in der Algarve.

Es ist kein Wunder, dass es auch die entsprechenden Rezepte für Mandeln gibt. So wird in der Algarve Marzipan hergestellt, meist in Form von bunten Obst-Miniaturen. Mit zur Küche der

Algarve gehören auch *Bolinhos de Algarve* (Mandelküchlein), *Torta de Amêndoa* (Mandelkuchen) und *Pudim de Laranja e Amêndoa* (Apfelsinen-Mandel-Pudding). Und eine Nachspeise mit dem Namen *Toucinho do Céu* (Himmelsspeck), die hauptsächlich aus Eigelb, Zucker und Mandeln besteht und deren Kalorienzahl man lieber nicht wissen möchte.

Auf vielen *Feiras*, den Wochen- oder Monatsmärkten, werden ungeschälte Mandeln lose kiloweise verkauft. Und vor Weihnachten gibt es auf den Märkten und in den Läden kleine Geschenkkörbchen mit Feigen, die mit Mandeln gespickt sind.

Mandeln sind in Portugal übrigens auch das traditionelle Geschenk zu Ostern. Entweder als gebrannte Mandeln oder mit buntem Zuckerguss überzogen. In allen Läden stehen die Mandeln auf dem Tresen oder an der Kasse, und jeder überreicht jedem ein Tütchen mit Mandeln.

Aber Mandeln werden nicht nur zu Süßspeisen verarbeitet, sondern auch zu Likör. Und zwar der *Amarguinha* oder *Licor de Amêndoa Amarga*. Der *Amarguinha* ist ein Likör aus Bittermandeln, der sehr süß schmeckt und sich gut für Nachspeisen verwenden lässt, zum Beispiel im Obstsalat.

Interessanterweise gibt es in Trás-os-Montes im Norden Portugals sogar mehr Mandeln als in der Algarve, eine Tatsache, die wenig bekannt ist. Vielleicht, weil im Norden eine schöne Legende um eine schöne Prinzessin fehlt. Vielleicht aber auch, weil die Algarve einfach so viel bekannter ist als der Norden. Aber egal ob die Mandelbäume im Norden oder im Süden Portugals blühen, sie sind ein toller Anblick, da kann ich Prinzessin Gilda voll und ganz verstehen. Es ist vielleicht schwer vorstellbar, wenn man im Norden wohnt, aber nach Jahren im Süden bekommt man Sehnsucht nach Schnee.

Mandeln sind übrigens sehr gesund, sie stecken voller Vitamine und Mineralien. Und so hoffe ich, dass Prinzessin Gilda auch das noch entdeckt und die Mandeln nicht nur angesehen, sondern auch gegessen hat.

Weil der Alentejo immer noch ein Geheimtipp ist

Weite Flächen mit Weizen oder Sonnenblumen. Vereinzelte Korkeichen auf einem Feld. Kleine Städte und Dörfer, in denen die Zeit stehen geblieben ist. Ortschaften mit kleinen Häusern rechts und links der Straße, weiß gekalkt oder gestrichen. Die Fensterumrandungen blau. Alle Fenster und Türen geschlossen. Das ist der Alentejo.

Hier sitzen wirklich noch die schwarz gekleideten Frauen vor der Haustür. Es gibt noch die alten Cafés. Hier versammeln sich abends die Männer des Dorfes, spielen Karten oder stehen am Tresen und diskutieren bei Bier und Schnaps. Tagsüber sind diese Cafés oft leer. Ihre Türen sind übrigens – im Gegensatz zu den Türen der Wohnhäuser – immer offen. Zumindest dann, wenn das Café geöffnet hat.

Damit keine Fliegen in den Raum kommen, hängen in der Tür Vorhänge aus breiten bunten Plastikstreifen. *Estar às moscas* – es sind nur Fliegen da. Das ist der portugiesische Ausdruck für: ein leerer Raum, niemand da. Ein Blick in ein Café im tiefen Alentejo im Sommer zur Mittagszeit, wenn kein vernünftiger Mensch auf die Straße geht, weil einem da draußen die Sonne auf den Kopf brennt, und die Herkunft dieses Ausdrucks wird sofort klar.

Die Weite und die Leere des Alentejos sind sprichwörtlich. Und da die Landwirtschaft kaum Geld abwirft und es keine Jobs gibt, sind die Jungen nach Lissabon oder ins Ausland gezogen. Zurück blieben nur die Alten. Und so kam es, dass mehr und mehr Häuser leer standen.

Irgendwann in den Achtzigerjahren jedoch kam die Region in Mode. Menschen aus anderen Ländern kauften sich verlassene Höfe dort. Und auch Lissabonner zeigten plötzlich Interesse an diesen Höfen, den *Montes Alentejanos*. Ein *Monte* ist ein Hügel, und daher

Oben links: Armillarsphäre. Oben rechts: Auch die Linie 25 fährt zum Prazeres. Unten: Lissabon

Basílica da Estrela

Oben: Haus mit gekachelter Außenfassade, Lissabon.
Unten: Stadtansicht Lissabon mit Castelo de São Jorge.

Oben links: Straßenschild für Barbier. Oben rechts: Wandbild im Garten des Palácio Nacional, Sintra.
Unten: Calçada da Rua – Straßenpflaster in Lissabon.

Oben links: Straßenkunst in Lissabon. Oben rechts: Urinol am Castelo de São Jorge.
Unten: Brunnen im Palácio da Independência.

Oben: »A Ginjinha« im Herzen von Lissabon, hier wird seit 1840 der traditionelle Kirschlikör ausgeschenkt. Unten: Fassade des Juweliergeschäftes Joalharia do Carmo in Lissabon.

Oben: »Guedes« – Griffe und Haken aus Metall und Eisen in ungeahnter Vielfalt. Unten: Am Praça da Figueira gibt es seit 1830 ein »Hospital das Bonecas«, ein Puppenkrankenhaus mit Museum.

Oben: Eines der vielen Restaurants im Lissabonner Zentrum.
Unten: Fischangebot in der Markthalle.

Oben: Verführerisches Kuchenangebot in einer der vielen »Pastelarias«.
Unten: Licor da Serra, Licor de Morango, Licor de Limão ... Likör kann man aus allem machen.

Oben links: In der Stadt werden die Sekunden angezeigt ... Oben rechts: ... und auf dem Landbahnho
hat die Uhr keine Zeiger. Unten: Jacarandabaum in Lissabon.

Oben: Tradition: Corrida Histórica zum »Dia de Portugal« am 10. Juni – Morante.
Unten: Corrida Histórica zum Dia de Portugal, in Santarém – Diego Ventura.

Gedenkmauer für das Lied »Grândola, Vila Morena« in Grândola.

Oben: Algarvehimmel. Unten: Alentejo im Mai.

Oben: Aljezur, Alentejoküste. Unten: Korkeichen im Alentejo.

Oben links: Störche im Alentejo. Oben rechts: Algarve. Unten: Westküste Alentejo.

Oben: Padrão dos Descobrimentos – das Entdeckerdenkmal in Belém mit Heinrich, dem Seefahrer, an der Spitze. Unten: Abendstimmung in Belém.

der Name für die Höfe, die oft etwas erhöht liegen. Ein echter *Monte Alentejano* ist ebenerdig, weiß gekalkt, und seine Fenster sind blau umrandet, weil Blau die Geister, Schlangen und Ameisen abhält. (Und wer weiß, vielleicht tut es das ja wirklich …)

Die Lissabonner renovierten ihre *Montes*. Sie bohrten Brunnen für Wasser, bauten Badezimmer ein und ließen die Terrassen mit Terracotta kacheln. Sie verbrachten ihre Wochenenden dort. Sie luden Familie und Freunde ein, die begeistert waren und ebenfalls Häuser dort kaufen wollten. Mehr Lissabonner kauften einen *Monte Alentejano*. Lifestyle-Zeitschriften brachten Berichte über gelungene Renovierungen der *Montes*. Die Immobilienpreise schossen nach oben und aus den ehemaligen Schnäppchen wurden Hochpreis-Objekte. (Mittlerweile hat sich das durch die Krise wieder etwas eingependelt.)

Diplomaten, Ärzte, Anwälte – für die obere Lissabonner Mittelschicht ist der *Monte Alentejano* seit Jahren ein Statussymbol. Aber es sieht ganz so aus, als ob die Region jetzt auch für den Auslandstourismus entdeckt wird. Die Zeitschrift *National Geographic* empfiehlt den Alentejo als eins von 21 Reisezielen für 2014 und der Verband der Reisebüros hat ihn zum besten Touristenziel für 2014 erklärt.

Was für eine Reise in den Alentejo spricht?

Vieles.

Die endlosen Strände, zum Beispiel. Allein von Troia bis Sines gibt es einen 65 Kilometer langen Sandstrand.

Der Strand von São Torpes, an dem das Wasser durch die Bucht wärmer ist als anderswo (und wohl doch nicht durch das Kohlekraftwerk, wie manche behaupten).

Das Städtchen Milfontes, in dem der Rio Mira ins Meer fließt und wo im Sommer so richtig die Post abgeht.

Sines mit der Badebucht mitten in der Stadt, einem alten Kastell und einem Fischereihafen, in dem die klassischen Fischerboote noch mit ihrem Fang anlanden.

Évora mit Diana-Tempel, Knochenkapelle und Altstadt (mehr über die Knochenkapelle in Grund Nr. 46).

Oder Elvas. Oder Beja. Oder Grândola. Oder Santiago do Cacém oder Odemira oder Reguengos oder Redondo …

Am schönsten ist der Alentejo übrigens im Frühjahr. Im Mai sind die Wiesen eine Fläche aus roten, lila oder gelben Blumen.

Natürlich gibt es noch viel mehr über diese Region zu erzählen. Dass dort alles ein bisschen langsamer geht, zum Beispiel. Wer in den Alentejo fährt, muss Zeit und Geduld mitbringen, und sei es nur, um eine Zeitung zu kaufen. Diese Ruhe ist wohl auch der Grund dafür, dass die Alentejaner als die Ostfriesen Portugals gelten. Entsprechend gibt es reichlich Witze über sie (ein paar davon in Grund Nr. 9).

Dass das Essen ganz ausgezeichnet schmeckt. Zum Beispiel *Arroz de Marisco*, ein Eintopf mit Meeresfrüchten. Oder leckeres *Carne de Porco à Alentejana*, bei dem Schweinefleisch mit Muscheln serviert wird. Oder eine *Açorda Alentejana*, ein Suppe mit Brot, Ei und Koriander, die es immerhin in die Endausscheidung der 7 Wunder der portugiesischen Gastronomie geschafft hat (mehr zu den Wundern der Gastronomie in Grund Nr. 73).

Wie gesagt – im Alentejo gibt es noch viel zu entdecken, so wie es sich für einen echten Geheimtipp ja auch gehört.

45. GRUND

Weil man im Alentejo auf Safari gehen kann

Die Giraffe ist so nah, dass ich das Muster ihres Fells bis ins Detail sehen kann. Die Flecken sind weiß umrandet, und der honiggelbe Fleck hat ein schwarzes Muster, das von der Mitte nach außen läuft. Langsam zieht die Giraffe an den halb offenen Wagen vorbei. Zwei andere Giraffen fressen weiter oben aus einem Baum. Eine Herde

Zebras grast ein Stückchen weiter in der Savanne. Die Sonne steht hoch am Himmel. Es ist heiß. Der Guide erklärt das Leben der Giraffen und steckt nebenbei den Tieren Futter zu.

Die Kinder sind begeistert. Die Erwachsenen fotografieren. Der fünfjährige Tiago ist fasziniert – Tiere, die er nur aus dem Fernsehen kennt, stehen direkt vor ihm. Zum Anfassen nah. Diese Safari wird er nie vergessen.

Safari.

Allerdings nicht in Afrika, sondern im Alentejo.

600 Tiere auf 90 Hektar, das ist der Badoca Park in der Nähe von Santo André und Santiago do Cacém. Ein Teil der Tiere lebt »frei«, das sind die, die wir auf der einstündigen Fahrt sehen, bei der uns ein Trecker mit Anhängern durch das Gelände zieht. Wir sehen Giraffen, Zebras, Büffel, Gnus, Impalas, Dromedare, Strauße und andere Tiere der Savanne.

Die Königstiger sind zum Glück in einem Extra-Gehege. Genauso wie die Schimpansen und die Paviane, die Papageien, Lemuren, Lamas und Kängurus. Die Gehege sind groß und artgerecht. Das Gelände ist weitläufig. Von einem Gehege zum anderen läuft man Kilometer, vorbei an einer afrikanischen Schule (Bänke unter einem Baum), einem afrikanischen Spielplatz (Tiago glücklich im offenen Maul eines Holzkrokodils) und afrikanischen Skulpturen (eine Maske mit schwarzen Augen, roter Nase und braunem Mund). Sogar afrikanisches Rafting gibt es – in einer Art Gummiboot-Tonne rasen die Mutigen einen Wasserfall hinunter.

Wer alles sehen will, ist den ganzen Tag unterwegs. Es gibt Kioske mit Getränken und Eis und natürlich zwei Restaurants, denn ohne Essen geht in Portugal nichts. Am Ende des Tages sehen wir die Raubvogel-Schau. Die Zuschauer sitzen rechts und links des »Flugkanals«, einer langen Strecke, durch die die Raubvögel fliegen. Der Tierpfleger holt die Tiere nacheinander aus ihrem Gehege. Sie sitzen auf seiner Hand, er erklärt. Wir erfahren den Namen des jeweiligen Vogels, wie alt er ist und seine Gewohnheiten. Der Pfleger ermahnt uns, wir sollen uns ruhig verhalten, keine schnellen Bewegungen und keinen Lärm machen.

Dann lässt er den Vogel in die Luft steigen. Der Falke steigt auf und kreist hoch über uns. Er kommt wieder zurück, bekommt ein Leckerli und steigt wieder auf. Nach ein paar Runden holt der Pfleger den nächsten Vogel. Einen kleinen mit einem gelben Gesicht, der überhaupt nicht daran denkt, sich in die Lüfte zu erheben, und einfach ein paar Mal durch den Flugkanal läuft, bis er vor seinem Pfleger steht, ihn von unten ansieht und daraufhin zurück ins Gehege darf.

Zum Schluss lässt der Pfleger einen Geier steigen. Es ist ein junges Geierweibchen, etwa anderthalb Jahre alt. Das Tier steigt hoch, fliegt und kommt über den Flugkanal wieder zurück, peilt seinen Pfleger an, fliegt in meine Richtung. Ich hebe die Kamera hoch. Das wird ein tolles Foto. Ein Geier so nah! In dem Moment, als ich die Hand hebe, landet das Geierweibchen auf meinem Handgelenk. Und jetzt?

Ich erstarre. Erstaunlicherweise sind die Krallen nicht scharf. Es fühlt sich fast zart an. Gedanke eins: Wenn es mir gelingt, den Fotoapparat in die andere Hand zu wechseln, ohne mich viel zu bewegen, kann ich das Foto meines Lebens schießen. Gedanke zwei: Aber was, wenn ich den Geier erschrecke oder verstöre? Und er mit seinem Schnabel zuhackt?

Also bleibe ich einfach weiter sitzen. Wie eingefroren. Der Geier auch. Alle Zuschauer sehen in meine Richtung. (Ich denke kurz: Warum ich? Warum ein Geier und kein Adler? Geier haben einen so komischen Ruf. Aber dieser hier sieht irgendwie ganz nett aus.) Nach einer Weile steigt das Geierweibchen wieder auf und fliegt zu seinem Pfleger.

»Ist alles in Ordnung?«, fragt der Pfleger.

»Ja, alles in Ordnung«, antworte ich.

Es war nämlich ein ganz schönes Gefühl, als der Geier auf meinem Handgelenk saß. Und genauso wie Tiago werde ich diesen Tag, unsere Safari im Alentejo, nie mehr vergessen.

46. GRUND

Weil in Évora eine Kapelle aus menschlichen Knochen gebaut wurde

Nós ossos que aqui estamos pelos vossos esperamos. Hier sind unsere Knochen und warten auf die euren, so in etwa lautet die deutsche Übersetzung. Der Satz steht über dem Eingang zur Capela dos Ossos, der Knochenkapelle in der Igreja de São Francisco in Évora.

Diese Kapelle wurde im 16. oder 17. Jahrhundert von Franziskanermönchen gebaut. Aber warum aus Knochen? Meine Freundin Catarina hält es für eine Mischung aus Kreativität, Isolation in den Klöstern sowie einem Mangel an Baumaterial. Sie sagt, so hatten die Mönche einen Schutzraum, einen Meditations- und Gebetsraum sowie eine Gedenkstätte in einem. Klingt einleuchtend. Andere Quellen besagen, es hätte mit Platzmangel auf den Friedhöfen zu tun, wieder andere, es solle an die Vergänglichkeit des Lebens erinnern.

Und ja – das tut es. Wir stehen alle ein bisschen bedröppelt zwischen diesen Knochen an den Wänden. Die Mönche haben sie nach Körperteilen sortiert. Die Rundbögen sind aus Schienbeinen. Eine Wand ist aus Schädeln, und man sieht in die hohlen Löcher, wo einst die Augen eines lebendigen Menschen waren. Die Knochen sind nicht nur gemäß Größe und Körperteil verwendet, sondern an manchen Wänden sogar zu Ornamenten gefügt. Eine Wand mit Quadraten aus kleinen Knochen, in der Mitte jeweils ein einzelner Schädel. Und komplette Skelette hängen an Ketten von den Wänden, wie Gehängte.

Hier sind unsere Knochen und warten auf die euren. Klarer kann die Botschaft der Vergänglichkeit des Lebens wohl kaum vermittelt werden, das haben die Franziskanermönche so richtig gut hingekriegt.

Also schnell raus aus der Kapelle und zu den anderen Sehenswürdigkeiten in Évora. Évora ist eine Universitätsstadt im Inneren des Alentejo. Die Universität wurde 1559 gegründet und ist somit die zweitälteste Universität Portugals, mit mehr als 10.000 Studenten. (Die älteste ist die von Coimbra, siehe Grund Nr. 83.)

Das historische Zentrum wurde 1986 von der UNESCO zum Weltkulturerbe erklärt. Évora ist eine uralte Besiedelungsstätte, oder wie es oft heißt: vorzeitlich. Dolmen und Menhire in der Nähe sind Beweise für diese Besiedelung. O Templo de Diana, der Diana-Tempel, mit tollem Blick über die Stadt, stammt aus römischen Zeiten. Direkt am Diana-Tempel befindet sich das *Convento dos Lóios*. Früher war es ein Kloster, jetzt ist es eine *Pousada*.

Die *Pousadas de Portugal* sind halbstaatliche Unterkünfte, die in historisch wertvollen Gebäuden untergebracht sind. Wie zum Beispiel die *Pousada Dom Afonso II* in der aufwendig restaurierten Burg von Alcácer do Sal. Oder die *Pousada São Filipe* in einer Festung hoch über Setúbal.

Nach den Römern kamen die Mauren, die Évora 450 Jahre besetzten. Aber genug von Geschichte und zurück ins Heute.

Auf dem zentralen Platz, dem Praça do Giraldo, gibt es reichlich Cafés mit Stühlen und Tischen auf der Straße, sodass man draußen seinen Espresso trinken kann. Danach kann man durch die Gassen schlendern und shoppen. Es gibt selbstverständlich die üblichen Souvenirs, aber auch normale Geschäfte. Und natürlich Restaurants in verschiedenen Preisklassen.

Und mit dem Gedanken daran, dass das Leben vergänglich ist, wie in der Knochenkapelle so eindringlich gemahnt wird, sollte man sich vielleicht ein besonders gutes Essen in einem besonders guten Restaurant gönnen. (Das haben die Franziskanermönche sicher anders gemeint, aber trotzdem.)

47. GRUND

Weil Kork nicht nur für Flaschenkorken geeignet ist

»Werden die Bäume angemalt?«, fragen viele, die eine geschälte Korkeiche zum ersten Mal sehen, denn diese haben dunkelrote Stämme.

Nein, sie werden nicht angemalt, das ist ihre natürliche Farbe, nachdem die Rinde abgenommen wurde. Das Einzige, was aufgemalt wird, ist die Jahreszahl. Denn Korkeichen dürfen nur alle neun Jahre geschält werden. Und so ist es interessanterweise ganz einfach, sie zu markieren: Sie bekommen einfach die Endziffer des Jahres, in dem sie geschält werden. Also darf ein Baum, auf dessen Stamm eine große 9 steht, im nächsten Jahr mit einer 8 geerntet werden (also zum Beispiel 2009 und dann wieder 2018).

Sobreiros, wie die Korkeichen auf Portugiesisch heißen, wachsen in den Küstenregionen des Mittelmeeres, an der Küste Nordafrikas und in Portugal. Aber mehr als die Hälfte des in der Welt produzierten Korks kommt aus Portugal. Das Hauptgebiet der *Sobreiros* ist der Alentejo, wo sie die Landschaft prägen. Knorrige Korkeichen, die vereinzelt in der Planície stehen, der Ebene des inneren Alentejo, mit verwachsen aussehenden Ästen, die bizarre Muster ergeben. Und darüber die brütende Sommerhitze.

Die klassische Karikatur des Alentejaners ist der Bauer, der schlafend im Schatten einer Korkeiche sitzt. (Bei 40 Grad im Schatten mittags die einzige vernünftige Variante, sich nach der Feldarbeit auszuruhen, mal ganz ehrlich.)

Vor Jahren bekam ich ein Poster geschenkt. Darauf war stilisiert die Landschaft des Alentejo abgebildet. Ein Strich gelber Boden, eine große Fläche blauer Himmel und in der Mitte die große Korkeiche. Das Rot der Erde, das Gelb der Felder, der knallblaue Himmel, die rotbraunen Stämme der Korkeichen und das gedämpfte Grün ihrer kleinen harten Blätter – das sind die Farben des Alentejo.

Geschält werden die Korkbäume mit einer Spezialaxt. Die Rinde wird in der Mitte längs geöffnet und dann werden die beiden Halbschalen abgeschält. Zur Erntezeit liegen überall im Alentejo die Stapel der Korkrinden, bis sie von Aufkäufern abgeholt werden. Und oft bringen schon ein paar Korkeichen eine ganz nette Summe.

Jeder kennt die Geschichte von jemandem, der jemanden kennt, der ein Grundstück irgendwo im Alentejo gekauft hat und durch den Korkverkauf den Kaufpreis schon nach einem Jahr wieder drin hatte. Das ist wahrscheinlich eine von diesen modernen Legenden, denn wenn es wirklich stimmen würde, würde es ja jeder machen. Aber es zeigt, wie teuer Kork ist.

Was kein Wunder ist, denn Kork ist ein Naturstoff, der gut isoliert, der im Wasser oben schwimmt, der sich gut anfasst, gut aussieht und sich zu vielem verarbeiten und für vieles einsetzen lässt, von Isolierung bis Dekoration.

Flaschenkorken und Pinnwände kennt ja jeder. Aber jetzt gibt es auch Schmuck wie Ketten und Armbänder aus Kork. Und Taschen in allen Größen und Formen, vom Brillenetui bis zum Shopper. Obwohl – so neu sind die Taschen aus Kork gar nicht. Früher gab es im Alentejo Korkkörbchen, in denen das Essen mit aufs Feld genommen wurde. Diese Körbchen sind sozusagen ein traditioneller Vorläufer der Edel-Modelle, die jetzt angesagt sind und die in Souvenirshops, am Flughafen und im Internet verkauft werden.

Außerdem wird Kork seit ein paar Jahrzehnten zu Fußböden und Tapeten verarbeitet. Die Fischer verwenden ihn seit Jahrhunderten als Schwimmer für ihre Netze. An jeder Quelle lag früher eine Schöpfkelle aus Kork, mit der das Wasser geschöpft wurde. Und Flaschenkorken gibt es schon seit den alten Griechen, und ich hoffe, dass es sie auch weiterhin gibt. Denn eine Weinflasche mit Korken macht immer noch einen edleren Eindruck als eine mit Drehverschluss oder Plastikkorken, jetzt mal ganz ehrlich. Schon die Geste des Entkorkens ist doch ein Ritual.

Weil die Reisfelder im Sommer grün sind

Ich glaube, grüne Reisfelder im Sommer kann nur würdigen, wer lange im Alentejo gelebt hat. Der Alentejo ist schön, das ist keine Frage. Aber es gibt nur zwei Jahreszeiten. Regnerische Winter und lange, heiße Sommer. Ab Mai wird das Gras braun. Die Pinien sind zwar immergrün, aber es ist ein dunkles Grün. Und die Blätter der Korkeichen sind eher grau als grün.

Was einer echten Norddeutschen wie mir auf Dauer fehlt, ist frisches Grün. Grün in allen Schattierungen. Das helle Grün von Birkenblättern. Das Grün der Laubbäume überhaupt. Und der Wechsel der Jahreszeiten.

Und genau das bieten die Reisfelder.

Im Winter sind die Reisfelder gelb, braun und schlammig.

Im Frühjahr wird gepflügt und Wasser auf die Felder gelassen. Die Felder sind durch Gräben verbunden, die geöffnet und geschlossen werden können, um den Wasserstand zu regulieren. Ein Reisfeld muss so gepflügt werden, dass es einerseits eben ist, sodass die Reispflänzchen gleichmäßig hoch im Wasser stehen. Und andererseits muss es an einer Ecke minimal tiefer sein, damit das Wasser ablaufen kann, wenn der Zugang zu den Gräben geöffnet wird. Wenn das Wasser auf den Reisfeldern steht, wird der Reis ausgesät.

Der Bauer, der unsere Reisfelder bestellte, trug eine Leinentasche über der Schulter. Mit einem kräftigen Schwung hat er die Körner gleichmäßig verteilt. Vorher legte er die Säcke mit dem Saatgut in die Gräben, damit die Körner anfingen zu keimen. Für ein paar Wochen im März, April war das ganze Tal in Melides eine Wasserfläche, nur durchbrochen von der Umrandung der Felder.

Dann kamen die kleinen Reispflanzen an die Oberfläche und die Wasserfläche wurde von Tag zu Tag grüner, bis eines Tages Reis auf den Feldern stand.

Den ganzen Sommer über blickten wir auf das grüne Tal.

Die Landschaft um uns war trocken. Die Gräser am Straßenrand braun. Die Pinien und Korkeichen am Straßenrand eingepudert mit dem roten Staub der Erde. Aber die Reisfelder im Tal von Melides – ein erfrischendes Grün.

Am Ende des Sommers, ehe der erste richtige Regen kommt, werden die Felder abgeerntet. Jetzt könnte man sich fragen, was macht es, wenn der Reis Regen abbekommt, er steht doch sowieso im Wasser. Aber er steht eben nur mit den Wurzeln im Wasser, die Ähren dürfen nicht nass werden. Und auf keinen Fall darf der Wind sie ins Wasser schlagen. Wenn der Reis reif ist, werden die Felder wieder mit den Gräben verbunden und das Wasser wird abgelassen. Dann rücken die Erntemaschinen an. Große Metallräder sorgen dafür, dass die Maschinen nicht im Schlamm versinken.

Maria Luísa, die Frau, die bei uns im Gästehaus arbeitete, ist in der Gegend von Melides aufgewachsen. Schon als Dreijährige ist sie mit ihrem Vater auf die Felder gegangen. Ihr Vater hatte kein eigenes Land, sondern bestellte gegen Abgabe eines Teils der Erträge fremdes Land. Diese Stückchen Land waren weit verstreut, sodass er durch die Gegend ziehen musste. Seine Tochter ging mit und versorgte ihn.

Als Maria Luísa zwölf war, begann sie, auf den Reisfeldern zu arbeiten. Von Sonnenaufgang bis Sonnenuntergang. Und die Sonne geht im Alentejo im Sommer früh auf und spät unter. Frühmorgens stand die Familie auf, aß etwas, versorgte die Tiere auf dem Hof und machte sich auf den Weg zu den Reisfeldern, eine Stunde zu Fuß. Dort arbeitete Maria Luísa den ganzen Tag. Jeder brachte sein Essen für den Tag mit, und mittags wurde es warm gemacht.

Der Tag in den Reisfeldern war nicht nur lang, er war auch anstrengend. Die Sonne brannte von oben. Die Mücken, zahlreich durch das Wasser in den Feldern, stachen. Gummistiefel oder Schuhe gab es nicht, die Arbeiter standen barfuß im Reis und mussten gebückt arbeiten, um das Unkraut zu jäten. Dafür bekamen sie einen minimalen Lohn, der nicht zum Leben reichte. Nach Sonnenuntergang ging es wieder zu Fuß nach Hause. Und abends musste auf dem Hof das Vieh versorgt und der eigene Garten bestellt werden, denn nur so gab es genügend zu essen.

So sah das Leben der armen Leute im Alentejo vor der Revolution aus, das von Schriftstellern wie José Saramago in *Hoffnung im Alentejo* und Manuel da Fonseca in *Saat des Windes* großartig beschrieben wird (mehr zu portugiesischer Literatur in Grund Nr. 95).

Später, als Maria Luísa bei uns arbeitete, hat sie oft von diesen Zeiten erzählt. Für sie war der Anblick der grünen Reisfelder im Tal die Erinnerung an eine harte Kindheit und Jugend.

Für mich bedeuteten die grünen Reisfelder den sichtbaren Wechsel der Jahreszeiten und eine Erholung für die Augen in den trockenen Sommern im Alentejo.

49. GRUND

Weil in Grândola die Zeit stehen geblieben ist

Eins vorweg. Ich liebe Grândola, es hat mehr als 20 Jahre lang zu meinem Leben gehört und ich habe dort gerne gewohnt. Auch wenn so manches merkwürdig war.

Grândola Anfang der Achtzigerjahre:

Ich komme zum Sägewerk, um Bretter abzuholen. Ein Mann hat Balken und Bretter gekauft, zwei Arbeiter laden sie auf seinen Pick-up. Dann ist endlich alles aufgeladen.

»*Para beber qualquer coisa*«, sagt der Mann zu den beiden Arbeitern und drückt ihnen ein paar Escudos in die Hand. Auf Deutsch: um etwas zu trinken. Also Trinkgeld im wahrsten Sinne des Wortes. Dann steigt der Mann in seinen Pick-up und fährt los.

Die beiden Arbeiter gucken auf die Münzen in ihrer Hand.

»Na, das machen wir doch gleich«, sagt der eine zum anderen.

Und weg sind sie. Und ich stehe da und kann sehen, wie ich meine Bretter ins Auto kriege. Oder auf unbestimmte Zeit warten. Oder es selbst machen.

Grândola in den Neunzigerjahren:

Auf der Post ist eine lange Schlange. Es geht kein bisschen voran, weil die Postfrau die Umständlichkeit in Person ist. Und so etwas wie zehn Briefe in drei Länder kann durchaus eine halbe Stunde dauern.

»Diese drei Briefe gehen nach Deutschland, richtig?«

»Ja«, sage ich.

Die Postfrau sieht nach, was eine Briefmarke nach Deutschland kostet. Nimmt dann wieder die Briefe in die Hand. Zählt. Drei.

»Drei Briefe, nicht wahr?«, fragt die Postfrau.

»Ja«, sage ich.

»Nach Deutschland?«, fragt die Postfrau.

»Ja«, sage ich.

Die Postfrau sieht noch mal im Buch nach, was eine Briefmarke kostet.

Neben mir steht ein Jugendlicher und trommelt ungeduldig mit den Fingern auf dem Tresen. Die Postfrau sieht hoch und sieht ihn strafend an.

»*Que barulho é esse?*«, fragt sie. Was ist das für ein Lärm?

Der Jugendliche nimmt die Hand vom Tresen. Die ganze Schlange guckt entnervt. Die Postfrau nimmt die Briefe wieder in die Hand.

»Drei Briefe, nicht wahr?«, sagt sie. »Nach Deutschland?«

Grândola im Jahr 2002:

»Da kann ich nichts machen«, sagt die Angestellte hinterm Tresen auf dem Amt.

»Aber es muss doch eine Lösung geben«, sage ich.

Ich habe die Papiere, ich brauche den Eintrag, es muss doch irgendwie gehen. Es kann doch nicht sein, dass das Amt einerseits etwas von mir verlangt und dann auf der anderen Seite mir nicht sagen kann, wie es geht.

»*É complicado*«, sagt die Angestellte und zuckt mit den Schultern.

Auf Deutsch: Es ist kompliziert. Auf gut Deutsch: Dafür gibt es keine Lösung.

Ende der Info.

Grândola heute:

Die Stadt sieht noch so aus wie immer. Im Park sitzen immer noch die alten Leute, die nebenan in der *Santa Casa da Misericórdia* wohnen, dem Altenheim von Grândola. Die Einkaufsstraße, von uns allen damals Schuhstraße genannt, weil es so viele Schuhgeschäfte gab, ist nach wie vor die Einkaufsstraße. Selbst das Papiergeschäft ist noch da. Aber die Zeit ist natürlich nicht stehen geblieben, auch wenn es auf den ersten Blick so aussieht.

Ein paar von diesen neuen großen Supermärkten haben am Stadtrand aufgemacht, dafür ist die alte Coop geschlossen, der einzige Ort, an dem es damals so exotische Sachen wie zum Beispiel Kapern gab.

Vorne am Ortseingang ist ein schönes Denkmal entstanden, die Gedenkmauer für den 25. April, mit dem Text des Liedes *Grândola, Vila Morena* auf blau-weißen Kacheln (mehr dazu in Grund Nr. 91).

Während meines Lebens in Grândola gehörten Anekdoten wie die oben beschriebenen zu meinem täglichen Leben. Aber Grândola hatte auch sehr viel Schönes. Den Monatsmarkt an jedem zweiten Montag im Monat zum Beispiel, wo man alles von der Plastikschüssel bis zum Pferd kaufen konnte und wo sich »alle« trafen. Das alte Restaurant an der Ecke, wo man für wenige Escudos ein leckeres Essen bekam. Die *Drogaria*, in der der 90-jährige Großvater des Besitzers mir jedes Mal erzählte, wie er 1919 zu Fuß nach Deutschland gewandert ist.

Dieser alte Mann ist schon lange tot, und ich habe später oft bereut, dass ich ihn nicht genauer zu seiner Reise nach Deutschland befragt habe. Das Restaurant hat die neuen Hygienebestimmungen der EU nicht überstanden und ist geschlossen. Die Postfrau ist – vermutlich zur Erleichterung der ganzen Stadt – in Rente.

Ob es das Sägewerk noch gibt, weiß ich leider nicht.

Aber der Monatsmarkt ist immer noch an jedem zweiten Montag im Monat.

50. GRUND

Weil in Setúbal eine der schönsten Buchten der Welt ist

Es ist einer der schönsten Plätze an einer der schönsten Buchten dieser Welt. Und trotzdem ist niemand gerne dort. Es ist ein mächtiger Bau direkt am Ufer des Rio Sado, der bei Setúbal ins Meer fließt. Gebaut 1572, und im Laufe der Jahrhunderte renoviert und erweitert. Die Zimmer haben hohe Türen, die auf eine großzügige Terrasse an der Vorderfront des Gebäudes führen. Was für ein Blick über den Sado! Es gibt sogar einen eigenen Strand, der über ein paar Stufen erreichbar ist. Und abends hört man das dumpfe Tuten der ein- und ausfahrenden Schiffe.

Es ist das Forte do Outão, zwischen Setúbal und Sesimbra gelegen, direkt am Fuße des Arrábida-Gebirges.

Der Nachteil: Es ist ein Krankenhaus. Wer hier übernachtet, ist nicht freiwillig hier, da kann der Ausblick noch so schön sein. In dieser Festung ist nämlich seit 1909 das *Hospital Ortopédico Sant'Iago do Outão*, kurz *Hospital dos Ossos* (Knochenklinik) genannt.

Eine Nacht habe ich hier verbracht, aber ich hätte natürlich auch lieber in der anderen Festung von Setúbal übernachtet, der *Pousada São Filipe*. Diese liegt erhöht, und auch von hier hat man einen fantastischen Blick über Setúbal und den Sado bis nach Troia.

Troia liegt an der Spitze einer Landzunge, und eine Fußgänger- und eine Autofähre verbinden den Ort mit Setúbal. Wer Glück hat, sieht auf der Überfahrt sogar Delfine, weil eine Schule dieser Tiere dauerhaft in der Baía de Setúbal lebt (mehr zum Delfin-Watching in Grund Nr. 35).

Die Fährfahrt dauert etwa 20 Minuten, und einmal hatte ich das Glück, spätabends der einzige Fahrgast auf der Fußgängerfähre zu sein. Ich stand an der Reling, sah auf das beleuchtete Setúbal und dachte: So muss es sich anfühlen, eine eigene Jacht zu haben. Von dieser Seite, also von Süden her, ist die Anfahrt nach Setúbal immer am schönsten, egal ob bei Tag oder Nacht.

Setúbal zählt mit gut 120.000 Einwohnern zu den größeren Städten Portugals. Auf den ersten Blick wirkt die Stadt vielleicht nicht so attraktiv, besonders die Gegend östlich des Zentrums. Aber die Innenstadt ist schon schön. Die Avenida Luísa Todi ist breit und von Palmen gesäumt. Die ganze Altstadt ist schon seit vielen Jahren eine Fußgängerzone, voller Läden, Büros, Cafés und Restaurants.

Setúbal hat eine gute Infrastruktur, weil es das Umland mitversorgt. Hier sind die großen Supermärkte. Hier ist die ärztliche Versorgung, hier sind die Spezialisten und die großen Krankenhäuser wie zum Beispiel die Knochenklinik mit dem schönen Blick über die Bucht von Setúbal.

Und diese Bucht, die Baía de Setúbal, gehört seit 2002 zum *Clube das mais belas Baías do Mundo*, einem Zusammenschluss von knapp 40 Orten mit schönen Buchten weltweit.

KAPITEL 6

A vida portuguesa – Alltag in Portugal

Weil die Familie immer noch wichtig ist

Oft kann ich den Erzählungen der Nachbarn nicht folgen. Aber es liegt nicht an den Sprachkenntnissen, Portugiesisch kann ich zum Glück. Nein, es liegt daran, dass ich so schnell so viele Verwandtschaftsverhältnisse nicht sortieren kann. Im Großen und Ganzen verstehe ich so viel: Die meisten Nachbarn oben im Dorf sind miteinander verwandt. Um wie viele Ecken auch immer. Aber ob der Kneipenwirt jetzt der dritte Cousin der Nachbarin vor der Brücke ist, die wiederum mit Rui verheiratet war, der die Schwester der Cousine der Mutter von …

Spätestens ab da beginne ich normalerweise, den Faden zu verlieren.

Aber dass jedes Mal genau erklärt wird, wer mit wem wie verwandt ist, zeigt die Bedeutung der Familie, zumindest auf dem Land.

Wahrscheinlich wundern sich die Nachbarn, wie ich überlebe, so ganz ohne Familie in der Nähe. Deswegen bieten sie immer wieder an, mich unter ihre Fittiche zu nehmen. Ich bin an dem Sonntag allein, an dem der Priester durch das Dorf geht und die Häuser weiht? Das geht nicht, auf keinen Fall, ich soll unbedingt vorbeikommen. Ich bin nicht katholisch? Macht nichts. Sie wissen, dass ich nicht katholisch bin und nicht in die Kirche gehe, aber es geht hier auch gar nicht um Religion oder Kirche, es geht darum, an diesem Tag in einer Familie aufgehoben zu sein. Also gehe ich mittags zu den Nachbarn.

Gemeinsam warten wir in der Küche auf den Priester. Vater und Mutter, der Sohn aus Lissabon mit seiner Frau, der Sohn aus Porto mit seiner Frau. Alle sind an diesem Wochenende gekommen. Im Wohnzimmer ist schon das Buffet aufgebaut, alles ist bereit für die Weihung.

Als der Priester kommt, gehen alle in das Wohnzimmer, denn dort findet das Weihen des Hauses statt. Ich darf in der Küche bleiben, weil ich ja nicht katholisch bin, und Luis' Frau bleibt bei mir, damit ich nicht allein bin.

Nach der Weihung kommt der zweite wichtige Teil des Tages. Das gemeinsame Essen. Es gibt – einfach alles, was die portugiesische Küche an Finger Food zu bieten hat. *Pastéis de Bacalhau* (Kroketten mit Stockfisch), *Rissóis de Camarão* (Krabbentaschen), *Linguiça* und *Chouriço* (die portugiesischen geräucherten Würste), dazu Brot, Käse, Oliven. Außerdem reichlich Kuchen und Nachspeisen. Und natürlich was zu trinken.

»Was möchten Sie trinken?«, fragt der Hausherr den Priester.

»Irgendwas, aber auf keinen Fall noch mehr Alkohol«, sagt der Priester, der an diesem Tag alle Häuser des Dorfes besucht und überall etwas angeboten bekommt. »Vielleicht ein Glas Wein.«

Wein fällt also offensichtlich nicht unter Alkohol. Und portugiesische Landpriester müssen wohl sehr trinkfest sein.

An anderen Sonntagen adoptiert mich die Familie von Catarina. Sonntags ist immer Familientag. Da wird zusammen Mittag gegessen. Meistens bei der Oma draußen auf dem Land. Oma kocht. Der Tisch ist gedeckt. Alle kommen und es wird zusammen gegessen. Es ist nicht so, dass viel Wichtiges besprochen wird. Die wichtigen Sachen sind längst per Handy oder E-Mail geregelt. (Ja, sogar Oma mailt und skypt mit ihren über 80 Jahren.) Es geht einfach um das Zusammensein. Darum, dass die Familie gemeinsam am Tisch sitzt und zusammen isst. Dass die Oma ihre Enkel sieht. Nach dem Essen gibt es noch einen *Café*, entweder bei Oma oder im Dorf. Zum Abschied wird noch das Essen verteilt. Die Reste vom Mittagessen. Salat aus Omas Garten. Kartoffeln, weil Oma sie von einem Handwerker bekommen hat, aber nicht alle selbst aufbrauchen kann.

»Haben Sie Kohl im Garten?«, fragt mich Oma.

Nein, habe ich nicht, weil ich im Moment überhaupt keinen Garten bewirtschafte. Am Ende habe ich zwei Plastiktüten mit Kartoffeln, Salat, Kohlblättern für *Caldo Verde* und zwei Ablegern von der Orchidee mit den hübschen Blüten. Ich bin richtig froh, dass ich Zitronen mitgebracht habe, die Catarina jetzt an die Familie weiterverteilt.

»Sie sind hier immer willkommen«, sagt Oma zu mir zum Abschied. Und ich weiß, dass sie es wirklich so meint.

52. GRUND

Weil es eine Art privaten Tauschring gibt

Es gibt ja in Deutschland und anderswo immer wieder Versuche, Tauschringe zu organisieren. Das ist in Portugal nicht nötig. Wir haben den Tauschring. Schon immer. Und er funktioniert ausgezeichnet. Das Prinzip ist im Grunde ganz einfach. Man gibt etwas weg, was man nicht braucht. Und bekommt dafür etwas, was man braucht. Wie es in einem Tauschring üblich ist. Nur findet das Ganze in Portugal unorganisiert statt.

Meistens innerhalb der Familie, aber nicht nur. Es funktioniert auch unter Freunden, unter Nachbarn und sogar mit Handwerkern. Der Tausch muss auch gar nicht direkt stattfinden. Es wird auch nicht aufgewogen oder ausgerechnet. Jeder geht einfach davon aus, dass es sich irgendwann ausgleicht.

So wie es in Portugal auch üblich ist, dass im Café einer die Rechnung übernimmt. Und das nächste Mal in einem anderen Café zahlt eben jemand anders. Auch beim gemeinsamen Essen im Restaurant wird nicht ausgerechnet, wer was zahlt. Entweder es wird einfach geteilt, oder jeder legt das hin, was er für richtig hält. Mit anderen Worten: Die kosmische Buchführung ist keine esoterische Spielerei, sondern ein wichtiger Teil des portugiesischen Lebens.

Die Nachbarin hat zum Beispiel einen funktionierenden Garten und ich nicht, weil ich nicht so der Gartentyp bin. Also finde ich morgens oft einen Butternusskürbis auf dem Brunnenrand. Oder es liegen zwei Salatköpfe auf der Fensterbank. Der Handwerker stellt mir einen Eimer Kartoffeln vor die Tür. Und der Nachbar von oben bringt eine Tüte mit Kohlblättern vorbei.

Und wenn ich in Oliveira de Frades bin, bringe ich der Nachbarin den leckeren Mandelkuchen aus dem *Café Amazónia* mit, den sie sich nie kaufen würde (oder könnte). Oder ich bringe ihr etwas vom Supermarkt mit, und sie darf es nicht bezahlen.

Die beiden Nachbarinnen von oben lesen mein Fallobst auf, für ihre Schweine. Ich verschenke meine selbst gemachte Pflaumen-Portwein-Marmelade. Ich gebe der Nachbarin mehrere Gläser, die sie wiederum an ihre Tochter und andere Verwandte verteilt, und nach einer Weile kommt ein Glas Kürbismarmelade zurück, die die Schwiegermutter der Tochter gemacht hat und die auch ausgezeichnet schmeckt.

Ich fahre nie zu Freunden nach Lissabon oder Aveiro, ohne Wein, Schnaps, Zitronen oder Kastanien mitzunehmen, die ich von meinem Hof habe. Dafür bekomme ich später von Catarina eine Flasche Zitronenlikör, den sie aus meinem Schnaps und meinen Zitronen hergestellt hat und in ihrer Familie verteilt.

Der Handwerker überredet mich, ihm eins meiner alten Weinfässer zu verkaufen. Da ich schlecht Geld dafür nehmen kann, verschenke ich das alte Fass. Dafür ist dann eines Tages die Reparatur des Wasserhahns umsonst.

Sogar das schöne alte Portwein-Plakat, das im Café in Grândola hing, ist so zu uns gekommen. Wir haben lange versucht, es dem Besitzer abzukaufen, aber er wollte es nicht verkaufen. Eines Tages jedoch renovierte er sein Café und schenkte uns das Bild. Und wir haben ihm vom nächsten Deutschland-Urlaub eine Flasche Steinhäger für seine Schnapsflaschen-Sammlung mitgebracht. Vielleicht wird sich eines Tages ein deutscher Tourist fragen, wieso eine Flasche Steinhäger in diesem Café in Grândola steht. Das war der Grund. Es war das Ergebnis einer Tauschring-Aktion.

Und ehrlich gesagt – das macht total Spaß. Es ist ein so selbstverständlicher Austausch von Hilfe, Essen, Gefallen und Fahrten, dass es das Leben wirklich angenehmer macht. Soll ich etwa für diese kurze Übersetzung beim Notar der Frau wirklich Geld abnehmen? Mit aller Bürokratie, die dann entsteht? Mit Rechnung und Finanzamt und Steuerberater? Soll ich da jetzt fünf oder zehn Euro nehmen?

Nein, ich sage, das ist okay, das kostet nichts, ich musste sowieso nach Vouzela zum Einkaufen.

Und zehn Minuten später kommt die Frau in das Café, wo ich meinen *Cafezinho* trinke, und schenkt mir einen wunderschönen Blumenstrauß. Und ich habe den ganzen Tag gute Laune.

53. GRUND

Weil man in Portugal immer noch überall ein Schwätzchen hält

»Tut mir leid«, sagt die Angestellte der Stromgesellschaft, als sie endlich den Hörer auflegt und sich mir zuwendet. »Das war eine Freundin. Da konnte ich nicht auflegen.«

Das ist ihre für sie selbst völlig akzeptable Erklärung dafür, dass sie mich zehn Minuten am Schalter warten lässt. Na gut, dieses Erlebnis ist schon ein paar Jahre alt, aber hat sich das wirklich geändert? Ich bin mir nicht so sicher. Oft komme ich während der Öffnungszeit an einen Schalter, und der oder die Angestellte ist gerade nicht da. Und erscheint dann irgendwann. Wie oft stehen zwei Ärzte oder Schwestern oder Empfangsdamen nebeneinander auf dem Flur oder ein Stückchen hinter dem Schalter und reden. Und nicht oder nicht nur über die Arbeit.

Das Schwätzchen findet auch auf der Straße statt. Nicht nur bei Fußgängern, sondern auch bei Autofahrern. Oder Autos und Mopeds. Oder Autos und Fußgängern. Das Auto steht mitten auf der Straße, Scheibe heruntergelassen, der Fahrer hat den Arm halb aus dem Fenster und die beiden reden. In aller Ruhe. Und wenn ich dann gucke (nur gucke! Hupen wäre völlig gegen die Landessitten, das mache ich nicht, aber ich gestatte mir manchmal, wenigstens ungeduldig zu gucken), dann gibt einer der beiden ein Zeichen.

Diese Geste, wo der Zeigefinger der einen Hand quer über den der anderen Hand gehalten wird. Übersetzung: nur noch einen kleinen Moment.

Aber ein kleiner Moment ist ja keine fest definierte Größe und dementsprechend zieht er sich natürlich hin. Denn ein portugiesisches Gespräch wird nicht abrupt abgebrochen, das wäre unhöflich. Ein portugiesisches Gespräch wird beendet, indem die beiden Gesprächsteilnehmer noch mal alles in Kurzform wiederholen, wie in einem Kreis-Gespräch.

Dieses Schwätzchen gibt es überall.

Im Supermarkt blockieren zwei Kunden mit ihren quer gestellten Einkaufswagen den ganzen Gang und bemerken nicht, dass jemand anders nicht ans Regal kann.

Im Café an der Kasse unterhalten sich Bedienung und Kundin, egal, wie lang die Schlange ist.

Und man kauft nicht eben mal schnell ein Brötchen in der *Pastelaria*. Der Bäcker und der Kunde wechseln selbstverständlich ein paar Worte. Über das Wetter. Und wenn Bäcker und Käufer/in sich kennen, auch über die kranke Oma. Oder das Kind. Oder die letzte Erkältung. Oder über den Urlaub. Oder über irgendetwas.

In aller Ruhe steckt der Bäcker die Brötchen in die Tüte. Reicht sie über den Tresen. Nennt den Preis. Der Kunde zählt das Geld auf den Tresen. Dann noch ein paar letzte Worte. Und ein *Bom dia* (Guten Tag) oder *Até amanha* (Bis morgen), und vielleicht noch eine kleine Wiederholung aus dem Gespräch von eben. Und ein Gruß an die Oma. Und dann endlich bin ich dran und kann mein Brot und meine Brötchen bestellen.

»Was darf's denn sein, *minha linda?*«, fragt der Bäcker und strahlt mich an. Und auf der Stelle bin ich versöhnt. *Minha linda*, meine Hübsche, das muss nicht der Realität entsprechen, ist aber nett.

Und ganz ehrlich, manchmal passiert es mir jetzt auch. Neulich, als ich nach Hause fuhr, sah ich den Nachbarn und wollte nur kurz was fragen, also habe ich angehalten. Er ist zum Auto gekommen, und wir haben über meine Frage gesprochen. Wir waren mitten im Gespräch, da hielt ein Auto hinter mir. Aber das Auto hat nicht gehupt und nicht gedrängelt. Der Nachbar hat die Geste mit dem Finger quer gemacht, und der Mann am Steuer hat verständnisvoll geguckt.

Ist das nun ein echter Grund, Portugal zu lieben? Wenn man es eilig hat, natürlich nicht. Aber wenn man Zeit hat – ja, auf jeden Fall. Es macht das Leben angenehmer.

54. GRUND

Weil Krankenhausbesuche am Sonntag eine Art Volkssport sind

»Sind Sie Holländerin?«, fragt Susana.

»Nein, ich bin Deutsche«, antworte ich.

»Aber Sie sind aus Santa Comba Dão, oder?«, fragt Susana.

»Nein«, sage ich.

»Aber Sie haben den rechten Arm gebrochen und werden am Dienstag operiert?«, fragt Susana.

»Ja«, sage ich.

Susana arbeitet im Krankenhaus in der Röntgenabteilung. Ihre Mutter hat sie angerufen, weil sie gehört hat, dass eine Holländerin aus Santa Comba Dão im Krankenhaus liegt, die ihren rechten Arm gebrochen hat und am Dienstag operiert wird. Und weil diese

Holländerin keine Familie hier in Portugal hat, die sie besuchen kommt, schickt die Mutter Susana. Denn es ist unvorstellbar, dass jemand im Krankenhaus liegt und keinen Besuch bekommt.

Erst jetzt, nach vielen Jahren in Portugal, entdecke ich, dass Krankenhausbesuche am Sonntagnachmittag so etwas wie ein portugiesischer Volkssport sind. Ein sonntagnachmittägliches Vergnügen, an dem breite Bevölkerungsschichten teilnehmen und von dem man allen erzählt: Am Sonntag fahren wir ins Krankenhaus und besuchen Dona Fátima. Oder Senhor Jorge. Oder die Schwiegermutter. Oder eine andere Verwandte. Oder einen Nachbarn.

Und deswegen sind die Besuchszeiten so streng geregelt in portugiesischen Krankenhäusern. Deswegen ist der Zugang zu der Treppe oder den Aufzügen abgesperrt. Deswegen steht dort ein Wachmann und bewacht den Zugang. Und wehe, einer von denen, die warten, macht auch nur einen Schritt zu weit nach vorne, schon guckt ihn der Wachmann scharf an.

Wochentags ist die Besuchszeit von zwei bis vier und von sechs bis acht. Sonntags ist die Besuchszeit von zwei bis sechs. Durchgehend. So ab halb zwei wird es in der Krankenhaushalle voll. Um zehn vor zwei beginnt die Unruhe. Alle stehen auf, nähern sich dem Zugang. Der Wachmann steht eisern vor seinem Tisch. Eine unsichtbare Linie trennt die große Halle von dem Bereich vor den Aufzügen.

Die Besucher sehen auf die große Uhr und beobachten, wie der Zeiger langsam vorrückt. Der Wachmann sieht auf seine Armbanduhr. Nicht eine Minute zu früh lässt er die Besucher rein.

Wenn es zwei Uhr ist, geht er einen halben Schritt zur Seite, das ist das Zeichen. Alle stürzen zu den Aufzügen. Es sind vier große Aufzüge, aber nicht alle kommen beim ersten Mal mit. Manche nehmen voller Ungeduld die Treppe. Die anderen warten in engen Trauben darauf, dass die Aufzüge wieder runterkommen.

Und erst als ich selbst auf der Orthopädiestation im Krankenhaus von Viseu liege, wird mir der Sinn dieser strengen Regelung klar.

Ohne sie würde es hier zugehen wie im Taubenschlag. So haben die Patienten wenigstens Pausen, in denen sie sich erholen können.

Es sind große Zimmer mit vier Betten. Ich dachte immer, jeder würde lieber ein Einzelzimmer wollen. Aber im Gegenteil – Portugiesen sind in der Regel nicht gerne allein. Sie haben gerne Gesellschaft. Sie liegen lieber in einem Vierbettzimmer als in einem Einzelzimmer. Und sie bekommen gerne viel Besuch. Und so wird der Krankenhausaufenthalt zum Familienereignis. Eigentlich dürfen nur zwei Besucher pro Bett ins Zimmer. Aber daran hält sich natürlich niemand. Und die Schwestern und Pfleger sind nett und drücken beide Augen zu, und die Zimmer platzen aus allen Nähten.

An einem heißen Sonntagnachmittag im September sind wir 30 Leute in dem Raum. Vier Kranke und 26 Besucher. Eine Kranke ist verwirrt, man kann sich nicht mit ihr unterhalten. Aber darum geht es in der Tat auch gar nicht. Da unterhalten sich eben die Besucher miteinander. Das Interessante ist: Jeder redet mit jedem. Es ist wie ein Happening. Es ist anstrengend, und ich bin froh, wenn alle wieder weg sind. Aber ich muss auch zugeben: Es ist unterhaltsam, und man hat was erlebt, ohne das Bett zu verlassen.

Einmal bekomme ich Besuch von einer Frau aus dem Nachbardorf. Wir kennen uns nicht, aber sie hat auf dem Schild gesehen, dass hier jemand aus der Nachbarschaft liegt, und da wollte sie Hallo sagen. Und im Laufe der Woche besucht mich eigentlich jeder, den ich im Dorf kenne. Dabei ist das Krankenhaus nicht um die Ecke, es ist über 20 Kilometer weit weg. Die meisten Besucher haben mehrere Kranke, die sie nacheinander besuchen. Sie gehen von Station zu Station. Da liegt noch der Cousin der Nachbarin wegen eines Unfalls. Und dort die Nachbarin der Schwiegermutter mit einer operierten Hüfte.

Susana und ich rätseln noch ein bisschen und kommen dann zu dem Schluss: Ich kann es nicht sein. Susana wird auf einer der anderen Orthopädiestationen nach der Holländerin suchen. Aber da wir uns nun kennen, wird sie ab und zu vorbeischauen, schließlich ist sie durch ihre Arbeit in der Röntgenstation sowieso im Krankenhaus.

An dem Tag, an dem ich entlassen werde, besucht mich die Holländerin. Es gibt sie also wirklich, und sie hatte sich in der Tat auch den rechten Arm gebrochen und wurde am gleichen Tag wie ich operiert.

»Vielleicht haben sie ja alle ausländischen gebrochenen rechten Arme auf den Dienstagnachmittag gelegt«, sagt die Holländerin. Wir haben beide gute Laune, weil wir entlassen werden. Denn niemand ist gerne im Krankenhaus, da können die Besucher so unterhaltsam sein, wie sie wollen.

55. GRUND

Weil in Portugal gemeinsam gewandert wird

Ich weiß nicht, wann es passiert ist, aber plötzlich scheint das ganze Land zu laufen, zu radeln und zu wandern. Zwei große Ketten haben Sportgeschäfte im ganzen Land eröffnet, und die Zeiten, zu denen es praktisch unmöglich war, ein simples Paar Hanteln aufzutreiben, sind endgültig vorbei. Das Angebot in den Sportgeschäften ist gut, für jede Sportart ist etwas dabei, Wandern, Radeln, Kanu fahren, die passende Ausrüstung für Erwachsene, Kinder und Jugendliche, alles ist vorhanden.

Die erste Etappe der *Ecopista do Dão* mit acht Kilometern wurde 2007 eröffnet. Jetzt ist es die längste *Ecopista* in Portugal, 49 Kilometer gut ausgebauter Rad- und Wanderweg verbinden Santa Comba Dão mit Viseu. »Wanderweg« ist der falsche Ausdruck, denn die *Ecopistas* sind sehr gut ausgebaute Strecken mit einem Spezialbelag zum Radeln und Laufen. Diese sind im letzten Jahrzehnt im ganzen Land entstanden.

Es gibt eine Seite im Internet, auf der man die einzelnen Strecken aufrufen kann, sowie eine Seite für Radwege. Mehr als 1.600 Kilometer Radwege sind in den letzten Jahren entstanden. Und es gibt Wandergruppen wie zum Beispiel *Caminhar em Portugal*, mit Untergruppen in ganz Portugal, die regelmäßig Wanderungen anbieten.

An dem Tag, als Maria und ich mit einer Gruppe im Monsanto Park von Lissabon wandern, sind wir mindestens 50 Leute und bis auf eine Frau in Sandälchen sind auch alle richtig gekleidet. Der Monsanto Park ist erstaunlich wild, ein richtiger Wald im Lissabonner Stadtgebiet, mit engen Pfaden und steilen Wegen. Die Frau in den Sandälchen muss daher irgendwann aufgeben, aber alle anderen halten durch. Die zwei Leiter haben Seile dabei und können so Erschöpfte ziehen, wenn es bergauf geht. Die Wanderung dauert mehrere Stunden, und zwischendurch gibt es eine Rast in einer *Pastelaria*.

Viele Städte haben eine ganze Reihe von ausgeschilderten Wanderwegen, die *Percursos Pedestres*, für die es bei den Touristeninformationen Broschüren gibt. Ausgeschildert sind die Wanderwege mit dem Kürzel »PR« mit der jeweiligen Nummer. Wer sich also zum Beispiel für PR 7 entscheidet, folgt einfach den Schildern mit der gelb-roten internationalen Wanderkennzeichnung plus PR 7.

Allein in der Algarve gibt es über 30 Wanderwege, mit Längen von zwei bis 20 Kilometern. Infos über diese gibt es auf der Website *visitalgarve.pt*, sogar auf Deutsch.

Und es muss auch keine »offizielle« Wandergruppe sein. Meine Freundin Joana in Viseu trifft sich jeden Samstag mit einer Gruppe von Freunden und Bekannten und sie erwandern jedes Mal ein neues Gebiet um Viseu. Drei Nachbarinnen oben aus dem Dorf laufen jeden Morgen gemeinsam eine Stunde. (Sie haben mir schon öfter angeboten mitzulaufen, und das ist natürlich nett, aber morgens um acht? Ich weiß nicht.)

Das bedeutet nicht, dass Portugiesen jetzt ein Stückchen weiter weg parken und die paar Meter zum Laden zu Fuß gehen würden.

Das natürlich nicht. Jeder versucht nach wie vor, möglichst nahe am Supermarkt zu parken, möglichst nah am Strand, möglichst neben dem Restaurant. Oder direkt vor der Apotheke, selbst wenn er damit den gesamten Verkehr für zehn Minuten lahmlegt.

Denn schnell was erledigen ist eine Sache. Und wandern eine andere.

56. GRUND

Weil ein Keks als Grundnahrungsmittel angesehen wird

Deutsche im Ausland vermissen Schwarzbrot, Leberwurst und Bratwurst. Portugiesen im Ausland vermissen *Bacalhau* und *Bolacha Maria*. In ihrem Blog *Alemanha para Principantes* (Deutschland für Anfänger) auf der Online-Plattform *Tudo Alemão*, die ein Projekt des Goethe-Institutes ist, schreibt eine Frau von ihrem Start in Deutschland, von dem Tag, als ihr mitgebrachter Vorrat an *Bolacha Maria* aufgebraucht war. Denn es gibt in Deutschland zwar Kekse in Hülle und Fülle, aber kein Keks hat diesen ganz bestimmten *Bolacha Maria*-Geschmack, der zum portugiesischen Leben gehört.

Und zwar vom Babyalter an. »Ab wann darf ich meinem Baby *Bolacha Maria* in den Brei rühren?«, fragt eine junge Frau in einem Forum für Mütter. Antwort: ab sechs Monaten. Und selbstverständlich gibt es auch eine Fertigmischung Babybrei in der Geschmacksrichtung *Bolacha Maria*.

Was ist das Besondere an diesem runden Keks aus Weizenmehl, Zucker, Öl und Vanille-Aroma? Einfache Antwort: *Bolacha Maria* schmeckt gut, ist vielseitig einsetzbar und außerdem günstig.

Und so begleitet einen dieser Keks ein ganzes Leben lang in Portugal.

Zunächst im Babybrei.

Als Kind natürlich sowieso.

Bei den Unglücksfällen des Lebens. Hunger in der Notaufnahme? Mit etwas Glück organisiert einem der Pfleger einen Saft und ein Mini-Päckchen *Bolacha Maria*. Mit noch mehr Glück gibt es eine Suppe vorweg und die *Bolachas Maria* hinterher.

Beim Klatsch mit der Nachbarin, bei Kaffee oder Tee. Auf dem Tisch ein Teller mit *Bolacha Maria*.

Selbst unsere Bonnie, unser Irish Setter, bekam von der Nachbarin regelmäßig *Bolacha Maria* zugesteckt. Jeden Morgen lief Bonnie nach nebenan und kam mit einem Keks im Maul zurück. (Erstaunlicher Hund, eigentlich, der den Keks erst nach Hause trägt, ehe er ihn frisst.)

Und klar, eines Tages im Altenheim wird es auch *Bolacha Maria* geben, aber daran will ich noch nicht denken.

Dann doch lieber an die ganzen anderen leckeren Sachen, für die man diesen Keks noch verwenden kann. Er eignet sich nämlich perfekt für Kuchen und für Nachspeisen, und in vielen Restaurants sind diese ein fester Bestandteil der Speisekarte.

Bolo de Bolacha ist ein Schichtkuchen aus Creme und Keksen.

Pudim de Bolacha ist eine Nachspeise mit Schichten aus Keksen, Pudding und Sahne. Wichtig bei diesem Rezept ist, dass die Kekse vorher eine Weile in sehr starkem Kaffee eingelegt werden und sich so mit dem Kaffeegeschmack vollsaugen.

Salame de Chocolate ist ein Kuchen, der vom Aussehen her ein bisschen an den deutschen »Kalten Hund« erinnert. Ein Kuchen aus Schokoladenmasse mit Keksstückchen aus – richtig! – *Bolacha Maria*.

Natürlich gibt es in Portugal auch haufenweise andere Kekse. Die Regale sind damit selbst in kleinen Läden gut gefüllt. Aber der portugiesischste Keks aller Kekse ist eben doch *Bolacha Maria*. Eine Bestätigung dafür ist auch, dass selbst eine der Künstler-Sardinen in dem 500-Sardinen-Buch eine *Bolacha Maria*-Sardine ist (mehr dazu in Grund Nr. 75). Wie bitte? Der Keks wurde laut Wikipedia 1874 in England erfunden? Macht nichts. Dann ist es eben eine Art portugiesischer Ehren-Keks.

Und natürlich gibt es den Keks mittlerweile auch in Deutschland, und zwar in portugiesischen Läden und bei portugiesischen Vereinen. Wenn weder das eine noch das andere in der Nähe ist, kann man den Keks auch bei einem Buchversand bestellen. Dort hat *Bolacha Maria* sogar eine Rezension. Und zwar wie zu erwarten fünf Sterne.

57. GRUND

Weil man auf dem Monatsmarkt fast alles kaufen kann

»Das ist zu teuer«, sagt meine Nachbarin zu dem Verkäufer. »Und die Bündel sind zu klein. Da müssen Sie schon noch was drauflegen.«

Der Verkäufer steckt die Bündel mit den Zwiebelpflänzchen in eine Plastiktüte und reicht sie über den Tresen.

Wir sind auf dem Markt von Vouzela. Es ist ein sehr kleiner Markt, aber Vouzela ist ja auch nur ein 2.000-Einwohner-Städtchen. Auf dem Markt sind ein paar Stände mit Kleidung, ein Stand, an dem Stoffe nach Gewicht verkauft werden, und daneben Stände mit Haushaltswaren. Wir sind an einem der Stände mit den Pflanzen, die jetzt alle hier auf dem Land im Frühjahr für ihre Gemüsegärten brauchen. Vorgezogene Zwiebeln, Salatpflänzchen, Kohlpflänzchen und Kräuter. Salat und Kohl haben Stückpreise von ein paar Cent. Die Zwiebelpflänzchen sind zu dicken Bündeln geschnürt. Die Nachbarin hält das Geld abgezählt in der Hand, nimmt aber die Tüte nicht.

»Tun Sie noch was dazu«, sagt sie zu dem Verkäufer. »Sonst kriegen wir Schläge von unseren Männern.«

Der Verkäufer packt noch ein paar Pflänzchen in die Tüte. Die Nachbarin freut sich. Handeln gehört zum Marktgeschäft, da ist jedes Argument zulässig. Leute wie ich, die nicht gerne handeln, werden wahrscheinlich als langweilige Spielverderber angesehen. Deswegen versuche ich es jetzt auch manchmal. Neulich in Viseu zum Beispiel, da habe ich den Preis für den Rollkoffer auf dem Markt um ein paar Euro runtergehandelt. Und hatte nachher natürlich Bedenken, ob er auch hält, als ich ihn über das holprige Kopfsteinpflaster in Porto rollte. (»Also gut«, hat Sam gesagt, nachdem er meinen besorgten Blick sah, »ich will hier nicht Zeuge sein, wie dein Marktkoffer auf dem Weg zum Flughafen zusammenbricht«, und hat ihn den Rest des Weges auf seinen Schultern getragen.) Dabei sind die Marktsachen vermutlich genauso gut oder schlecht wie alle anderen Waren auch.

Märkte gibt es »schon immer« und sie haben sich bis in die heutige Zeit gehalten. In kleineren Orten sind die Märkte ein- oder zweimal im Monat, und zwar immer an einem festen Tag. Das kann eine einfache Regel sein wie: an jedem zweiten Montag im Monat (Grândola). Oder eine komplizierte wie: an jedem Montag zwischen dem 15. und 21. eines jeden Monats (São Pedro do Sul). In größeren Städten ist der Markt sogar einmal in der Woche.

Der Markt von Viseu ist jeden Dienstagvormittag. Dann platzt das Café am Markteingang schon morgens um neun aus allen Nähten, hier werden an diesem Tag bestimmt Hunderte von *Cafezinhos* verkauft.

Der Markt ist riesig und gut besucht, hier herrscht immer Gedränge. Und man kann hier wirklich alles kaufen. Ziegen- und Schafskäse aus der Serra da Estrela, Schinken und geräucherte Würste, Zwiebel- und Knoblauchstränge, Oliven und Mandeln. Komplette Schinken, große Käse, Oliven in Tonnen, Mandeln in großen Behältern – alles wird abgeschnitten, abgefüllt, abgewogen und in Plastiktüten verpackt.

Es gibt Schuhe und Werkzeug. Teppiche und Möbel. Plastikspielzeug und Keramik. Filme und Musik (wenn auch vermutlich Raubkopien aus dubiosen Quellen ...).

Es gibt sogar lebende Hühner und Enten, Küken zur Aufzucht, Ziervögel, Hunde und Kaninchen. Und es gibt diese Aluminiumtrichter, in die man die Hühner zum Schlachten steckt, und Maulwurfsfallen, in denen der Maulwurf in der Erde stecken bleibt. Und ganz normale Mausefallen. Mit anderen Worten: Es gibt eigentlich nichts, was es nicht gibt.

Wir ziehen zu viert über den Markt und werden alle fündig. Alex kauft einen Pullover für drei Euro. Sam deckt sich mit Käse ein. Melly kauft ein Kilo Mandeln. Und ich bekomme meinen Koffer.

Es ist voll, es wird gedrängelt, es wird gehandelt und gerufen. Es ist wirklich ein völlig anderes Einkaufen als im Supermarkt. Es ist nicht nur billiger, es ist auch viel unterhaltsamer. Jeder redet mit jedem. Verkäufer preisen ihre Waren an. Alle handeln. Alle laufen mit Tüten bepackt über den Markt. Am Ende drängeln sich Kunden und Verkäufer an den Ständen, an denen es die gegrillten Hähnchen gibt. Mit Pommes oder Brot, dazu Wasser oder Wein.

Dann packen die Verkäufer ihre Waren ein, bauen die Tische ab und falten die Zeltplanen zusammen. Morgen werden sie in der nächsten Stadt alles wieder aufbauen. Nachmittags liegt der Platz voller Müll. Leere Schuhkartons liegen auf der Erde. Plastiktüten wehen über den Platz. Hunde schnüffeln in den Resten. Und das Café am Markteingang ist leer.

Aber nur bis zum nächsten Markttag.

58. GRUND

Weil es in Portugal *Bruxas* und *Curandeiros*, Hexen und Heiler, gibt

Okay, ich bin feige, denn wenn ich nicht feige wäre, hätte ich schon längst mal bei Professor Mestre Cadi angerufen, dem afrikanischen Astrologen und Heiler mit weißer und schwarzer Magie, der mir regelmäßig Zettel mit blauer Schrift an meine Windschutzscheibe steckt. Oder den großen afrikanischen Meister mit den Zetteln in roter Schrift.

»Não há vida sem problema«, steht auf seinem Zettel. Es gibt kein Leben ohne Probleme. Da hat er recht. *»Não há problema sem solução«*, verspricht er im zweiten Teil des Satzes. Es gibt kein Problem ohne Lösung. Hoffentlich hat er damit auch recht.

Schon aus Neugierde würde ich gerne anrufen. Wissen diese Meister, Wahrsager, Hellseher wirklich etwas, was wir anderen nicht wissen? Können sie in die Zukunft sehen? Haben sie magische Kräfte? Es muss Portugiesen geben, die dort anrufen, denn sonst würden diese Wahrsager ja aufhören, ihre Zettel zu verteilen, aber nein, sie verteilen unermüdlich. Sieben Mal Parken in der Stadt – sieben Zettel an der Windschutzscheibe.

Aber immerhin war ich schon mal bei einer – ich weiß nicht, wie ich sie nennen soll. Es war keine Hexe, denke ich. (Wobei der Ausdruck »Hexe« ja nicht genau definiert ist.) Es war eine alte Frau oben in den Bergen bei Melides.

Sie hieß Adelaide und wohnte in einem kleinen Alentejo-Haus. Weiß gekalkte Wände, blau umrandete Fenster. Vor dem Haus eine große Korkeiche. Maria Luísa, unsere Angestellte, hat mich damals mitgenommen. Es ging um den verstauchten Fuß einer Bekannten, womöglich ein Bänderriss. Die Bekannte selbst war nicht mit, da sie nicht daran glaubte.

»Das macht nichts«, sagte Maria Luísa, »es wirkt auch, wenn man nicht dran glaubt.«

Als wir bei Adelaide ankamen, war diese gerade dabei, Plastiktüten auf einer Wäscheleine vor dem Haus aufzuhängen. Sie ging mit uns ins Haus. Draußen war es heiß. Im Haus war es angenehm kühl. Es war ein einfacher Raum, auf einer Anrichte standen ein paar nicht zusammenpassende Teller. Adelaide holte eine Schüssel und stellte sie auf den Boden. Sie füllte einen Krug mit Wasser. Dann betete sie. Wir saßen stumm daneben.

»Sie gießt das Wasser in die Schüssel, und wenn es zurückläuft, dann ist der Knöchel geheilt«, sagte Maria Luísa leise zu mir.

Adelaide betete weiter. Dann goss sie das Wasser in die Schüssel und drehte den Krug um. Dazu murmelte sie Sprüche. Wir warteten. Und nach einer Weile lief das Wasser wirklich in den Krug zurück. War es ein Wunder oder ein physikalischer Vorgang, der sich mit Unterdruck oder Ähnlichem erklären lässt? Die Untersuchung des Knöchels ergab, dass es kein Bänderriss war. Aber vielleicht war der Knöchel ja eh nur verstaucht. Wissen werden wir es nie.

Die Grenzen zwischen Glaube und Aberglaube sind in Portugal oft fließend. Adelaide betet, während sie ihre Rituale durchführt. Es gibt in Portugal Läden, in denen Gliedmaßen aus Wachs verkauft werden. Füße, Hände, Arme liegen ordentlich nebeneinander aufgereiht. Mit diesen Gliedmaßen als Opfergaben beten Gläubige für Heilung.

Und in Vilar de Perdizes, einem Ort in Nordportugal, gibt es seit 1983 jedes Jahr eine Woche lang einen *Congresso de Medicina Popular* und eine *Feira de Videntes, Cartomantes e Bruxos*, organisiert vom lokalen katholischen Priester. Dabei handelt es sich um einen Kongress zu traditioneller Medizin und einen Markt mit Hellsehern, Kartenlegern und Hexen.

Ein Teil der traditionellen Medizin sind die *Endireitas*, die »Knocheneinrenker«, die es überall in Portugal auf dem Land gibt. Sie haben diese Fähigkeit oft von ihren Vorfahren geerbt oder erlernt. Unser Knocheneinrenker wohnte in Cercal do Alentejo. Und es gehörte kein bisschen Glauben dazu, um von dieser Form der Heilung überzeugt zu sein. Sonntags standen die Autos dort Schlange, wegen der Unfälle bei den sonntäglichen Fußballspielen.

Eine Behandlung dauerte etwa 20 Sekunden. Der Schäfer ließ einen auf dem Schemel in seinem Flur Platz nehmen. Dann fühlte er den Puls, zog kurz am Arm oder Bein und drehte hier oder drückte da.

»Und?«, fragte er am Ende jedes Mal.

Und es war jedes Mal gut. Dann bezahlte jeder, was er für richtig hielt. Üblich waren damals 2.000 Escudos, also etwa 20 Mark. Aber genauso gut konnte man weniger oder mehr geben. Oder ein Dutzend Eier vorbeibringen, oder ein Huhn. Auch die Heilerin in den Bergen hat kein Geld verlangt, aber es war einfach üblich, ihr etwas zu geben.

Für jedes Wehwehchen gibt es den entsprechenden Heiler. Bei einer verstauchten Rippe geht man zu einem Knocheneinrenker. Bei einer Bänderzerrung oder Sehnenentzündung geht man zu einer Heilerin wie Adelaide. Bei einem Beinbruch geht man ins Krankenhaus. Die afrikanischen Wahrsager und Magier sind dafür zuständig, untreue Ehemänner wieder nach Hause zu holen, den bösen Blick abzuwenden oder andere Probleme zu lösen.

Oh – es gibt auch noch die Heilige Jungfrau Maria, die den Hirtenkindern in Fátima erschienen ist, und Heilige wie São Gonçalinho in Aveiro, die man um Hilfe bitten kann (aber dazu mehr in den Gründen Nr. 84 und Nr. 85).

59. GRUND

Weil in Portugal Altes und Neues geschickt miteinander verbunden werden

Und damit meine ich jetzt nicht die in der Nacht neongrün glühende Madonna, die bei uns im Zimmer in Peniche hing. Wir haben sie abgehängt und in die Schublade gesteckt, um schlafen zu können. Diese Maria ist natürlich auch eine Verbindung von Alt und Neu.

Ich meine hier eher architektonisch geschickte Bauten wie das *Forum Aveiro*, bei dem ein modernes Einkaufszentrum in einem historischen Gebäude entstanden ist. Und die Restaurierung der Torre de Vilharigues in Vouzela, bei der die Ruine eines historischen Beobachtungsturms mit modernen Elementen aus Stahl und

Glas versehen wurde. Hierbei hat der Architekt der Stadt bewusst darauf verzichtet, den Turm im alten Stil wiederauferstehen zu lassen. Und gerade der Gegensatz von Granit und Glas mit Stahl macht den Turm attraktiv.

Aber die geschickte Verbindung von Altem und Neuem betrifft nicht nur die Architektur. Damals, als die Handys aufkamen, wurden alle Schäfer im Alentejo damit ausgerüstet, damit sie Feuer melden konnten. (Die Feuer im Sommer sind leider immer noch ein riesiges Problem in Portugal.) Kaum, dass es Laptops gab, wurden Zirkuskinder online unterrichtet und von reisenden Lehrern betreut. Ein Versuch, das Problem zu lösen, das sich daraus ergibt, wenn Kinder alle paar Wochen in einer anderen Schule sind.

Und der Termin für die Reihen-Mammografie wird im katholischen Nordportugal im Gottesdienst angesagt. Das ist perfekt, weil die Bekanntgabe so auch ältere Frauen erreicht, die sonst nicht zu einer Mammografie gehen würden. Aber wenn es der Priester ansagt, dann muss es ja okay sein.

Im Moment befindet sich Portugal in einer Zeit, in der alles nebeneinander existiert. Jedes Kind hat einen Laptop, während viele ältere Leute nicht lesen können und noch mit Daumenabdruck unterschreiben. Termine bei Wahrsagern werden heute per Handy abgemacht. Und die Kerzen für die Bitten und Wünsche sind immer öfter keine echten Kerzen mehr, sondern elektrische Lichter.

Manchmal gehe ich abends in das Café bei uns im Dorf. Dieses Café ist bestimmt seit Jahrzehnten unverändert geblieben, bis auf den Flachbildschirm für die Fußballspiele natürlich. Im hinteren Raum stehen zwei Billardtische, und hier gibt es kostenloses Wi-Fi. Dann sitze ich an meinem Laptop und surfe im Internet. Vier Männer spielen am Tisch neben mir Karten, dazu trinken sie Wein aus Wassergläsern, das Glas für 50 Cent. Zwei Jugendliche spielen Billard, ein anderer Jugendlicher spielt auf seinem iPad.

Und vielleicht ist einer der anderen Anwesenden ein Gast aus dem *Turismo de Habitação* im Dorf, dem Paço da Torre in der Rua

Rainha Dona Amélia. Eine mindestens 500 Jahre alte Ruine, die tipptopp renoviert wurde. Alle alten Steine wurden nummeriert und wieder aufgebaut. Die alten Elemente wurden erhalten. Und Fehlendes wurde durch neue Elemente aus Glas und Stahl ersetzt. Es gibt einen verglasten Wintergarten und einen Infinity-Pool mit Blick über das Tal von São Pedro do Sul.

Der Paço da Torre ist eine ehemalige römische Ruine mit Kabelfernsehen und Sonnenkollektoren auf dem Dach. Hier findet der Gast gleichzeitig ein historisches Ambiente und den Komfort der Neuzeit. Eine gelungene Verbindung von Alt und Neu.

60. GRUND

Weil Portugiesen in der Tat Lebenskünstler sind

Quem não tem cão, caça com gato – Wer keinen Hund hat, jagt mit der Katze. Ich finde, es gibt kein Sprichwort, das besser beschreibt, wie Portugiesen sich zu helfen wissen. Im Improvisieren sind sie genial. Sie wissen sich zu helfen, sind kreativ im Lösen von Problemen. Es gibt für diese Fähigkeit sogar ein Verb: *desenrascar*. Für das Wort gibt es keine genaue Übersetzung. Die Definition auf der Seite von *lexico.pt* lautet: a) einer Person helfen, b) ein Problem lösen.

Die Zeitschrift *Time Out* berichtet über einen ehemaligen Arbeitslosen in Porto, der aus dieser Fähigkeit sogar einen Job gemacht hat. Er hat seinen Freunden immer bei allen möglichen Problemen geholfen. Er hat für andere Autos in die Werkstatt gebracht, eingekauft und Sachen repariert. Heute bekommt er dafür Honorar und ist somit sozusagen ein *Desenrascador Profissional*, ein professioneller Problemlöser.

Unser Leben im Alentejo hat uns viel Gelegenheit gegeben, diese Fähigkeit der Portugiesen zu bewundern, und im Laufe der Jahre sind wir natürlich auch ein bisschen besser im *desenrascar* geworden.

Von unserem Leben in Deutschland waren wir es gewohnt, einen Plan zu haben und dann an die Durchführung zu gehen. Ein einfaches Beispiel ist das Kochen. Man wählt ein Rezept und kauft die Zutaten. Klingt einfach? Nicht im Alentejo der Achtzigerjahre, mit dem damaligen Angebot. Also lernt man, entweder die Zutaten durch andere zu ersetzen oder das vorhandene Angebot zu nutzen. Und wer einen Winter lang jeden Tag kocht und nur Kartoffeln und Blumenkohl zur Verfügung hat, wird täglich ein bisschen besser im *Desenrascar*.

Im Alentejo habe ich auch erlebt, dass auf einem für 200 Teilnehmer geplanten Hähnchen-Grill-Fest auch locker 300 Gäste versorgt werden können. Irgendjemand treibt irgendwo Stühle auf. Jemand anderes organisiert Tapeziertische, Papiertischdecken werden aus dem Gemeindehaus geholt, der Schlachter wird zu Hause gestört. Ein anderer kennt einen Bauern, der eine Hühnerfarm hat, und schon gibt es Essen für 300 Gäste.

Unvergesslich die Reparatur unseres Sicherungskastens, bei der der Elektriker einfach mit dem Hammer auf den Kasten schlug. Erfolgreich, denn danach lief der Strom wieder.

Dieses *Desenrascar* und Improvisieren ist natürlich aus der Not geboren. In Portugal herrschte bis zur Revolution Armut. Es gab eine kleine reiche Oberschicht. Und eine breite arme Landbevölkerung, die ums Überleben kämpfte. Nur die Fähigkeit des *Desenrascar* machte das überhaupt möglich. Alles musste genutzt und kreativ verwendet werden. Als wir Anfang der Achtzigerjahre in den Alentejo zogen, wurden die Plastiktüten gewaschen und hingen auf der Wäscheleine vor dem Haus. Und zum Brotkaufen ging man mit einem Brotbeutel.

»Da kann ich hier ja den ganzen Tag Einwickelpapier zerreißen«, pflegte die Bäckerin zu sagen, wenn man seinen Brotbeutel vergessen hatte. Und wer diesen Blick drei Mal auf sich gespürt hatte, ging nie wieder ohne Brotbeutel Brot holen. Wer in der Apotheke Rizinusöl kaufen wollte, brachte ein Fläschchen mit. Und wenn man keins hatte? Dann fand die Apothekerin bestimmt eine Möglichkeit des *Desenrascar* in Form eines alten Marmeladenglases, das sie von einer Nachbarin holte.

Von den Einwohnern der Stadt Porto wurde damals behauptet, sie würden ihre Wohnungen im Winter elektrisch heizen. Das war mit einem normalen Einkommen natürlich überhaupt nicht zu bezahlen. Also wurden die Stromzähler so manipuliert, dass sie rückwärts liefen. Ein paar Tage vor dem Stromablesen wurden sie dann wieder auf vorwärts gestellt. Das Ergebnis war ein scheinbar normaler Stromverbrauch. Die Geschichte klingt sehr nach einer *Urban Legend*, einer von diesen modernen Legenden, aber vielleicht stimmt sie auch. Eine Freundin aus Porto hat sie mir damals erzählt. Und wenn es stimmt, dann ist das *Desenrascar* vom Feinsten. So etwas wäre heute natürlich überhaupt nicht mehr möglich. Aber eine Anwendung für das Sprichwort findet man auch heute noch.

Ich entdecke ein neues Restaurant. Klein mit Gourmetküche. Das perfekte Restaurant für ein Date. Nur ist da im Moment kein Date in Sicht. Macht nichts, sagt Catarina, gehen wir eben zusammen hin. Denn: *Quem não tem cão, caça com gato.*

KAPITEL 7

Porto – Metropole im Norden

Weil man auf dem Flughafen von Porto mit Musik begrüßt wird

Neulich drückte mir die Hostess am Flughafen von Porto gleich bei der Ankunft einen Stadtplan in die Hand. Nicht nur mir, sondern jedem ankommenden Fluggast. Es ist der erste Mal, dass ich bei der Ankunft in einer Stadt auf dem Flughafen einen Stadtplan geschenkt bekam.

Der *Aeroporto do Porto* ist ein guter Flughafen zum Ankommen. Schon in der Halle, wo das Gepäck vom Band läuft, gibt es eine Informationstafel mit den Abfahrtszeiten der Metro. In der Ankunftshalle ist die Touristeninformation mit Infos über Porto und Portugal, und man kann dort auch sein Ticket für die Metro kaufen. Die Metro fährt direkt aus dem Flughafen in die Stadt. Durch eine Unterführung gelangt man zur Metro-Station, wo je nach Tageszeit alle 20 oder 30 Minuten eine Bahn in die Innenstadt fährt. Das Metro-Netz von Porto ist erfreulich übersichtlich, die Linie vom Flughafen in die Stadt ist die lila Linie E.

Die Metro-Station für die Innenstadt heißt *Bolhão*. Wer hier aussteigt, ist direkt in der Rua Santa Catarina, der Fußgänger-Shoppingmeile im Zentrum von Porto. Ein paar Stationen weiter ist die Station *Campanhã*, hier gibt es eine Verbindung zu den Zügen. Noch eine Station weiter ist die Endstation *Estádio do Dragão*. Hier ist das Fußballstadion, mit dem Museum des FC Porto (mehr zum Thema Fußball in Grund Nr. 96).

Ein kleiner Hinweis zu den Tickets. Sie sind wiederverwertbar. Das Ticket kostet 50 Cent plus Fahrpreis und kann jederzeit an einem Fahrkartenautomaten wieder aufgeladen werden. Vor jeder Fahrt mit der Metro muss das Ticket gültig gemacht werden, indem man damit vor einem der gelben Automaten herumwedelt, die an den Eingängen und Rolltreppen stehen. Ohne dieses sogenannte *validar* ist das Ticket nicht gültig, was bei Kontrollen zu Ärger führen kann.

Glücklicherweise stehen am Fahrkartenschalter in der Metro-Station am Flughafen fast immer Berater, die beim Kauf der Fahrkarten helfen. Schon deswegen hat der Flughafen das ganze Lob verdient, das er auf so vielen Internetseiten bekommt. Nichts ist doofer, als in einer fremden Stadt zu stehen und zu versuchen herauszufinden, wie wohl das städtische Verkehrssystem aufgebaut ist. Und wer die Sprache nicht kann, ist in vielen Städten aufgeschmissen. In Porto zum Glück nicht.

Vielleicht mit ein Grund dafür, dass der Flughafen *Aeroporto Francisco Sá Carneiro* laut Reiseseite *edreams.com* zu den zehn besten der Welt zählt und vom ACI, *Airports Council International*, zum besten Europas gewählt wurde.

Und wenn es dann wieder an die Abreise geht, gibt es direkt am Flughafen in etwa 100 Meter Entfernung günstige Hotels und Pensionen für die Übernachtung vor einem frühen Flug. Da ist man morgens in zwei, drei Minuten zu Fuß am Flughafen.

Bei einem ganz frühen Abflug gibt es allerdings keine Musik. Der Flügel steht in der Halle, aber der Pianist ist noch nicht da. Und das ist gut so. Denn jetzt noch ein trauriger Fado und die Sehnsucht nach Portugal würde schon einsetzen, noch ehe man das Land überhaupt verlassen hat.

62. GRUND

Weil es viele Gründe gibt, nach Porto zu fahren

In Porto muss man sich nicht zwischen Kultur und Strand entscheiden, denn die Stadt hat beides. Alte Kirchen, die drittschönste Buchhandlung der Welt, eine pittoreske Altstadt, eine Zahnradbahn, die die Ober- und Unterstadt verbindet, und eine lange Uferpromenade einschließlich Strände.

Hier sind elf Vorschläge für ein Wochenende in Porto:

Fahren oder laufen Sie nach Vila Nova de Gaia auf die südliche Seite des Douro und machen Sie in einer der vielen Portweinkellereien wie *Cálem*, *Taylor's* oder *Ferreira* eine Führung und eine Portweinprobe (mehr über Portweinproben in Grund Nr. 64).

Und wenn Sie schon mal dort sind, dann fahren Sie doch mit dem *Teleférico da Gaia*, den Gondeln, die am Douro-Ufer entlangschweben. Die Strecke ist kurz, aber der Blick auf die Altstadt von Porto am Ufer gegenüber unschlagbar. (Oder vielleicht doch lieber andersrum? Erst die Gondelfahrt und dann den Portwein?)

Sollte es zufällig der letzte Samstag im Monat sein, könnten Sie am Nachmittag in der Rua das Carmelitas über den *Mercadinho dos Clérigos* schlendern. Das ist ein Flohmarkt mit Altem und Neuem. Hier gibt es selbst genähte Klamotten, mit Comicstrips verzierte Schachteln und Fotorahmen und allen möglichen anderen Schnickschnack, den man nicht braucht, aber gerne haben möchte.

Wenn dann noch Zeit ist, könnten Sie die ganze Uferstraße entlangfahren bis rauf nach Leça da Palmeira und in die *Piscinas das Marés* gehen, ein mit Meerwasser gefülltes Schwimmbad im Felsen. Meerwasser und Blick wie beim Baden im Meer, aber ohne Wellen und etwas wärmer.

Danach empfiehlt sich ein Sundowner in einer der vielen Strandbars, zum Beispiel in Matosinhos. Hier ist zwar ziemlich viel los, aber vielleicht haben Sie ja Glück, und es ist ein Plätzchen frei. Sonst einfach die Uferpromenade entlanglaufen und den Samstag mit Blick auf das Meer ausklingen lassen.

Jetzt ist es an der Zeit, die berühmten *Francesinhas* zu probieren. Die Spezialität, die wahrscheinlich eine Million Kalorien hat, aber auf die ganz Porto stolz ist (siehe dazu auch Grund Nr. 65).

Danach werden Sie einen Verdauungsschnaps brauchen. Warum also nicht den Abend in einer der Bars in der Rua da Galeria de Paris ausklingen lassen, der Straße, wo Portos Nachtleben stattfindet.

Am Sonntag könnten Sie über die Rua de Miguel Bombarda schlendern. Hier finden Sie die Kunstszene von Porto, hier eröffnen ständig neue Galerien und andere schließen. Und die Straße hat sogar eine Seite auf Facebook, auf der die aktuellen Veranstaltungen bekannt gegeben werden.

Mittags können Sie jetzt entweder eine zweite *Francesinha* testen (wegen des Vergleichs, um herauszufinden, wo nun wirklich das beste angeboten wird) oder sich an die zweite Spezialität Portos wagen – die *Tripas à Moda do Porto*, ein Gericht aus Fleisch, Kutteln, Würstchen und Bohnen.

Danach könnten Sie in das *Museu Romântico* gehen. Nein, das ist leider nicht, wie ich zunächst voller Erwartung erhoffte, ein romantisches Museum, sondern ein Museum der Romantik. Dann sind Sie auch gleich in der Nähe eines der schönsten (oder des schönsten?) Parks von Porto, des Jardim do Palácio de Cristal.

Sollte Ihr Flug am Montag früh gehen, fahren Sie jetzt am besten schon zum Flughafen und übernachten dort, dann sind Sie in zwei Minuten am Check-in (mehr zum Flughafen in Grund Nr. 61).

Ich hoffe, Sie haben Ihr Wochenende in Porto genossen. Aber vielleicht haben Sie ja auch etwas mehr Zeit – denn Porto hat noch einiges zu bieten.

63. GRUND

Weil die Innenstadt von Porto zum Bummeln und Shoppen einlädt

Wer gut zu Fuß ist, kann sich wunderbar durch Porto treiben lassen. Wir starten an der Praça da Batalha, einem Platz im Zentrum von Porto. Und schon sind wir in der die Rua de Santa Catarina. Hier ist richtig was los.

Ein Puppenspieler lässt seine Marionette zu klassischer Musik auf der Geige spielen, bis sie am Ende des Stückes erschöpft in den Korbstuhl der Kulisse sinkt. Die Zuschauer werfen ein paar Münzen in den Hut und gehen weiter. Afrikanische Straßenhändler verkaufen Taschen aus Leder und Giraffen aus Holz. Auf der anderen Seite der Straße steht eine lebende Statue, ein mit Sand bedeckter Mann bedankt sich mit ruckartigen Bewegungen und klimpert mit den Augen, wenn Passanten eine Münze in die Büchse stecken.

Auf beiden Straßenseiten sind kleine Läden. Ein Schild im Fünfzigerjahre-Design wirbt für einen Friseursalon. Daneben neue Boutiquen mit extravaganten Kleidern zu extravaganten Preisen, die einen portugiesischen Wochenlohn weit übersteigen.

Das ist die Rua de Santa Catarina, die Einkaufsstraße in der Innenstadt von Porto. Hier ist es immer voll. Hier mischen sich Portuenser und Touristen. Erstaunlich viele Leute ziehen einen Rollkoffer hinter sich her. Das liegt daran, dass hier an der Ecke die Metro-Station *Bolhão* liegt. Am *Bolhão* hält die Linie E, die das *Estádio do Dragão* mit dem Flughafen verbindet. Und von der Metro-Station bis zum Busbahnhof in der Nähe der Praça da Batalha sind es nur 500 Meter, eine Strecke, für die man einen Taxifahrer besser nicht belästigt, mal ganz abgesehen davon, dass es schwierig ist, ein Taxi aufzutreiben. Und deswegen ziehen hier alle ihre Rollkoffer über das Kopfsteinpflaster und hoffen, dass die Rollen halten, denn die Rua de Santa Catarina hat einen Straßenbelag mit *Calçada Portuguesa*, den klassischen kleinen Steinen auf dem Boden (mehr dazu in Grund Nr. 5).

Wer eine Kulturpause braucht, weil er oder sie mittlerweile genug alte Kirchen mit oder ohne blau-weiße Kacheln gesehen hat, von denen es in Porto viele gibt (und zwar die Igreja do Carmo, die Igreja das Carmelitas, die Igreja de Cedofeita, die Igreja de Santo Ildefonso, die Igreja da Lapa und die Igreja de São Francisco), der findet hier in der Rua de Santa Catarina außer der blau-weiß gekachelten Igreja das Almas auch ein Shopping-Center: Die *Via Catarina* mit Läden der üblichen großen Ketten wie H&M, Massimo Dutti, Bijou Brigitte, Body Shop und vielen Restaurants und Essständen in der oberen Etage.

Von der Rua de Santa Catarina geht es dann weiter zum Cais da Ribeira am Ufer des Douro, wo es mindestens genauso voll wie oben in der Einkaufsstraße ist. Es ist nicht weit, nur zwei Kilometer. Hier befindet sich das »typischste« Viertel Portos. Die Uferpromenade Cais da Ribeira gehört zum historischen Zentrum Portos, und damit zum Weltkulturerbe der UNESCO.

Auf der anderen Seite des Douro liegt übrigens schon Vila Nova de Gaia mit seinen Portweinkellereien, die man auch besichtigen kann (mehr dazu in Grund Nr. 64).

Am Cais da Ribeira ist Restaurant an Café an Snackbar an Restaurant. Die Auswahl ist groß. In einem Café trinken Portugiesen einen *Café* auf die Schnelle. In einer Snackbar sitzen Touristen bei *Tosta Mista* und *Fino*, wie das kleine Gezapfte hier in Porto heißt. Daneben sitzen ein paar Engländer, die schon ein paar *Finos* zu viel intus haben und jetzt hübschen Portugiesinnen hinterherpfeifen.

Gleich vorne an der Brücke ist das Restaurant *Fish Fixe*. Wer Glück hat, bekommt einen Platz direkt am Fenster im ersten Stock mit einem fantastischen Blick über den Douro. Und ich weiß: Wenn ich mal ein Date in Porto habe, dann bitte da. Frisch verliebt zu zweit an diesem Tisch am Fenster, mit Blick über die Touristen auf dem Cais da Ribeira, den Schiffen auf dem Douro und den Portweinkellereien auf der anderen Seite, als Abschluss eines Bummel- und Shopping-Tages in Porto.

Weil man hier Portweinkellereien besichtigen und Portwein probieren kann

Wer eine Portweinprobe mitmachen will, geht am besten in eine der Kellereien in Vila Nova de Gaia. Die Stadt liegt direkt gegenüber von Porto, Porto ist auf der nördlichen Seite des Douro, Vila Nova de Gaia auf der südlichen. Hier haben alle Portweinmarken ihre Kellereien und bieten Führungen und Proben an: *Cálem, Croft's, Taylor's, Ferreira, Offley …*

Wir machen zu viert eine Portweinprobe bei *Cálem*, der Kellerei, die schon zweimal eine Auszeichnung für ihre Führungen bekommen hat. Allerdings nehmen wir nicht am kompletten Programm mit Führung teil, sondern machen nur die Probe an sich mit.

Es ist ein großer Raum mit langen Tischen und Bänken aus Holz. In den Regalen an der Wand gibt es eine riesige Auswahl an Portweinen, *White Port*, *Rubys*, *Tawnys* aus verschiedenen Jahrgängen, *LBVs* und *Vintages*. Die Angestellte stellt Gläser vor uns und drei Flaschen auf den Tisch. Wir probieren und sie erklärt uns die Portweine.

Zunächst reift Portwein in einem großen Holzfass. Dann wird entschieden, wie der Wein gemäß seiner Qualität verwendet werden soll. Ein guter Jahrgang gewinnt durch lange Lagerung, ein normaler Jahrgang nicht. Es ist natürlich unmöglich, die ganze Welt des Portweins in wenigen Sätzen zu erklären. Hier eine Andeutung dessen, was Portwein ist:

Rubys sind früh abgefüllte, sehr süße fruchtige Portweine eines durchschnittlichen Jahrgangs. *Tawnys* lagern etwas länger, haben eine goldgelbe Farbe und sind weniger süß. *Vintages* sind Portweine aus Spitzen-Jahrgängen. Sie reifen nach der Lagerung im Fass noch jahrelang in der Flasche weiter. *LBVs*, die *Late Bottled Vintages*, sind im Charakter dem *Vintage* ähnlich, aber erheblich günstiger. *White Port*, weißer Portwein, wird aus weißen Trauben gemacht. Weißer Portwein wird durch Lagerung dunkler, roter Portwein wird durch Lagerung heller, sodass sie sich in der Farbe angleichen.

Nur zur Orientierung: Im Supermarkt gibt es Portwein ab rund vier Euro. *LBVs* gibt es ab 14 Euro. Und ein *Offley 1951 Reserve*, abgefüllt 1987, kostet 250 Euro.

Später zu Hause führen wir die Portweinprobe weiter. Wir stellen alle Portweine auf den Tisch: den guten LBV, den sehr guten LBV, einen roten Portwein und noch eine Flasche, die wir nicht wie die anderen in der Kellerei *Cálem* in Porto erstanden haben, sondern im Supermarkt.

Wir halten uns die Augen zu und Clara schenkt ein.

Dann machen wir die Augen wieder auf und probieren. Gelingt es uns, die *LBVs* herauszuschmecken? Welches ist der beste Portwein, wenn man das Etikett nicht sieht? Schmeckt man die Preisunterschiede? Unterschiedlich. Tom und Jane schmecken sie, aber ich liege ein paar Mal gründlich daneben. (Da haben wir den Salat, ich verstehe nicht genug von Wein. Und das, obwohl ich doch 500 Weinpflanzen habe. Aber alle meine Weinkenntnisse kommen aus dem Portweinmuseum in Peso da Régua, dem Buch *Der Portwein-Erbe* von Paul Grote und von Ratschlägen der Nachbarn. Da können die Weinpflanzen und ich froh sein, dass sie jetzt vom Cousin der Nachbarin betreut werden und nicht mehr von mir.)

Der beste Portwein, den ich je getrunken habe, war allerdings in einer Flasche ohne Etikett. Der Bürgermeister von Melides hatte ihn mitgebracht, zusammen mit einer Packung Vanilleeis, über das wir den Portwein natürlich nicht gekippt haben.

Es war ein 40 Jahre alter Portwein aus seiner Familie, und wir haben ihn an einem Sonntagnachmittag auf unserer Terrasse mit Blick über die Reisfelder getrunken. (Zu mehreren, natürlich.) Der Portwein war ausgezeichnet. Das fand nicht nur ich, sondern auch der Bürgermeister, der etwas von Portweinen verstand.

65. GRUND

Weil jedes Restaurant sein eigenes Rezept für *Francesinhas* hat

Was ist eine *Francesinha*? Eine *Francesinha* ist die portugiesische Burger-Variante mit einer nach oben hin offenen Kalorienskala. Denn je mehr man reintut, desto mehr ist drin, logischerweise, auch an Kalorien. Die Untergrenze scheint dagegen bei 1.200 bis 1.300 Kalorien zu liegen, darunter geht nichts, denn bestimmte Zutaten gehören einfach in die *Francesinha.*

Was aber ist das Geheimnis? Wieso behauptet jedes Restaurant, es hätte eine besonders gute *Francesinha*?

Meine Recherchen ergeben, dass es im Prinzip immer um die gleichen Basiszutaten geht. Es handelt sich bei einer *Francesinha* um zwei Scheiben Brot mit einer fleischlastigen Füllung begossen mit Soße.

Angeblich liegt das Geheimnis in der Soße. Aber auch hier sind die Standardzutaten zu finden. Und zwar besteht diese *Molho* immer aus Bier, Brühe, Lorbeerblättern, Margarine, Brandy oder Portwein, Maizena, Tomatenpüree und etwas Milch, plus *Piripiri* (Chilischoten), Salz und Pfeffer.

Das Brot ist einfach Toastbrot. Und die Beläge sind gekochter Schinken, Würstchen oder Grillwürstchen, *Linguiça* (geräucherte portugiesische Wurst aus Schweinefleisch mit Fettstückchen) und Braten oder Schinken. Nicht eins davon – nein, alles zusammen! Gute *Francesinhas* sind voll beladen. Wer will, kann es auch noch mit Spiegelei und/oder Krabben aufwerten.

Auf dieses Paket aus unten Brot, oben Brot und in der Mitte Zutaten kommt als Abschluss Käse, und dann wird die Soße drübergegossen und alles im Ofen überbacken. Und voilà – die Spezialität von Porto ist fertig. Das heißt, wer will, nimmt natürlich noch Pommes dazu.

Die *Francesinha* ist *o Prato típico do Porto*, das typische Essen von Porto. Sogar weltweit bekannt. Die *Francesinha* ist für Porto, was die Currywurst für Berlin ist. Nur mit mehr Kalorien. Deswegen gibt im Herbst das Festival mit dem Namen *Francesinhas na Baixa*, an dem die entsprechenden *Francesinha*-Restaurants teilnehmen. Die Preise pro Sandwich sind zwischen acht und zwölf Euro, je nachdem, wie gehaltvoll es ist. Ich finde die Variante Schweinebraten plus Steak plus Krabben ja etwas übertrieben. Aber was ist mit der Variante Schweinebraten, Spiegelei und Krabben? Das könnte lecker sein. Unter der *Francesinha Vegetariana* für zehn Euro, der vegetarischen Variante, kann ich mir wenig vorstellen, denn was soll da drin sein? Liegt nicht der ganze Sinn des Sandwiches darin, dass man möglichst viel Fleisch zwischen die beiden Brotscheiben packt, ehe man es mit Soße übergießt?

66. GRUND

Weil hier die drittschönste Buchhandlung der Welt ist

Wer legt solche Sachen eigentlich fest? In diesem Fall die englische Zeitung *The Guardian* im Jahr 2008, und das Buch *Lonely Planet's Best In Travel 2011*. Außerdem schwärmt ein Artikel in der Zeitschrift *Time* mit dem Titel *Mellow Lello* von der Buchhandlung, *Die Zeit* empfiehlt sie als Reiseziel für Bibliophile, und der Bildband *Die schönsten Buchhandlungen Europas* hat die *Livraria Lello* in Porto sogar auf dem Cover. Und selbstverständlich wird sie in jedem Reiseführer über Porto oder Portugal erwähnt.

Natürlich gehört die Buchhandlung mit zum Programm, wenn ich mit Besuchern nach Porto fahre. Allerdings ist es dort von Mal zu Mal voller. Ein Teufelskreis, die Buchhandlung wird immer bekannter, immer mehr Touristen besichtigen sie, und die Buchhandlung wird wieder bekannter.

Manchmal frage ich mich, wie die *Livraria Lello* finanziell klarkommt. Schließlich nimmt sie keinen Eintritt. Und nicht jeder kauft ein Buch. Aber ich versuche es wenigstens, ich gehe durch die Reihen, bis ich etwas finde, was mich interessiert. Das ist nicht schwierig. Die Buchhandlung hat ein gutes Angebot, und letztens habe ich dort ein schönes Buch über Kunsthandwerk erstanden. (Die Plastiktüte mit der Aufschrift *Livraria Lello* wollte ich eigentlich aufheben, aber dann ist sie leider doch weggekommen.) Es gibt ein breites Angebot an Belletristik, darunter auch Bücher von portugiesischen Autoren in deutscher Sprache sowie Sachbücher aus vielen Bereichen. Und natürlich gibt es hier auch Informationen über Porto und Portugal, Reiseführer für andere Städte und Länder und Infos über die Buchhandlung selbst.

Die *Livraria Lello & Irmão* oder kurz *Livraria Lello* firmiert unter diesem Namen seit 1906 in der Rua das Carmelitas, zentral im Herzen der Innenstadt von Porto gelegen, eine Buchhandlung gab es in diesem Haus aber schon ab 1869.

Die Buchhandlung ist schmal, aber hoch. Über die roten Stufen einer geschwungenen Treppe kommt man in den ersten Stock. Ein schmaler Gang führt an den Holzregalen mit den Büchern entlang. Die Decke ist ein riesiges Buntglasfenster. Das Holz ist verziert und die Stufen der Treppe sind sogar von unten dekoriert. (Was man natürlich erst sieht, wenn man wieder unten ist und wenn man seinen Blick von den Büchern losreißt und auf die Unterseite der Treppe guckt.)

Wer möchte, kann im Internet einen Eindruck auf der Webseite *360portugal.com* gewinnen, dort führt ein Panoramafilm durch den Laden. Aber das ersetzt natürlich nicht einen richtigen Besuch. Das Schlendern zwischen den Tischen mit den aktuellen Auslagen und Empfehlungen, den Geruch von Büchern, Bücher in die Hand nehmen und reinlesen und dabei wissen, dass hier schon vor über 100 Jahren auch jemand gestanden und Bücher in die Hand genommen hat.

Die *Livraria Lello* gilt bestimmt zu Recht als drittschönste Buchhandlung der Welt – und für mich persönlich ist sie sogar die schönste.

67. GRUND

Weil die alte Zahnradbahn endlich wieder fährt

Ich weiß nicht, ob es im *Guinness*-Buch einen Rekord für die längste Reparatur der Welt gibt, aber wenn es einen gäbe, dann wäre die Reparatur der *Funicular dos Guindais* ein guter Kandidat. Der *Funicular* ist eine Zahnradbahn und diese hier verbindet Portos Oberstadt mit der Unterstadt. Sie startet in der Rua Augusto Rosa, am Praça da Batalha, und endet an der Avenida Gustave Eiffel, an der Cais da Ribeira. Die Fahrtzeit beträgt drei Minuten und das Gefälle beläuft sich auf bis zu 55 Prozent. Dauer der Reparatur: 111 Jahre.

Die Reparatur dauerte also länger als ein Jahrhundert oder sagen wir lieber: die Spanne von dem Zeitpunkt, an dem die Strecke im Jahr 1893 vorläufig geschlossen wurde, bis zur Wiedereröffnung im Jahr 2004. Zum ersten Mal in Betrieb genommen wurde die Zahnradbahn im Jahr 1891. Zwei Jahre später wurde sie wegen eines Unfalls geschlossen und sollte verbessert werden. Aber erst im Jahr 2001 wurde so richtig mit der Planung begonnen. Und dann dauerte es noch mal drei Jahre bis zur Wiedereröffnung. Der *Funicular dos Guindais* ist somit gleichzeitig alt und neu.

Besonders schön ist die Fahrt von oben nach unten, weil es mit 55 Prozent Gefälle so richtig steil nach unten geht. Mit anderen Worten: Wer braucht schon eine Achterbahn, wenn er mit einer ganz normalen Fahrkarte so eine atemberaubende Steigung erleben kann? Denn die Zahnradbahn von Porto gehört zum öffentlichen Nahverkehrssystem, in dem das blaue Ticket *Andante* gilt, das an jedem Fahrkartenautomaten wieder aufgeladen werden kann. Zu den öffentlichen Verkehrsmitteln gehören außer der Zahnradbahn alle Busse, Straßenbahnen und die Metro. Eine Tageskarte kostet sieben Euro, eine Drei-Tages-Karte 15 Euro.

Natürlich fahren in Porto auch die Hop-on-Hop-off-Busse für Touristen. Diese sind ein guter Kompromiss zwischen organisierter Stadtrundfahrt und freier Zeiteinteilung. Sie fahren alle Sehenswürdigkeiten an, und man kann aussteigen, wo man etwas besichtigen möchte, und so lange bleiben, wie man will. Das Zwei-Tages-Ticket kostet 13 Euro für Erwachsene, für Kinder die Hälfte.

Aber egal, welches Verkehrssystem man wählt (und man sollte eins wählen, denn Autofahren und Parken sind in Porto weder sinnvoll noch eine Freude), eine Fahrt mit der *Funicular dos Guindais* sollte unbedingt dabei sein, jetzt wo die Zahnradbahn endlich wieder fährt.

68. GRUND

Weil der Bahnhof São Bento so schöne *Azulejos* hat

14 mal 14 Zentimeter – das ist normalerweise die Größe eines *Azulejo*, einer portugiesischen Kachel. Das bedeutet, in der Eingangshalle der *Estação de São Bento*, des Bahnhofs von Porto, sind rund 27.000 Kacheln an den Wänden. Als blau-weiße Kachelbilder. Schon das ist ein Grund, in Porto mit der Bahn anzukommen.

Ein anderer ist der Verkehr in der Stadt. Es kann sein, dass es Leute gibt, die gerne in hektischem Verkehr Auto fahren. Es gibt auch Leute, die überall einen Parkplatz finden. Ich gehöre nicht dazu. Zur Rushhour sind die Brücken über den Douro von oder nach Porto voll. Der Verkehr auf den Ringstraßen um Porto ist schnell und hektisch, der in der Stadt zäh, und Parkplätze gibt es auch kaum.

Eine entspannte Variante, in die Innenstadt zu kommen, ist somit die Bahn. Vorortzüge verbinden Porto mit Braga, Guimarães, Caíde und Aveiro. Eine Fahrt von Porto nach Aveiro dauert eine gute Stunde und kostet 3,40 Euro. Und das Auto parkt man auf dem großen kostenlosen Parkplatz an der Rückseite des Bahnhofs von Aveiro.

Wenn man mit dem Zug in der *Estação de São Bento* in Porto ankommt, beginnt die Stadtbesichtigung gleich in der Eingangshalle, denn der Bahnhof ist im Grunde ein Museum. Hohe grüne Türen. Eine alte Bahnhofsuhr in einem hohen Glasfenster. Auf dem Fußboden schwarz-weiße Fliesen.

Und an den Wänden die *Azulejos*. Insgesamt 551 Quadratmeter sind die Kachelbilder in der hohen Eingangshalle groß. Die klassischen blau-weißen *Azulejos* von 1905/06 zeigen Szenen aus dem Stadtleben, ländliche Szenen aus Nordportugal mit Wassermühle und Ochsenkarren und natürlich Schlachten wie zum Beispiel die *Conquista de Ceuta*, die Eroberung von Ceuta durch den König Dom João I im Jahr 1415. Mit dabei war unter anderem sein Sohn Heinrich der Seefahrer, der ihn sogar zu dieser Eroberung angestiftet haben soll (mehr zu Heinrich dem Seefahrer auch in Grund Nr. 42).

Wenn man den Bahnhof besichtigt hat, tritt man nach draußen und ist sofort in der Innenstadt von Porto. Von der *Estaçao São Bento* aus kommt man überallhin. Zur Praça da Batalha sind es fünf Minuten zu Fuß. Von dort sind es nur wenige Meter zur Rua de Santa Catarina, der Fußgängerstraße im Herzen Portos. Und von da ist es nicht mehr weit bis zum Cais da Ribeira (mehr zu einem Stadtbummel durch die Innenstadt von Porto in Grund Nr. 63).

Der Bahnhof von Porto aus dem Jahr 1896 steht nicht nur unter Denkmalschutz, er zählt auch zu den schönsten Bahnhöfen der Welt.

69. GRUND

Weil in Porto immer was los ist

As mais belas Cartas de Amor, die schönsten Liebesbriefe, als dünnes Büchlein aus den Fünfzigerjahren, aus derselben Reihe ein Büchlein mit dem Titel *O Futuro pelas Cartas* über das Kartenlegen und außerdem ein Buch über Pilates mit dem Versprechen einer guten Figur. Das ist meine Ausbeute von der *Feira dos Livros*, dem Büchermarkt in Porto. Die *Feira de Livros* findet jedes Jahr Ende Mai, Anfang Juni statt, und zwar auf der Avenida dos Aliados, ganz in der Nähe des Bahnhofs *São Bento*.

Die beiden Heftchen aus den Fünfzigerjahren haben noch den Originalpreis auf der Rückseite. 20 Escudos hat eine Ausgabe damals gekostet, jetzt zahle ich zwei Euro. Das deutsche Buch *1000 Bagger und andere Baumaschinen* kostet nur fünf Euro, aber ich lasse es trotzdem liegen. Ich frage mich allerdings: Wie kommt dieses Buch auf die *Feira de Livros* in Porto? Und wer wird es je kaufen?

Der Büchermarkt in Porto ist riesig, 200 Aussteller verkaufen hier neue und alte Bücher, es gibt viele Sonderangebote, und das Stöbern macht Spaß.

Aber Porto hat noch viel mehr zu bieten.

Auf der Einkaufsstraße Rua de Santa Catarina ist von Montag bis Samstag eine *Feira de Artesanato*, ein Kunsthandwerksmarkt. Hier gibt es Tücher und Taschen, Schmuck und Uhren und ein immer wechselndes Angebot an den Ständen. Einen weiteren Kunsthandwerksmarkt gibt es an jedem ersten Sonntag im Monat am Cais da Ribeira, unten am Douro-Ufer (mehr zum Bummeln und Shoppen in Porto in Grund Nr. 63).

Auch in der Gastronomie gibt es Highlights wie zum Beispiel die *Restaurant Week* im Oktober. Oder die *Francesinhas-na-Baixa*-Tage, bei der die Restaurants in der Innenstadt immer neue Kreationen für das berühmte Porto-Sandwich erfinden (mehr über die *Francesinhas* in Grund Nr. 65).

An dem *Fim de Semana Gastronómico*, dem Gastronomie-Wochenende Anfang Mai, bieten die Restaurants typisch portugiesische Küche an. An diesem Wochenende gibt es jeweils ein bestimmtes Gericht plus Nachspeise für 20 Euro. 2013 waren *Bacalhau à Gomes de Sá* und *Leite Creme* die angebotenen Gerichte. *Leite Creme* ist Crème Brûlée. *Bacalhau à Gomes de Sá* ist eine der Tausend Stockfisch-Varianten, und zwar die im Ofen geschmorte Variante garniert mit Oliven, Petersilie und gekochtem Ei (noch viel mehr über *Bacalhau* in Grund Nr. 76). Auf diesem Gastronomie-Wochenende kann man auch an Weinproben teilnehmen, die bei der Touristeninformation und im *Palácio da Bolsa* stattfinden, der früher Börse und Handelsgericht war und jetzt ein Kongresszentrum ist.

Und wem es nicht (nur) um Shoppen oder Essen geht – Porto hat auch ein internationales Filmfestival, das *Fantasporto*, eins der wichtigsten Filmfestivals Portugals, das Ende Februar, Anfang März stattfindet. *Fantas* steht für Fantasy, *Porto* für Porto, denn es begann mit Fantasyfilmen, die immer noch ein Schwerpunkt sind.

Ein anderes Event-Highlight ist die Mega-Musikveranstaltung im Park des Museums *Serralves* Anfang Juni. Ein Besuch in diesem Park lohnt sich sowieso immer, schon wegen der Vegetation. Aber an diesen zwei Tagen lohnt es sich ganz besonders. Da gibt es 48 Stunden lang Musik. Live. Umsonst.

Mit anderen Worten: egal ob Shoppen, Bummeln, Filme gucken, Musik hören oder auf der *Feira de Livros* ein Büchlein mit Liebesbriefen erstehen – in Porto ist einfach immer etwas los und für jeden etwas dabei.

Weil man eine Schifffahrt auf dem Douro machen kann

Morgennebel liegt über dem Douro. Es ist noch kühl, aber nachher wird es heiß werden, denn es ist August und die Sonne ist im Douro-Tal besonders intensiv. Wir sind zu viert unterwegs – die vier »Mädels« auf Tour, ein bisschen wie *Sex and the City* auf Portugiesisch. Wir sind zwar älter, aber (mindestens) genauso albern. Diese Woche ist unsere Ausflugswoche und heute fahren wir mit einem Schiff den Douro hoch.

Morgens geht es am Anleger in Vila Nova de Gaia los. Wir steigen ein, die Tische sind schon gedeckt. Es sind lange Tische, es ist etwas eng, aber es geht. Das Boot ist voll, und die Stimmung ist gut.

Während wir frühstücken, zieht Porto an uns vorbei. Wie schmal hier viele Häuser in der Altstadt sind. Das fällt sonst, wenn man zu Fuß geht, gar nicht so auf. An einer Hauswand ist groß das Symbol von *Sandeman* zu sehen, die schwarze Figur mit dem weiten Umhang vor einem gelben Hintergrund, die für den Portwein dieser Marke wirbt. Ein paar Häuser weiter der Schriftzug CÁLEM in Großbuchstaben an einer Häuserfront. Wie *Sandeman*, *Offley*, *Taylor's*, *Ramos Pinto* und *Ferreira* gehört auch *Cálem* zu den bekannten Portweinkellereien. Der Portwein ist in Porto überall präsent, und Portwein, Douro und Porto gehören einfach zusammen.

Früher wurde der Portwein aus dem Alto Douro, dem Portweingebiet, in Holzfässern auf Booten in die Stadt transportiert. Am Cais da Ribeira liegt so ein Boot, mit Holzfässern beladen, es erinnert von der Form her ein bisschen an eine Gondel.

Nach einer Weile wird das Ufer unzugänglicher. Ein verlassenes Herrenhaus liegt am Ufer. Ab und zu sehen wir ein kleines Dorf. Am Ende des Tages werden Catarina, Elsa und ich genau wissen, wo Lenas Verwandte wohnen. Nämlich überall in der Gegend um den Douro verstreut. Hier eine Tante. Dort ein Onkel, der erst am Douro wohnte und dann nach Porto gezogen ist. Und in diesem kleinen Dorf am Ufer der Cousin, der später was weiß ich wen geheiratet hat.

Nach dem Frühstück gehen wir an Deck. Jetzt wird es langsam heiß. Die Passagiere sitzen auf den blauen Stühlen, wir haben jetzt alle Sonnenhüte auf. Und fotografieren. Das Ufer ist jetzt steil und unzugänglich, mit schroffen Felsen. Wir passieren eine Schleuse. An einer Stelle liegt ein gekentertes Schiff, zum Glück keins der Passagierschiffe, sondern ein kleiner Frachter.

Zum Mittagessen sind wir wieder im Speisesaal. Es gibt die üblichen Vorspeisen, Hauptgang, Nachspeise. Kaffee. Und natürlich Douro-Weine zum Essen, das ist ja klar. Die Landschaft am Douro wird immer wieder als einzigartig bezeichnet und sie ist auch besonders. So besonders, dass das Gebiet 2001 von der UNESCO zum Weltkulturerbe erklärt wurde (schon wieder eins!).

In Peso da Régua besichtigen wir eine der Portweinkellereien und decken uns mit Flaschen ein. Dann geht es mit der Eisenbahn zurück. Die Strecke von Peso da Régua ist bekannt für ihre Schönheit. Jetzt sehen wir von oben, was wir eben von unten vom Fluss aus gesehen haben. Und es ist in der Tat ein toller Blick. Von hier aus sieht man gut, wie tief der Douro im Tal liegt, wie steil die Ufer sind, wie spröde die Gegend ist. Und wie sorgsam die Terrassen angelegt sind, auf denen die Weinstöcke und die Olivenbäume wachsen.

So eine kombinierte Schiff- und Bahnfahrt dauert einen Tag und vermittelt einen guten Eindruck von der Gegend. Es gibt viele verschiedenen Touren. Von Porto oder Peso da Régua aus kann man kurze Touren buchen, die etwa 50 Minuten dauern und zehn Euro kosten. Am anderen Ende der Skala ist die Luxustour, fünf Tage für knapp 1.000 Euro. Bei dieser Tour schlafen und essen die Passagiere an Bord und machen Ausflüge in die Städte der Umgebung, wie zum Beispiel Lamego, Almeida und Pinhão. Eine Tagestour, wie wir sie gemacht haben, kostet etwa 80 Euro.

Am Ende des Tages kommen wir erschöpft wieder in Porto an, und auf dem Weg nach Hause ziehen wir Lena noch ein bisschen mit ihren Verwandten am Douro auf und albern tüchtig rum, so wie es sich bei einem echten Mädels-Ausflug gehört.

KAPITEL 8

A melhor cozinheira é a azeiteira – Die beste Köchin ist das Olivenöl-Kännchen

71. GRUND

Weil es hier in den Cafés so leckere Snacks und Kuchen gibt

Es ist eine Schande, aber auch nach all den Jahren in Portugal kenne ich viele der Namen dieser köstlichen Kuchen nicht, die es hier in den *Pastelarias* gibt (mehr zu den *Pastelarias* in Grund Nr. 11). Das liegt wohl daran, dass ich den Kuchen meistens am Tresen auswähle.

Ich stehe vor der Kuchenauslage und mein Blick streift über das Angebot: Gefüllte Berliner, schokoladenüberzogene Pyramiden mit Sahnehäubchen plus Kirsche, mit Eigelbcreme oder Sahne gefüllte Eclairs, dünne Scheiben aus Mandeln und Zucker, und jetzt könnte eine Aufzählung folgen, die meterlang ist wie der Tresen mit der Vitrine, in der diese Kuchenstückchen ausgestellt sind.

Immer dabei natürlich die mittlerweile berühmten *Pastéis de Nata*, die es jetzt auch in Deutschland in den portugiesischen Cafés gibt. Die *Pastéis de Nata* sind übrigens die Sieger in der Kategorie Süßspeisen bei den *7 Maravilhas da Gastronomia*, den sieben Wundern der portugiesischen Gastronomie (mehr dazu in Grund Nr. 23 und 73).

Aber fangen wir erst mal mit den herzhaften Snacks an.

Ich esse am liebsten die schlichten *Torradas*, oder auch mal eine *Tosta Mista. Torradas* sind dicke Scheiben Weißbrot, die erst getoastet und dann mit Butter bestrichen serviert werden. Durch die Wärme zerfließt die Butter und durchtränkt das Brot. Bei mehr Hunger empfiehlt sich eine *Tosta Mista.* (Ich glaube, die waren ein ganz entscheidender Grund dafür, dass meine Neffen als Kinder so gerne in Portugal waren. Die *Tostas Mistas* und das Eis.) Hierbei handelt es sich um Toastbrot mit Käse und Schinken, das in einem Kontaktgrill plattgedrückt und kross getoastet wird. Aber es gibt natürlich noch viel mehr leckere Kleinigkeiten, deswegen hier ein paar Beispiele, um Appetit zu machen:

- *Chamuças* – mit Hackfleisch gefüllte, scharf gewürzte Dreiecke aus Blätterteig
- *Pastéis de Bacalhau* – Kroketten aus Kartoffelpüree und Stockfisch (siehe Grund Nr. 76)
- *Rissóis de Camarão* – mit Krabben gefüllte Teigtaschen
- *Pão com Chouriço* – mit portugiesischer Wurst gefülltes Brot
- und natürlich Pizzaquadrate, auch wenn das wohl nicht traditionell portugiesisch ist

Und nun zu den süßen Leckereien. Viele Regionen haben übrigens ihre eigene Spezialität. In Vouzela gibt es zum Beispiel die *Pastéis de Vouzela*, Eigelbcreme in papierdünnem Teig, der auf dem Weg in den Mund zerfällt, sodass man von oben bis unten eingestaubt ist. (Und ich habe noch keinen gesehen, der es schafft, diese Stückchen krümelfrei zu essen. Ist das vielleicht der Grund dafür, dass so viele Leute den Kuchen in Schachteln kaufen und mit nach Hause nehmen?)

In Aveiro gibt es die *Ovos Moles*. Diese bestehen aus oblatenähnlichen Hüllen, die mit einer sehr süßen Eigelbcreme gefüllt sind. Die Legende besagt, dass diese Leckerei in den Klöstern entstanden ist. Die Bauern schenkten den Klöstern Eier, und die Nonnen verwendeten das Eiweiß, um ihre Tracht zu stärken, während das Eigelb übrig blieb. Eine Nonne aus dem Convento de Jesus in Aveiro entdeckte, dass das Eigelb durch die Zugabe von Zucker haltbar gemacht werden konnte. Je mehr Zucker, desto haltbarer. Und so entstanden die *Ovos Moles*, die bis heute eine Spezialität von Aveiro sind. (Aveiro ist übrigens eine sehr schöne Stadt, mehr dazu in Grund Nr. 85.)

Aber vielleicht ist es an der Zeit, noch ein paar mehr Kuchennamen zu lernen. Hier also kommt:

- *Bolo de Arroz* – Reiskuchen, trocken, aber lecker
- *Cornucópia* – ein mit Sahne gefülltes Hörnchen aus Blätterteig

- *Queque* – im Grunde wie ein Muffin, in verschiedenen Varianten erhältlich, zum Beispiel mit Walnüssen, aus Schokoladenteig oder marmoriert
- *Bolo Babá* – ein rundes Kuchenstückchen, mit Rum getränkt und mit Sahne gefüllt
- *Pastel de Feijão* – wie *Pastel de Nata*, aber mit einer Füllung aus Mandeln und gekochten weißen Bohnen, eine Spezialität aus Torres Vedras (schmeckt besser, als es klingt)
- Plus 1.000 weitere …

Die Kuchen haben also Namen. Aber jetzt mal ehrlich – am schönsten ist es doch, vor dem Tresen zu stehen und sich dann für ein Kuchenstück zu entscheiden, indem man einfach nach dem Aussehen geht und mit dem Finger drauf zeigt!

72. GRUND

Weil das portugiesische Essen so gut und reichhaltig ist

Das portugiesische Essen ist überall gut und reichhaltig, aber in Nordportugal ist es noch ein bisschen reichhaltiger als im Süden.

»Wir hätten gerne zweimal das geschmorte Rindfleisch«, lautet unsere Bestellung.

»Teilen Sie sich doch einfach eine Portion«, sagt die Kellnerin. »Das reicht.«

Wow – die Kellnerin im Restaurant legt es nicht darauf an, dass wir möglichst viel bestellen, im Gegenteil, sie rät zu weniger. Selbst nach vielen Jahren in Portugal war das neu für uns. Im Süden bestellt man eine Portion. Im Norden sind die Portionen so groß, dass sie locker für zwei reichen. Daher gibt es in vielen Restaurants halbe Portionen, der Preis beträgt dann etwa zwei Drittel des Preises einer ganzen Portion. Aber selbst die halben Portionen sind üppig.

In dem Film *Portugal, Mon Amour* gibt es dazu eine wunderbare Szene. Es geht um eine Familie portugiesischer Emigranten in Paris. Ich habe den Film in Viseu gesehen, mit mir im Kino waren hauptsächlich Emigranten auf Heimaturlaub. Die meisten sprachen französisch miteinander, genau wie die portugiesischen Emigranten im Film. Eine Frau hat so doll gelacht, dass sie am Ende des Films im Kinosessel sitzen blieb, weil sie vor Lachen nicht aufstehen konnte. Das Milieu war super getroffen, es stimmte bis ins kleinste Detail. So wie zum Beispiel diese Essenszene.

Die Tochter hat den Eltern einen Aufenthalt in einem Nobelhotel geschenkt, damit sie es sich mal so richtig gut gehen lassen. Die Eltern bekommen das Essen im Zimmer serviert. Sie nehmen die Deckel hoch – und auf den Tellern finden sie das schön dekorierte fast Nichts der neuen französischen Küche. Daraufhin greift die Frau in ihr Gepäck und holt vernünftiges Essen hervor, in portugiesischen Portionen.

Das zeigt zweierlei: erstens, dass portugiesische Teller voll sein müssen, und zweitens, dass Portugiesen unterwegs ihr Essen dabeihaben. Ich kann mich noch gut an die Fahrten mit dem Europabus von Lissabon nach Hamburg erinnern. Jeder hatte reichlich Essen dabei. Auf einer Fahrt wurde erzählt, dass ein Busfahrer eine ältere Portugiesin an einer Raststätte in Frankreich vergessen hatte. Darüber redeten jetzt alle.

»Die Arme«, hieß es. »So ganz allein in einem fremden Land. Ohne Essen.«

Das war das Erste, was erwähnt wurde: ohne Essen. Nicht der Pass oder das Geld oder die fehlenden Sprachkenntnisse.

Es ist bestimmt damit zu erklären, dass so viele Menschen in Portugal so lange arm waren. Viele müssen immer noch mit wenig auskommen, wenn man es mit anderen Ländern in Europa vergleicht. Die Zeiten des Hungers sind noch nicht sehr lange vorbei. Und für manche sind sie immer noch nicht vorbei. Daher ist Essen wichtig.

Und wahrscheinlich deswegen wird so richtig aufgetischt, wenn Portugiesen sich treffen. Am Sonntag beim Familientreffen gibt es reichlich Essen. Bei Geburtstagen und Festen steht eine lange Tafel voll mit den verschiedensten Speisen. Besonders die Nachspeisen sind üppig: Puddinge, Cremes, süßer Reis, verschiedene Kuchen. Zum Schweineschlachten auf dem Land werden alle Verwandten eingeladen und es gibt mehr als genug zu essen. Für die Suppe werden extra Hühner geschlachtet. Die Innereien des Schweines werden gebraten. Schnitzel und Koteletts werden serviert. Und danach gibt es wieder die lange Tafel mit den Nachspeisen.

Bei dem Straßenfest zum *Magusto* ist die Ladefläche des Pick-ups so voll, dass wir unmöglich alles essen können. Also wird am Ende des Festes kurzerhand beschlossen: Morgen Mittag geht es weiter, es ist noch so viel Essen da. (Was ein *Magusto* ist? Das erzähle ich in Grund Nr. 109.)

Das Essen ist aber nicht nur reichlich, es ist auch gut. Portugiesen achten auf Qualität. *É comida caseira* – es ist hausgemachtes Essen – ist ein wichtiges Kriterium. *Caseiro* ist gut, weil man weiß, was drin ist, welches Huhn das Ei gelegt hat, aus welchem Garten dieser Kürbis kommt und womit das Schwein gefüttert wurde.

Wie sagte Sam über die Nachbarin nach dem *Magusto*-Fest? »Diese Idalina, die hat's drauf.« Ich glaube, so ist es – die Portugiesen haben's einfach drauf, was das Essen betrifft. So was von reichlich und gut.

73. GRUND

Weil es in Portugal die sieben Wunder der Gastronomie gibt

Und diese *7 Maravilhas da Gastronomia* ergeben sogar ein komplettes Menü, wobei es allerdings zwei Vorspeisen gibt, da sich *Alheira de Mirandela* und *Queijo da Serra* den ersten Platz teilen.

Dafür gibt es keinen ersten Platz bei Wild. Vielleicht war keins der Wildgerichte wirklich überzeugend. Oder die Vorspeisen waren so hervorragend, dass eine Entscheidung unmöglich war. Hier ist das Menü bestehend aus den sieben Wundern der Gastronomie:

- *Entrada* (Vorspeise): *Alheira de Mirandela & Queijo da Serra. Alheira de Mirandela* ist eine Wurst aus verschiedenen Sorten Fleisch, die entweder gegrillt oder frittiert gegessen wird. *Queijo da Serra* ist ein in der Serra da Estrela hergestellter Schafskäse, der eine weiche Konsistenz hat. Richtig weich ist er am besten. Um ihn zu essen, wird die Rinde oben rundum abgeschnitten und wie ein Deckel abgehoben. Der Käse kann dann mit Löffeln gegessen werden. Der Geschmack ist gleichzeitig mild und würzig.

- *Sopa* (Suppe): *Caldo Verde. Caldo Verde*, wörtlich übersetzt »grüne Brühe«, ist eine dicke Kartoffelsuppe mit feinen Streifen *Couve Galega*, dem portugiesischen Stangenkohl. *Der* ist ein fester Bestandteil jedes portugiesischen Gartens, und es ist üblich, weit mehr Stangenkohl vor oder hinter dem Haus zu haben, als man selbst mit einer Großfamilie je essen kann. Für den Verzehr ist es nicht nötig, die Pflanze zu ernten. Die einzelnen Blätter werden abgeschnitten und mit einer Spezialmaschine in sehr feine Streifen geschnitten. Wo es diese Maschinen zum Kohlschneiden gibt? Auf dem Markt natürlich. Die Kohlstreifen werden am Schluss zur Suppe gegeben und für kurze Zeit mitgekocht. Dann wird die *Caldo Verde* mit einem Schuss *Azeite* (Olivenöl) serviert. Denn ohne Oliven und Olivenöl läuft in der portugiesischen Küche gar nichts (siehe auch Grund Nr. 77).

- *Peixe* (Fisch): *Sardinha Assada.* Natürlich sind auch die gegrillten Sardinen eins der Wunder der portugiesischen Gastronomie. Und weil sie so wichtig sind und weil gegrillte Sardinen weit mehr sind als einfach nur gegrillter Fisch, haben sie ihren eigenen Grund (Grund Nr. 75).

- *Marisco* (Meeresfrüchte): *Arroz de Marisco.* Das ist ein Reis-Eintopf mit Meeresfrüchten. Der Eintopf wird in einfachen Restaurants in einem Alu-Topf serviert, direkt vom Herd. In »besseren« Restaurants wird er oft in Töpfen aus braunem Ton serviert. Wenn der Reis-Eintopf auf den Tisch kommt, ist noch sehr viel Flüssigkeit in dem Essen, die vom Reis mit der Zeit aufgesaugt wird. Vor dem Servieren wird der *Arroz de Marisco* mit frischem Koriander gewürzt.

- *Carne* (Fleisch): *Leitão da Bairrada. Das* ist das Spanferkel aus der Gegend Bairrada in Mittelportugal. Das Ferkel wird erst mariniert und dann langsam am Spieß im Ofen geschmort. Es gibt viele Restaurants in der Bairrada, die das *Leitão da Bairrada* als Spezialität haben. Und Kenner haben »ihren« Lieferanten, auf den sie schwören, aber manchmal wird es auch fertig im Supermarkt angeboten.

- *Doces* (Süßspeisen): *Pastel de Nata. D*ie berühmten Puddingtörtchen gehören zu Recht zu den sieben Wundern der Gastronomie (mehr dazu übrigens in Grund Nr. 23). Aber als Nachspeise? Ich weiß nicht. Als Nachspeise hätte ich lieber eine *Mousse de Chocolate* (Schokoladen-Mousse), einen *Pudim de Bolacha* (Pudding mit Keksen) oder eine *Doce da Casa* (die Nachspeise des Hauses, in jedem Restaurant anders). Oder vielleicht sogar am allerliebsten *Queijo Fresco com Doce de Abóbora* (Ziegen-Frischkäse mit Kürbispüree), auch wenn keins davon zu den sieben Wundern gehört. Denn ein *Pastel de Nata* ist eher ein Snack zum *Café*, finde ich.

Rezepte für diese Gerichte finden sich im Internet, und die Zutaten kann man über portugiesische Läden auftreiben. Wer also *Saudade*, Sehnsucht, nach Portugal hat, kann sich ein Stückchen Portugal mit einem der Wunder der portugiesischen Gastronomie nach Hause holen. *Para matar a saudade*, wie es auf Portugiesisch heißt: um die Sehnsucht zu töten.

74. GRUND

Weil selbst aus Steinen Suppe gekocht wird

Eine Suppe aus Steinen? Aber natürlich, das ist ganz einfach. Hier ist das Rezept. Sie nehmen einen Stein. (Er muss natürlich sauber sein, das ist ja klar.) Sie legen den Stein in einen Topf und füllen Wasser auf. Dann stellen Sie den Topf auf den Herd und kochen das Wasser.

Noch besser wird die Suppe allerdings, wenn Sie jetzt noch etwas Salz dazugeben. Ja, eine Prise, gut so. So ist die Suppe gut. Noch besser wird sie, wenn Sie noch etwas Speck oder eine *Chouriço* (die portugiesische Wurst) dazugeben. Und jetzt noch eine Kartoffel oder ein paar Bohnen, um die Suppe anzudicken. Wenn Sie möchten, können Sie auch noch ein paar Karotten mitkochen. Kochen lassen – und die Steinsuppe ist fertig. Guten Appetit!

Der Stein wird nicht mitgegessen, den können Sie aufheben und das nächste Mal wiederverwenden. Genial, diese Steinsuppe, nicht wahr?

Erfunden hat sie ein Mönch, der Hunger hatte, wie die Legende besagt. Er bat bei Bauern um etwas Essen, aber da die Bauern aus Geiz behaupteten, nichts zu haben, bot er an, eine Suppe aus Steinen zu kochen, und erschlich sich nach und nach die anderen Zutaten, Rezept siehe oben. Das ist die Legende von der Steinsuppe, die in ganz Portugal bekannt ist, besonders in der Stadt Almeirim. Sie wird daher auch als *Capital da Sopa de Pedra* betrachtet, als Hauptstadt der Steinsuppe. Dort hat der Mönch sogar ein Denkmal und sitzt jetzt für immer auf einer Bank vor seinem Topf.

Suppen spielen in Portugal eine große Rolle. Die *Sopinha*, das Süppchen, gehört immer dazu. Die Suppen sind auch eine der Kategorien bei den *7 Maravilhas da Gastronomia*, den sieben Wundern der Gastronomie in Portugal (siehe Grund Nr. 73). Sieger war die *Caldo Verde*, der Klassiker mit dem Stangenkohl. Die *Sopa de Pedra* kam zusammen mit der *Açorda Alentejana* immerhin in die Endausscheidung. Eine *Açorda Alentejana* besteht aus Knoblauch, Salz, Olivenöl, Brotscheiben, Koriander und natürlich Wasser. Manchmal schwimmt auch ein Ei in der Suppe.

Die beliebteste Suppe bei uns im Gästehaus war die *Sopa de Abóbora com Agriões*, die Kürbissuppe mit Brunnenkresse, die sogar Nicht-Kürbisliebhaber überzeugt hat. Unverständlicherweise ist sie nicht mal in der Auswahl der Wunder-Suppen-Kandidaten. Hier ist trotzdem das Rezept, und zwar Catarinas Version:

Sie nehmen vier bis fünf große Kartoffeln, eine große Zwiebel oder zwei Stangen Lauch und Kürbis nach Belieben. Alles in Würfel schneiden, wer will, kann noch Möhren, Rüben oder anderes Gemüse hinzufügen. Lange kochen lassen, mit dem Pürierstab pürieren, bis die Suppe cremig ist, Brunnenkresse und etwas Olivenöl hinzugeben und kurz mitkochen, dann mit Salz abschmecken. Wer möchte, kann auch etwas *Chouriço* oder Speck mitkochen, der vor dem Pürieren herausgenommen wird. Das Fleisch wird kleingeschnitten und in der Suppe serviert.

Hier sehen Sie noch mal gut, wie portugiesische Suppen entstehen. Man kann Zwiebeln oder Lauch verwenden, und man kann noch anderes Gemüse hinzufügen, wenn man möchte. Man nimmt so viel Kürbis, wie man hat oder möchte. Man kann die Suppe mit oder ohne Fleisch kochen. Das Fleisch kann Wurst oder Speck sein.

Denn jede portugiesische Suppe entsteht im Grunde nach dem Prinzip der Steinsuppe. Man nimmt das, was gerade da ist, und kocht daraus eine Suppe.

Das Einzige, was – neben Wasser – immer in die Suppe gehört, ist ein Schuss Olivenöl. Denn, immer dran denken: *A melhor cozinheira é a azeiteira* – die beste Köchin ist das Olivenöl-Kännchen (mehr über Olivenöl in Grund Nr. 77).

Und das Einzige, was nicht in die Suppe gehört, ist ein Stein. Nicht mal in die Steinsuppe.

75. GRUND

Weil eine *Sardinhada* mehr ist als nur gegrillter Fisch

Unsere erste *Sardinhada* ging gründlich daneben. Wir hatten eine portugiesische Jugendgruppe im Haus und haben zum Abendessen Sardinen gegrillt. Aber die Jugendlichen waren nicht begeistert. Unser Fehler: Wir hatten die Sardinen ausgenommen. Und das ist in Portugal nicht üblich. Angeblich werden die Sardinen dann zu trocken beim Grillen. Kleine Sardinen werden übrigens auch auf Brot gegessen, und da wird nicht nur nicht ausgenommen, da wird die Sardine auf das Brot gelegt und mit Haut und Gräten gegessen.

Eine *Sardinhada* ist laut Lexikon eine Mahlzeit, bei der das Hauptgericht aus gegrillten Sardinen besteht. Aber sie ist im Grunde noch viel mehr. Eine *Sardinhada* ist Teil des portugiesischen Lebens.

Kein Volksfest ohne gegrillte Sardinen. Zu den *Festas de Santo António* in Lissabon gehört die Sardine so sehr dazu, dass sie zu einem Symbol geworden ist. Seit zehn Jahren entwerfen Künstler Sardinen, und 2013 ist ein Buch erschienen, in dem die schönsten dieser Künstler-Sardinen abgebildet sind. Titel: *500 Sardinhas / Sardines*. Hier ein paar Beispiele: eine Sardine als rot-weiß kariertes Tischtuch mit einem Rotweinring als Auge, eine Sardine als Schweizer Taschenmesser, eine Sardine als Straßenbahn, mit aus dem Fenster fotografierenden Touristen, eine Sardine aus Buntstiftköpfen und (für dich, Alex) eine Sardine als Skateboard mit Totenkopf.

In Melides hatten wir das sogenannte Sardinenfest, das an der Quelle von Melides stattfand und zu dem jeder eingeladen war. Vorher haben alle im Dorf Geld und Kuchen gespendet. An einem Samstagabend gab es dann umsonst Sardinen und Brot, dazu Wein und Kuchen. Kistenweise kamen die Sardinen auf den Grill, der Wein wurde aus Fässern gezapft, und die Kuchen wurden am Kuchenstand von Freiwilligen verteilt.

Es gab Trinkbecher aus unglasiertem Ton. Diese Becher trugen wir an einer Schnur um den Hals. Der erste Gang führte zur Quelle, dort wurde der Becher mit Wasser getränkt, damit der ganze Wein nicht sofort vom Ton aufgesaugt wurde. Leider wurde das Fest zu beliebt. Immer mehr Leute kamen von immer weiter weg und transportierten die Sardinen in Plastiktüten und den Wein in Fünf-Liter-Flaschen ab. Das war das Ende des Sardinenfestes von Melides.

Das Sardinenessen ist wohl deswegen so sehr in Portugal verwurzelt, weil durch die Lage am Atlantik Sardinen für jeden erschwinglich waren, eine echte Nahrung für das Volk. Einmal habe ich es sogar erlebt, dass der Atlantik die Sardinen einfach an den Strand gespült hat. Der ganze Strand von Melides lag voller silberner Sardinen, die in der Sonne glitzerten. Und wir waren alle mit Plastiktüten unterwegs, um die Kühltruhen zu füllen.

Sardinen gab es in Portugal so reichlich, dass sie in Dosen haltbar gemacht wurden. Auch diese Büchsensardinen waren ein billiges Nahrungsmittel und gehören bis heute zum Standard-Angebot des Landes. Im Spielzeugmuseum steht eine kleine Eisenbahn aus Sardinenbüchsen. Die Dosen ohne Deckel haben vier Räder aus Holz und sind aneinandergebunden, sodass sie gezogen werden können. Das zeigt sehr anschaulich, wie arm die Bevölkerung war. Und auch wie kreativ.

Natürlich ist auch die Sardine eins der sieben Wunder der portugiesischen Gastronomie, und zwar in der Kategorie Fisch (mehr dazu in Grund Nr. 73).

»*O Galo de Barcelos que se cuide, que a Sardinha ganha-lhe aos pontos*«, schreibt Jorge Silva in seinem Vorwort zu dem Buch *500 Sardinhas / Sardines*. Der Hahn von Barcelos muss aufpassen, die Sardine läuft ihm den Rang ab. Dieser Hahn ist ein portugiesischer Souvenirklassiker, der durch eine Legende entstanden ist. Er hat einem zu Unrecht angeklagten Dieb das Leben gerettet, indem er krähte, obwohl er schon gebraten auf dem Tisch lag. Jetzt gibt es ihn überall in allen Größen, aus Ton und Metall, aufgestickt und aufgedruckt, und meistens in Schwarz mit bunten Ornamenten.

Immerhin ist die Sardine schon im *Guinness*-Buch. Im Jahr 2010 gab es in Setúbal die größte *Sardinhada* aller Zeiten. 6.340 Kilo Sardinen wurden auf einem 100 Meter langen Grill zubereitet. Ob ausgenommen oder nicht ausgenommen wird nicht erwähnt. Aber ich denke mal, nicht ausgenommen. Erstens wäre das furchtbar viel Arbeit gewesen und zweitens wären die Sardinen zu trocken geworden.

76. GRUND

Weil es wahrscheinlich sogar noch viel mehr als 1001 Rezept für *Bacalhau* gibt

Wieso hat ein Volk, das am Meer wohnt, ausgerechnet getrockneten Fisch als Lieblingsgericht? Das ganze Meer vor der eigenen Küste voller köstlicher Meeresfische, im Hafen die bunten Fischerboote – und der Lieblingsfisch kommt aus Norwegen und muss vor dem Verzehr 24 Stunden lang entsalzt und gewässert werden, damit er überhaupt genießbar wird.

Dann allerdings ist er sehr genießbar. Und im Grunde ist Rezept sieben wahrscheinlich genauso lecker wie Rezept 735 oder 999. Niemand hat diese Rezepte je nummeriert, aber wenn sie nummeriert wären, die Nummer eins stünde wohl den *Pastéis de Bacalhau* zu, die in jeder *Pastelaria* als Snack angeboten werden.

Eine sehr beliebte Zubereitungsart ist der *Bacalhau à Braz*, bei dem der Stockfisch in kleine Stückchen zerpflückt und mit frittierten Kartoffelstäbchen, angebratenen Zwiebelringen und Rührei serviert wird, natürlich mit Oliven, Olivenöl und Petersilie gewürzt. Meine Lieblingsvariante ist der *Bacalhau à Zé do Pipo*, bei dem der Fisch auf Kartoffelbrei und mit Mayonnaise bestrichen im Ofen gratiniert wird.

Mein Freund Fernando, der in Deutschland lebt, isst praktisch die gesamte Zeit, die er hier in Portugal verbringen darf, *Bacalhau*. Meistens als *Bacalhau com Todos*. Eine relativ einfach zuzubereitende Variante, bei der man *Bacalhau*, Kartoffeln, Kichererbsen, Zwiebeln, Knoblauch, Petersilie und ein gekochtes Ei in einem Glastopf schmoren lässt. (Im Grunde die perfekte Junggesellen-Variante des *Bacalhau*. Sollte das vielleicht der Grund für Fernandos Vorliebe für *Bacalhau com Todos* sein?)

Meine Freundin Catarina isst keinen *Bacalhau*, obwohl sie Portugiesin ist, aber das ist sehr ungewöhnlich. Denn eigentlich ist *Bacalhau* mögen untrennbar mit der portugiesischen Nationalität verbunden.

Die portugiesischen Emigranten sind bekannt dafür, dass sie »ihren« *Bacalhau* mit in die neue Heimat nehmen, wenn es sein muss, einen ganzen Koffer voll. Und in jeder Stadt mit portugiesischer Bevölkerung gibt es mittlerweile portugiesische Läden, in denen die wichtigsten Lebensmittel angeboten werden. Also Oliven und Olivenöl, Portwein und Brandy, portugiesische Weine. Und natürlich *Bacalhau*.

Als der portugiesisch-französische Film *Portugal, Mon Amour*, der die Geschichte portugiesischer Emigranten in Paris erzählt, hier anlief, wurde in den Kinos *Bacalhau* verlost. Ich habe allerdings nicht gesehen, dass einer von uns einen gewonnen hätte. Man sollte unter seinem Kinosessel nachsehen. Vielleicht hat sich keiner getraut. Dafür haben wir uns alle köstlich amüsiert, weil der Film unglaublich treffend das Milieu der portugiesischen Emigranten schildert. Und sogar die *Pastéis de Bacalhau* spielen eine – wenn auch kleine – Rolle.

Eine Erklärung für die Verwendung des *Bacalhau* ist, dass er perfekt für die Seefahrt war, weil er sich über Monate hält. Schließlich ist Portugal eine Seefahrernation und die Fahrten nach Afrika, Brasilien oder Indien dauerten Monate. Eine andere Erklärung ist, dass der *Bacalhau* früher ein sehr billiges Nahrungsmittel war, sodass es sich fast jeder leisten konnte. Aus dieser Zeit kommt das Sprichwort: *Para quem é bacalhau basta*, was so viel heißt wie: Der ist so unbedeutend oder arm, für den reicht auch Bacalhau.

Heute ist *Bacalhau* teuer, aber beliebt ist er immer noch. Wahrscheinlich, weil er erstens ein Grundbestandteil der portugiesischen Küche ist, zweitens gut schmeckt und sich drittens wirklich auf 1001 Art zubereiten lässt.

77. GRUND

Weil Oliven und Olivenöl zu jedem Essen dazugehören

A melhor cozinheira é a azeiteira, heißt ein portugiesisches Sprichwort. Die beste Köchin ist das Olivenöl-Kännchen. Von der Marinade bis zum Würzen auf dem Tisch – das Olivenöl ist in der Küche Portugals immer dabei.

Lammkeulen, Hähnchen, Schweinebraten, Truthahn, alles, was im Ofen geschmort wird, wird vorher mariniert. Für die Marinade werden Olivenöl, Knoblauch, Paprikapaste, Lorbeer, Zitronen und

Salz gemischt, sodass eine würzige Mischung entsteht, mit der man das Fleisch bestreicht. Dann lässt man es über Nacht ziehen. Am nächsten Tag wird das Fleisch bei kleiner Hitze im Ofen geschmort, damit es so richtig lecker und zart wird.

Das Unglaubliche: Alle diese Zutaten kommen aus Portugal. Oliven, Zitronen und Lorbeerblätter wachsen an Bäumen. Paprikaschoten und Knoblauch wachsen im Garten. Und selbst das Salz wird im Land »geerntet« (mehr darüber in Grund Nr. 39).

Die Paprikapaste für die Marinade kann man in Portugal im Supermarkt kaufen, aber am besten schmeckt die selbst gemachte. Und am allerbesten schmeckt die selbst gemachte, wenn sie aus den roten Paprikaschoten aus Südportugal gemacht wird, die so richtig mit der Sonne des Südens vollgesogen sind. Das Problem: Die selbst gemachte Paprikapaste gibt es nicht zu kaufen, man muss sie entweder selbst machen oder geschenkt bekommen …

Auch grüner oder gemischter Salat schmeckt oft am besten, wenn er einfach mit Olivenöl und Essig beträufelt und mit Salz und Pfeffer gewürzt wird.

Buttersoße gibt es zwar auch in Portugal, aber meistens wird zu Fisch und Kartoffeln Olivenöl serviert. Im Restaurant fragt die Kellnerin daher oft, ob man lieber Buttersoße oder Olivenöl möchte. Und die meisten Portugiesen werden wohl Olivenöl nehmen.

Viele Besucher stehen erst mal verwirrt vor dem Regal im Supermarkt, weil es so viele verschiedene Olivenöle gibt. Dabei ist es ganz einfach. Je höher der Säuregrad, desto strenger im Geschmack ist das Olivenöl. Und je niedriger der Säuregrad, desto milder ist es. Das beste ist natürlich das *Extra Virgem*, das kalt gepresste Olivenöl. Dieses ist bei normalen Temperaturen flüssig und wird bei Kälte flockig, weißlich und fest. Das ist ein gutes Zeichen, denn es bedeutet, dass es nicht erhitzt wurde und seine ganzen guten Eigenschaften noch besitzt. Denn Olivenöl ist gesund, und zwar innerlich und äußerlich. Innerlich senkt es den Cholesterinspiegel und äußerlich angewendet versorgt es Haut und Haare mit Feuchtigkeit.

Zum Glück werden nicht alle Oliven zu Olivenöl gepresst. Ein paar bleiben zum Essen übrig und kommen als grüne, schwarze, kleine, große, mit Kern oder ohne und mit oder ohne Knoblauch in den Handel. Die Auswahl ist groß, und in den Supermärkten und auf dem Markt werden offene Oliven verkauft. So kann man probieren, welche am besten schmecken.

Ein Essen ohne Oliven oder Olivenöl ist in Portugal unvorstellbar, denn Portugiesen wissen: *A melhor cozinheira é a azeiteira*!

78. GRUND

Weil hier die Zitronen einfach auf den Bäumen wachsen

Wer kennt sie nicht, die Zeile aus dem Gedicht von Johann Wolfgang von Goethe: »Kennst du das Land, wo die Zitronen blühn?« Goethe bezieht sich auf Italien, aber in der Tat blühen die Zitronen nicht nur dort, sondern auch in Portugal.

Alle meine Besucher sind beeindruckt von meinem Zitronenbaum. Mein Neffe ist fasziniert, Zitronen wachsen in Portugal einfach so auf Bäumen, wow. Ein Freund stopft sich bei der Abfahrt die Taschen damit voll, obwohl er sich auf dem Weg nach Kanada befindet. Er kann nicht widerstehen, er wird versuchen, sie durch den Zoll zu schmuggeln, ohne erwischt zu werden.

Mein Zitronenbaum ist ein ziemlich alter Baum, er steht vor der Scheune, und er sieht etwas – tja – verwachsen aus. (Er müsste wahrscheinlich mal geschnitten werden.) Das Tolle: Er gibt das ganze Jahr über Zitronen. Mit anderen Worten, wenn ich eine Zitrone brauche, gehe ich in den Garten und hole mir eine vom Baum. Diese Zitronen sehen vielleicht nicht so ebenmäßig aus, wie man es in Deutschland gewohnt ist, aber dafür ist das Aroma unvergleichlich. Sie duften durch die Schale. Sie schmecken wirklich nach Zitrone. Und man kann unglaublich viel damit anfangen.

Was man in Portugal mit Zitronen macht? Das zum Beispiel:

- *Chá de Limão:* Das ist Zitronentee beziehungsweise Tee aus Zitronenschalen. Diesen *Chá de Limão* kann man sogar im Café bestellen. Es versteht sich von selbst, dass die Zitrone dafür unbehandelt sein muss. Man schält mit einem scharfen Messer die oberste gelbe Schale ab (ohne die weiße bittere Unterschale) und brüht sie mit heißem Wasser auf. Und schon ist der Zitronenschalentee fertig und duftet und schmeckt ganz vorzüglich.

- Zum Marinieren: Zitrone ist aus portugiesischen Rezepten nicht wegzudenken. Alles Fleisch, das im Ofen geschmort wird, wird in einer Marinade eingelegt (Rezept für die Marinade in Grund Nr. 77). Wer will, kann noch Zitronenscheiben auf das marinierte Fleisch legen.

- Zum Grillen: Die Fische nach der Drei-S-Regel behandeln: säubern, säuern, salzen. Zum Säuern die Zitronen verwenden, zum Salzen das grobe Meersalz, entweder pur oder in einer Salz-Gewürz-Mischung.

- Für Limonade: Wenn sehr viele Zitronen am Baum hängen, kann man Saft machen und in Eiswürfelbehältern oder -tüten einfrieren und später mit Mineralwasser und Zucker für eine Limonade verwenden.

- Als Salatsoße: Salat wird in Portugal oft einfach mit Olivenöl und Zitronensaft beträufelt und gesalzen. Simpel, aber lecker.

- Im Fingerschälchen: Wenn man Meeresfrüchte wie Krebse, Krabben oder dergleichen isst, wird in guten Restaurants in Portugal ein Schälchen mit Wasser serviert, in dem eine Zitronenscheibe schwimmt. Darin kann man die Finger eintauchen.

- Für Zitronenkuchen: Rezepte für Zitronenkuchen gibt es viele. Noch leckerer wird er, wenn man ihn auch noch mit einer Zitronenglasur überzieht. Dafür einfach Puderzucker in Zitronensaft statt Wasser auflösen und den Kuchen damit glasieren.

- Zur Konservierung: Geschnittene Äpfel einfach mit Zitronensaft beträufeln, dann werden sie nicht braun.

- Geraspelte Zitronenschale: Geraspelte Zitronenschale lässt sich gut beim Kochen als Gewürz einsetzen. Aber nicht die weiße Unterschale verwenden, sie ist bitter.

- Zitronengelee: Aus Zitronensaft kann man ein hervorragendes Zitronengelee kochen, oder auch aus den Zitronen Marmelade machen.

- Zitronenmousse: Diese Mousse aus Zitronensaft, Gelatine, Eiern und Sahne war bei uns im Gästehaus fast noch beliebter als die *Mousse de Chocolate*. Und das will was heißen.

Ehrlich gesagt sind in Portugal Zitronengelee, Zitronenmarmelade und Zitronenmousse nicht verbreitet – das ist das, was ich mit meinen Zitronen mache. Warum es das in Portugal nicht gibt? Vielleicht sind Zitronenmarmelade und Zitronengelee für Portugiesen nicht süß genug. Aber was spricht gegen die Zitronenmousse? Das ist mir unbegreiflich.

Weil es in Portugal nicht nur roten und weißen, sondern auch grünen Wein gibt

Vinho Tinto, Vinho Branco, Vinho Verde. Rotwein, Weißwein, grüner Wein. Rotwein wird aus roten Trauben gemacht, Weißwein aus weißen Trauben. Und grüner Wein? Grüner Wein wird weder aus grünen Trauben gemacht, noch wird er unreif geerntet, noch sieht der Wein grün aus. Der Name bezieht sich schlicht und einfach auf die Gegend, in der der Wein produziert wird, nämlich den Norden Portugals. Die Trauben für *Vinho Verde* wachsen in der Gegend zwischen Porto und spanischer Grenze im Norden, also im Minho und Douro Litoral. Und da es in dieser Gegend viel regnet, ist die Landschaft üppig und grün, daher der Name »grüner Wein«.

Die *Região Demarcada dos Vinhos Verdes*, das Weinbaugebiet für den *Vinho Verde*, wurde schon 1908 festgelegt. Nur hier darf er produziert werden. Mit anderen Worten: *Vinho Verde* ist einzigartig auf der Welt. Genau wie der *Vinho do Porto* kommt auch er nur aus Portugal.

Auch für die »grünen Weine« gibt es eine Wein-Tour, und zwar die *Rota dos Vinhos Verdes.* An dieser Route liegt unter anderem die *Quinta das Arcas*, die mit einem ihrer Weine in Spanien eine Goldmedaille gewonnen hat (mehr zu den *Rotas dos Vinhos* in Grund Nr. 12).

Vinho Verde schmeckt frisch, fruchtig und säuerlich. Am besten schmeckt er gut gekühlt an einem Sommerabend, weswegen er auch als Sommerwein bezeichnet wird. Er moussiert leicht und sein Alkoholgehalt ist mit acht bis zehn Prozent relativ niedrig. Er wird zu Preisen angeboten, die mein Fast-Winzer-Herz bluten lassen. Ab 1,59 Euro gibt es eine 0,75-Liter-Flasche *Vinho Verde* im Supermarkt. Und selbst teurer *Vinho Verde* kostet nur um die 15 Euro pro Flasche. Leckere grüne Weine sind zum Beispiel *Gazela*, *Alva-*

rinho oder *Quinta da Aveleda*, die es in Portugal schon für drei bis fünf Euro gibt.

Aber Preis und Qualität müssen ja nicht unbedingt in einem Zusammenhang stehen. Weder bei Wein noch bei anderen Dingen. Beweis: Der beste Rotwein der Welt kommt aus Portugal und kostet nur 20 Euro die Flasche. Es ist der *Duvalley Douro Reserva 2010*. Der Wein wurde im Mai 2013 auf der *Best Wine Trophy* in Brüssel zum besten Rotwein der Welt gewählt, aus 8.000 konkurrierenden Weinen aus 50 Ländern. Die Trauben, die diesen spektakulären Wein hervorbringen, wachsen in der Douro-Region (mehr über die Douro-Region in Grund Nr. 70).

Lange Zeit waren portugiesische Weine im Ausland eher unbekannt. Auch das ändert sich langsam, es gibt mehrere Händler, die portugiesische Weine nach Deutschland importieren, sodass es kein Problem mehr ist, auch in Deutschland einen *Vinho Tinto*, *Vinho Branco* oder *Vinho Verde* aufzutreiben.

Wenn wir in der Nähe von Setúbal sind, fahren wir immer auf dem Weingut *Casa Ermelinda Freitas* vorbei und kaufen dort *Vinho Branco Dom Campos* in Fünf-Liter-Boxen. (Ja, ich weiß, das klingt stillos, aber in der Tat sind diese Bag-in-a-box die beste Art, Wein offen zu lagern, weil kein Sauerstoff an den Wein kommt.) Wir könnten denselben Wein auch im Supermarkt holen, der Preis ist fast der gleiche. Aber auf einem Weingut macht der Einkauf mehr Spaß. Dieses Weingut liegt an der *Rota dos Vinhos da Península de Setúbal*, der Wein-Route auf der Halbinsel von Setúbal.

Wie Sie sehen – ganz Portugal ist von diesen *Rotas dos Vinhos* durchzogen. Weil es nämlich im ganzen Land hervorragende Weine gibt. Und zwar in Rot, Weiß und Grün.

80. GRUND

Weil aus allem Likör und Schnaps gemacht wird

Die portugiesische Antwort auf Caipirinha heißt *Caipirão*. Einen *Caipirão* trinkt man am besten im Sommer. Er ist in der Zubereitung übrigens viel weniger aufwendig als eine Caipirinha. Einfach Eis ins Glas, dazu Zitrone und einen guten Schuss *Licor Beirão*. Zucker ist nicht nötig, denn *Licor Beirão* ist süß genug.

Dieser Kräuterlikör ist wahrscheinlich der bekannteste portugiesische Likör. Obwohl – *Ginjinha* ist auch sehr bekannt, ganz besonders in Lissabon und im Süden. Die *Ginja* oder *Ginjinha* ist ein roter süßer Kirschlikör, und man kann den Zuckergrad noch erhöhen, indem man ihn aus einem Schokoladengläschen trinkt, das man nach dem Austrinken entweder auffüllen lässt oder aufisst. So wird die *Ginjinha* auf den großen Jahresmärkten angeboten. Es schmeckt gut, und ökologisch sinnvoller als Plastik ist es auch.

Licor de Amêndoa Amarga oder *Amarguinha* ist ein Likör aus Bittermandeln. *Licor de Poejo* ist ebenfalls ein Likör. Aber was ist dieses *Poejo* eigentlich?

Die Recherche ergibt: Die Pflanze heißt auf Deutsch Polei-Minze, und wird heute kaum noch in der Küche verwendet, weil sie so einen strengen Geschmack hat. Sie ist auch bekannt unter dem Namen Flohkraut, weil sie als Abwehrmittel gegen Flöhe verwendet werden kann. Sie enthält das Gift Pulegon und soll mit Vorsicht eingesetzt werden. Interessant, auf Portugiesisch heißen Flöhe *pulgas*, das ist eindeutig der gleiche Wortstamm. Jetzt tut es mir richtig leid, dass ich das recherchiert habe. Diesen Likör werde ich wohl nicht mehr trinken.

Es gibt auch einen *Licor de Merda*. Ja – *merda* heißt auf Deutsch »Scheiße«, aber in diesem Fall wird wohl nicht drin sein, was draufsteht. Allerdings verraten Wikipedia und andere Quellen nur so viel: Gegründet wurde die Marke 1974, und gewidmet wurde sie den Politikern.

Kommen wir zu den Schnäpsen.

Früher gab es im Dorf Melides eine alte Destille. Wenn man die Tür zu dem winzigen Raum aufmachte, kam einem eine kräftige Alkoholwolke entgegen. Hier brodelte der Kessel, da wurde der Schnaps gebrannt, und die mitgebrachten Flaschen wurden hier abgefüllt. Und auch ohne Probeschluck verließ man diese Destille leicht bedizzelt. Das Getränk, das bis heute immer noch so in vielen Orten in Portugal hergestellt wird, heißt *Bagaço* und ist ein Trester, das heißt, er wird aus der Maische gebrannt. Also aus den Resten der Schalen, Kerne und Stiele, die bei der Weinproduktion nach der Pressung übrig bleiben.

So ein *Bagaço* hat gut über 40 Prozent. In Portugal wird er überall getrunken, und im Restaurant ist er oft der Abschluss eines guten Essens. Er wird zum, im oder nach dem *Cafezinho* getrunken.

Es gibt noch viele weitere portugiesische Liköre und Schnäpse. Den *Licor de Castanhas*, zum Beispiel, einen Likör aus Kastanien. Oder *Medronho*, den Schnaps aus Baumerdbeeren. Was Baumerdbeeren sind? Kleine rote Früchte, die wie Erdbeeren aussehen, die *Medronhos*. Angeblich ist es schädlich, mehr als zehn Früchte zu essen, weil sie im Magen gären. Das ist aber kein großer Verlust, so toll schmecken sie nämlich nicht. Aber der daraus entstehende *Medronho* – der schmeckt sehr gut.

Früher machte bei uns jedes Jahr ein kleiner Junge Urlaub. Am Anfang seines Aufenthalts ging er zu der Eiskarte in Melides und zählte alle Eissorten durch. Um herauszufinden, ob sein Urlaub genug Tage hatte, um alle Sorten zu probieren.

So ähnlich könnten Besucher in Portugal es mit den portugiesischen Schnäpsen und Likören machen. Aber wahrscheinlich wird es ihnen so gehen wie dem kleinen Jungen. Am Ende aß er nämlich jeden Tag wieder sein Lieblingseis.

KAPITEL 9

O Norte – Der Norden

Weil Portugal nicht nur die Algarve ist

»Ich fahre nach Portugal«, sagen viele Deutsche. Aber was sie damit meinen ist: Ich fahre in die Algarve. Für viele Touristen sind die Algarve und Portugal immer noch das Gleiche. Um einen Eindruck von Portugal als ganzem Land zu vermitteln, riskiere ich hier jetzt mal eine grobe Einteilung.

Portugal besteht aus dem Urlaubsparadies Algarve, dem weitflächigen wenig besiedelten Alentejo, den Großstädten Lissabon und Porto und dem Rest des Landes, also alles nördlich des Tejo bis hoch zur spanischen Grenze. Und die Trennungslinie zwischen dem südlichen und dem nördlichen Teil des Landes ziehe ich jetzt hier auf der Höhe von Lissabon, obwohl natürlich eigentlich der mittlere Teil Mittelportugal ist.

Wie verschieden Süd- und Nordportugal sind, merkten wir, als wir von Melides im Süden nach São Pedro do Sul im Norden zogen. Frisch angekommen im Norden, gingen wir in eine Baustoffhandlung, um Baumaterial zu bestellen.

»Tut mir leid«, sagte die Angestellte mit einem Blick auf die Uhr, »das können wir heute nicht mehr liefern. Aber wir bringen es gleich morgen früh.«

»Das macht nichts«, war unsere Antwort.

Und in der Tat, es machte überhaupt nichts. Aus dem Alentejo waren wir völlig anderes gewohnt. Dort konnte es Tage dauern, bis geliefert wurde. Und so kam eine Verblüffung zur nächsten. Alle Anmeldungen konnten an einem Nachmittag in einem einzigen Gebäude erledigt werden statt in drei Tagen auf sieben verschiedenen Ämtern. Ein bürokratisches Problem auf der Bank? »Kein Problem«, sagte die Bankangestellte, »wir finden eine Lösung.« Wir hatten das Gefühl, wir wären in ein anderes Land gezogen. Dieselbe Sprache, dieselben Papiere, dasselbe Autokennzeichen. (Die Autokennzeichen in Portugal sind an das Auto und nicht an den Wohnort gekoppelt.) Aber ansonsten ein anderes Portugal. Schneller, effizienter, bessere Infrastruktur.

Der Norden hat auch sonst viel zu bieten.

In einem Café in São Pedro do Sul ist an der Wand eine Fototapete mit Blick über die grünen Berge des Nordens. *Tudo nestas paragens são grandezas*, steht auf dem Foto. Das heißt: Alles in dieser Landschaft ist großartig, und ist ein Zitat aus José Saramagos Buch *Die portugiesische Reise*. Ja, der Norden Portugals bietet eine großartige Landschaft.

Da ist zum Beispiel ganz im Norden an der spanischen Grenze der Parque Nacional da Peneda-Gerês, ein Nationalpark mit vielen Wandermöglichkeiten. Und auch in der Serra da Estrela kann man sehr gut wandern sowie im Winter sogar Ski fahren. Die gesamte Küste von Lissabon bis hoch nach Viana do Castelo hat Strände. Nazaré, Figueira da Foz und Aveiro sind nur drei bekannte Badeorte von vielen Städten und Stränden an der Küste.

Aber auch im Inland gibt es Strände. Nicht nur einen künstlichen Strand wie in Mangualde, der Bademöglichkeiten und Musikveranstaltungen bietet, sondern wunderschöne Flussstrände. An der Vouga, am Mondego, an kleinen unbekannten Flüssen gibt es Orte, die zum Baden und Picknicken einladen. Oft befindet sich eine stillgelegte Wassermühle an dieser Stelle. Meist gibt es Picknicktische. Manche *Praias Fluviais*, Flussstrände, sind gut gepflegt, andere fast vergessen. Romantisch sind sie alle.

Geschichtsliebhaber finden im nördlichen Teil Portugals Klöster wie das Mosteiro de Alcobaça, das berühmte Kloster in Alcobaça mit der riesigen Küche, das Convento de Cristo, das Christuskloster, in Tomar und das imposante Mosteiro da Batalha. Alle drei Bauwerke gehören zum Weltkulturerbe der UNESCO. Außerdem gibt es unzählige Burgen, Kirchen und andere historische Bauten.

In Óbidos, das für seine Stadtmauern und sein historisches Stadtbild berühmt ist, findet jedes Jahr drei Wochen lang ein

Schokoladenfestival statt (zu dem ich leider noch nie gegangen bin und vielleicht auch besser nie gehen sollte).

Portugal é Lisboa e o resto é paisagem, lautet ein bekannter Spruch, der dem Schriftsteller Eça de Queiroz zugeschrieben wird. Portugal ist Lissabon und der Rest ist Landschaft. Dieser Spruch wird oft zitiert und ist nicht als Kompliment für den Rest des Landes gemeint. Und er ist ungerechtfertigt. Denn Portugal ist nicht nur Lissabon. Und Portugal ist auch nicht nur Algarve. Portugal ist das Gesamtpaket, und der Norden hat durchaus viel zu bieten.

82. GRUND

Weil Guimarães Kulturhauptstadt war

Ehrlich gesagt, bisher habe ich von diesem Kulturhauptstadt-Kram nichts gehalten. Aber womöglich ist was dran. Ich wohne seit 30 Jahren in Portugal, aber erst 2012 bin ich zum ersten Mal nach Guimarães gefahren. Und dann gleich dreimal in einem Jahr. Weil es nämlich europäische Kulturhauptstadt war. Also möchten alle meine Besucher hinfahren.

Elsa geht es genauso. Sie ist in Lissabon geboren, sie ist viel gereist. Sie hat eine Rundreise durch Deutschland gemacht, sie war in Stockholm, Paris, Toronto, Vancouver, New York und was weiß ich wo. Aber nie in Guimarães. Und erst jetzt, als Guimarães Kulturhauptstadt wird, beschließen wir, einen Mädels-Ausflug dahin zu machen. Wir – das sind Lena, Catarina, Elsa und ich.

Hat sich die Stadt für das Kulturhauptstadt-Jahr extra so herausgeputzt oder ist sie immer so schön gewesen? Wir gehen nicht mal zu einer der vielen Veranstaltungen. Wir laufen einfach durch die Straßen. Der historische Kern ist beeindruckend, so ein einheitliches Stadtbild, alles so gut erhalten.

In jedem Schaufenster hängt ein Herz. Das Herz ist das Wahrzeichen der Kulturhauptstadt Guimarães. Die Grundform ist immer gleich, aber jeder Laden hat es anders dekoriert. Eine Bäckerei hat das Herz mit Brötchen umrandet. Eine Schneiderei hat das Herz mit Schere, Nähgarn, Nadeln und Maßband dekoriert. Eine *Drogaria* hat ein Herz aus Flaschenkorken. Eine *Pastelaria* ein Herz aus Baisers.

Aqui nasceu Portugal steht in großen weißen Buchstaben auf einer alten Mauer. Hier wurde Portugal geboren. Guimarães gilt als Wiege Portugals, hier wurde vielleicht Dom Afonso Henriques geboren, der erste König Portugals (vielleicht aber auch in Coimbra oder Viseu).

Wir laufen durch die schmalen Gassen der Altstadt. Viele Häuser haben Eisengitter vor den Fenstern, an denen Blumenkörbe hängen. Auf den Plätzen stehen Tische und Stühle vor den Restaurants und Cafés.

400 Meter über der Stadt liegt die Montanha da Penha mit der Kirche Santuário de Nossa Senhora do Carmo da Penha. Zum Glück muss man das weder zu Fuß gehen noch mit dem Auto fahren, sondern kann die Gondel benutzen, die einen in wenigen Minuten auf den Berg bringt. Was für merkwürdige Felsen hier oben sind – große runde Steine wie überdimensionale Murmeln, mit Moos bewachsen. Und von oben hat man logischerweise einen fantastischen Blick über Guimarães, die Wiege Portugals.

Wer noch ein bisschen weiter in der Zeit zurückgehen möchte, kann in die 16 Kilometer entfernte *Citânia de Briteiros* fahren. Hier ist eine Ansiedlung aus dem Jahr 800 vor Christus zu besichtigen. Trotz Hitze laufen wir über das Gelände des alten Dorfes. Eins der alten Steinhäuser ist restauriert und ja, es ist klein, aber mal abgesehen davon haben die Menschen schon ein bisschen so gewohnt wie heute.

Zurück in Guimarães, trinken wir in einer der vielen *Pastelarias* einen *Cafezinho* und essen einen Snack. In der Straße parkt ein kleiner Laster mit der Aufschrift *nãocozinho.com*, übertragen: ichkochenicht.com. Klasse Name für einen Take-out-Service und wahrscheinlich hat schon die Hausfrau in der *Citânia de Briteiros* von so einem Service geträumt.

In einem Antiquitätenshop kaufe ich einen Stapel alter Postkarten aus den Fünfziger- und Sechzigerjahren. Die Postkarten haben handgeschriebene Texte und Adressen. (Das widerspricht bestimmt dem Datenschutz, aber wen interessiert das schon.) Eine Karte hat eine italienische Adresse. Wieso ist sie in Guimarães gelandet? Auf einer anderen Karte steht: »Vertrau mir, am Donnerstag werden alle unsere Probleme gelöst sein.«

Das ist das Schöne an so alten Städten. Menschen leben hier seit Jahrhunderten. Und einerseits sind unsere Probleme so verschieden und andererseits sind sie doch gleich. Ob in einem Rundhaus aus Stein in der *Citânia de Briteiros* 800 vor Christus, in einem Stadthaus in Guimarães im 14. oder 15. Jahrhundert oder auf einem Ausflug im August 2012. Wir haben Hunger und Sehnsucht, und wir hoffen, dass alle unsere Probleme am Donnerstag gelöst sein werden.

Die *New York Times* hat Guimarães ein Jahr, ehe es Kulturhauptstadt wurde, zu einem der kommenden Kulturpunkte Europas erklärt. Ja, das Kulturhauptstadt-Ding hat gewirkt. Die Stadt ist voller Touristen. Und ich bin schon zum dritten Mal in Guimarães, in einem Jahr.

83. GRUND

Weil der Schriftsteller Miguel Torga in Coimbra sein eigenes Museum hat

Immer, wenn jemand in den Bergen schwer krank ist und im Sterben liegt, wird »Große-Seele« geholt. Dieser alte Mann erlöst den Kranken dann von seinem Leiden. Das ist eine der Geschichten von

Miguel Torga. Miguel Torga, der aus Trás-os-Montes im Norden Portugals stammt, war Arzt und einer der bedeutendsten Schriftsteller des 20. Jahrhunderts. In seinen *Neuen Erzählungen aus dem Gebirge* beschreibt er eindringlich das harte Leben der Landbevölkerung im Norden. Er ist engagiert aufseiten der Armen und hat für seine politische Überzeugung während der Diktatur einige Monate im Gefängnis gesessen.

Ab den Fünfzigerjahren bis zu seinem Tod 1995 hat er in Coimbra gelebt, und sein Stadthaus ist heute ein kleines Museum, das einen Einblick in sein Leben gibt. Es wird ein kurzer Film über ihn gezeigt, und wir besichtigen sein Arbeitszimmer mit der alten Schreibmaschine.

Aber natürlich gibt es in Coimbra auch Spektakuläreres zu besichtigen.

Die *Universidade de Coimbra* zum Beispiel, die Universität von Coimbra, ist die älteste Uni in Portugal und eine der ältesten Europas. In ihr befindet sich die *Biblioteca Joanina*, die von 1717 bis 1728 gebaut wurde und besichtigt werden kann. Die Bibliothek hat hohe Wände aus Rosenholz, und die alten Bücher können von Professoren und Studenten sogar eingesehen werden. Die Zeitschrift *The Telegraph* bezeichnet die *Biblioteca Joanina* als die beeindruckendste Bibliothek der Welt.

Man kann aber auch einfach an der Praça da República unter diskutierenden Studenten im Café am Park sitzen und dem Leben und Treiben zusehen. Oder durch die Altstadt schlendern und in einem der vielen Restaurants essen. Und dann hoffen, dass man seinen Weg durch die engen Gassen des Altstadtlabyrinths auch wieder zurückfindet.

Man könnte ein paar Stunden im Botanischen Garten neben der Uni vertrödeln und die exotischen Pflanzen bewundern.

Oder am Ufer des Mondego entlanglaufen und in einem Café oder einer Bar einen *Café* oder ein Bier trinken und den Kanuten auf dem Fluss zusehen.

Für Kinder gibt es in Coimbra eine besondere Attraktion, ich bin oft daran vorbeigefahren. Es ist das *Portugal dos Pequenitos* und zeigt Portugal im Mini-Format für die Kiddies. Ich bin nie reingegangen, weil ich dachte, man bräuchte dazu ein Kind an der Hand. Das war vielleicht ein Irrtum. Aber jetzt, wo es auch noch die Barbie-Ausstellung mit mehr als 300 Barbies gibt, gehe ich auf jeden Fall bei nächster Gelegenheit in das *Portugal dos Pequenitos*, auch ohne Kind.

Coimbra ist in Portugal übrigens auch bekannt für Orte, die man lieber nicht besichtigen möchte. Hier sind drei große Krankenhäuser. Diese Krankenhäuser haben einen sehr guten Ruf, was nicht zuletzt damit zusammenhängt, dass die Uni von Coimbra eine bedeutende medizinische Fakultät hat. Hier an dieser Universität hat auch Miguel Torga Medizin studiert.

In seinem Gedicht *Liberdade* wandelt er den Text des *Vaterunsers* um. Die erste Zeile lautet: *Liberdade, que estais no céu …*, Freiheit, die du bist im Himmel … Die letzten Zeilen lauten: *Liberdade, que estais em mim, / Santificado seja o vosso nome.* Freiheit, die du bist in mir / Geheiligt werde dein Name.

84. GRUND

Weil es das Wunder von Fátima gibt

Das Wunder von Fátima ist mittlerweile weltbekannt. Wobei ich mit Wunder nicht die Erscheinungen meine, die im Jahr 1917 von den drei Hirtenkindern ab Mai gesichtet wurden, und dann im Oktober 1917 von 50.000 Menschen. Ob es wirklich Erscheinungen waren, ob es andere Erklärungen für die Phänomene gibt oder ob es Einbildung war … ich halte mich da raus.

Mit Wunder meine ich alles, was um diese Geschichte herum entstanden ist. Das ist faszinierend. Drei kleinen Hirtenkindern erscheint im Jahr 1917 die Jungfrau Maria und es entsteht ein weltbekannter Wallfahrtsort. Ein Ort, den mittlerweile mehrere Millionen Menschen jedes Jahr besuchen. Viele Pilger kommen am 12./13. Mai, dem Jahrestag der ersten Erscheinung, oder am 12./13. Oktober, dem Jahrestag der letzten Erscheinung. Viele kommen zu Fuß. Manche die ganze Strecke, andere nur die letzten Kilometer oder Meter.

Am 12./13. Oktober 2013 kamen 220.000 Gläubige nach Fátima, um an der Messe teilzunehmen. Was für eine Logistik. Es muss eine medizinische Infrastruktur geben, denn viele laufen sich die Füße wund. Und alle müssen mit Essen versorgt werden. Auf Toilette gehen. Übernachten. Tanken. Parken. Kaffee trinken. Souvenirs kaufen. Beten. Beichten.

Um das Wunder von Fátima besser zu verstehen, fahren wir nach Fátima. Als wir dort ankommen, regnet es. Also kaufen wir uns als Erstes Regenschirme. Logistik perfekt: Regenschirme gibt es an jeder Ecke. Und zwar – warum auch immer – je näher man der Kathedrale kommt, desto billiger.

Auf dem Weg zum Hauptplatz mit den beiden Kathedralen sehen wir unzählige Souvenirshops. *Artiges religiosos e regionais*, steht groß auf einer Marquise, religiöse und regionale Artikel. Alle Läden haben das gleiche Angebot. Hauptsächlich die Jungfrau Maria, in klein, in groß, mit Beleuchtung und ohne. In einer Ökovariante ohne Batterie, bei der sich das Neongrün mit Tageslicht auflädt und nachts leuchtet. Manche gefüllt mit *Água benta*, heiligem Wasser. Ein weiteres millionenfach angebotenes Souvenir ist der portugiesische Hahn, und zwar als Korken mit und ohne Pimmel, je nachdem, ob für Wein oder Schnaps. (Die Jungfrau Maria direkt neben dem Hahn mit Pimmel. Niemand scheint sich etwas dabei zu denken.)

Vor der alten Kathedrale ist ein großer Bereich für Opfergaben. Hier können Opferkerzen aus Wachs angezündet oder elektrische Kerzen per Münzeinwurf in Betrieb gesetzt werden. Außerdem gibt es einen Altar für die Gliedmaßen aus Wachs. Eine wächserne Babypuppe liegt in betender Haltung neben einem Kopf ohne Rumpf. Seit fast 100 Jahren kommen Menschen mit ihrer Verzweiflung und Hoffnung nach Fátima. Vier Millionen Besucher jedes Jahr. Das ist viel Verzweiflung und Hoffnung, das sind viele Gebete und Bitten.

Weil mittlerweile so viele Gläubige kommen, wurde eine neue Kathedrale gebaut, mit Plätzen für 9.000 Besucher. Die neue Kathedrale ist sehr schlicht und sehr modern. Auch die Gravuren der religiösen Szenen an der Wand sind sehr modern. Danach besuchen wir noch das *Museu das Aparições*. Melly und Freundin gehen religiöse und regionale Artikel shoppen. Sam geht mit mir ins Museum.

Das kleine Museum liegt in einer unechten Felsenhöhle unter einem Einkaufszentrum. Wir sind die einzigen Besucher. In Szenen wird das Wunder von Fátima erzählt. Es ist wie ein Rundgang durch die Kulisse für einen alten Märchenfilm. Angestrahlt wird jeweils die Szene, vor der wir stehen. Vom Band auf Englisch die Erzählung. Am Ende öffnet sich eine Tür und dann stehen wir in einem grell erleuchteten unterirdischen Souvenirladen.

Niemand ist im Laden. Die Tür des Ladens ist abgeschlossen. Was nun?

Wir überlegen, durch die Felsenhöhle zurückzugehen. Aber die Grotte ist stockdunkel und selbst die Lichterkette entlang des Pfades ist erloschen.

Wir stehen in dem Laden. Um uns unendlich viele Jungfrauen in verschiedenen Größen aufgereiht. Mit heiligem Wasser und ohne. In Neongrün und Weiß. Irgendjemand muss diese ganzen Figuren ordern, herstellen, verpacken, verschicken und wieder auspacken.

Nach einer Weile kommt der Mann, der an der Kasse saß, und schließt die Tür auf. Er entschuldigt sich. Es ist November, er muss das ganze Museum allein betreuen, er ist aufgehalten worden.

Wenige Minuten später stehen wir wieder auf dem Platz, wo die religiösen und regionalen Artikel verkauft werden. Das ist also

Fátima. Jetzt bin ich da gewesen und könnte mitreden. Aber ich halte mich weiterhin raus.

85. GRUND

Weil man in Aveiro einen Heiligen mit Kuchen bestechen kann

In Aveiro gibt es zwei bekannte Süßigkeiten und zwei berühmte Heilige. Die *Ovos Moles*, zuckersüßes Eigelb in einer oblatenähnlichen Hülle, werden in jeder *Pastelaria* der Stadt verkauft und sind *die* Spezialität von Aveiro (mehr darüber in Grund Nr. 71). *Cavacas* sind trockene, harte Kuchen. Man stippt sie in Tee oder Kaffee, verwendet sie in Nachspeisen oder füllt sie mit Portwein. Die *Cavacas* kann man entweder kaufen oder mit einem Regenschirm auffangen. Denn sie werden jedes Jahr im Januar tonnenweise vom Dach der Capela de São Gonçalinho in der Altstadt von Aveiro geworfen.

Also stehen am 10. Januar Hunderte von Leuten vor der Kapelle und fangen die Süßigkeiten mit ihren umgedrehten Regenschirmen auf. Es ist das Volksfest *Festas de São Gonçalinho.* Jetzt erfüllen die Gläubigen ihre *Promessas*, ihre Gelübde. Sie haben *São Gonçalinho* um etwas gebeten und als Dank für die Erfüllung werfen sie kiloweise Kuchen vom Dach. Das mit dem Wünscheerfüllen scheint gut zu klappen – zehn Tonnen Kuchen werden jedes Jahr im Januar vom Kirchendach geworfen.

Der andere Heilige hat seine Kapelle gleich um die Ecke. Es ist die Capela de São Bartolomeu, eine runde Mini-Kapelle, die 364 Tage im Jahr abgeschlossen ist. Aus gutem Grund. In dieser Kapelle wohnt nämlich der Teufel. Er hat nur an einem Tag Ausgang, am 24. August. An diesem Tag ist in Aveiro also im wahrsten Sinne des Wortes der Teufel los. Hauptsächlich untreue Ehemänner sollten sich an diesem Tag vorsehen. Das ganze Jahr haben die Ehefrauen Zeit, dem Teufel ihren Kummer auf einem Zettel durch den Schlitz an der Tür der Kapelle zuzustecken. Und jetzt am 24. August wird sich der Teufel um die untreuen Ehemänner kümmern …

Wer weder am 10. Januar noch am 24. August in Aveiro ist, kann zwar weder Kuchen auffangen noch den Teufel sehen, findet aber trotzdem viel Sehenswertes.

Aveiro liegt an der Ria, einer großen Lagune. Hier sind die großen Salzpyramiden zu sehen (mehr zur Salzgewinnung in Grund Nr. 39). Auf der anderen Seite der Ria liegen die Badeorte Costa Nova und Barra. Beide haben Cafés, Restaurants, lange Sandstrände und die Möglichkeit zum Baden, Segeln, Surfen und Kite-Surfen.

Die rot-weiß, blau-weiß und gelb-weiß gestreiften Häuser von Costa Nova sind zum Wahrzeichen von Aveiro geworden und werden tausendfach als Kühlschrankmagneten und Keramikminiaturen in den Souvenirshops angeboten. Es heißt, dass die Fischer so auch bei Nebel ihre Häuser fanden. (Dabei wird es sich vermutlich sowohl um Seenebel als auch um Alkoholnebel gehandelt haben, denke ich mal.)

Durch die Lagune hat Aveiro so viele Kanäle, dass es oft als das Venedig Portugals bezeichnet wird. (Manchmal wird auch Venedig als das Aveiro Italiens bezeichnet, aber das ist natürlich übertrieben.) Wer möchte, kann in einem der *Moliceiros* eine Fahrt durch die Kanäle machen. *Moliceiros* sind gondelähnliche Boote, immer bunt und mit naiven Bildern und anzüglichen Sprüchen verziert. Früher haben diese Boote Algen aus dem Meer über die Kanäle zu den Feldern transportiert, heute schippern sie Touristen durch die Gegend.

Außer für seine Süßigkeiten, seine Heiligen und seine Kanäle ist Aveiro auch für das Nachtleben auf der Praça o Peixe berühmt. Tagsüber wird auf dem Fischmarkt Fisch verkauft. Abends ist das ganze Viertel ein Vergnügungsviertel, wo man sich nach dem Essen in einem der vielen Restaurants von Bar zu Bar treiben lassen kann. Besonders zu empfehlen ist der Patio des *Casa de Chá*, des Tee-

Aqui nasceu Portugal – hier wurde Portugal geboren.

Oben: Porto – Blick auf die Ribeira.
Unten: Barco Rabelo – mit diesen Booten wurden früher die Portweinfässer auf dem Douro transportie

Oben links: Laden für Olivenöl und Produkte aus Olivenöl. Oben rechts: Maurisches Erbe – das Berühren der »Fatimahand« soll Glück bringen. Unten: Porto im Abendlicht – Blick auf Serra do Pilar.

UNESCO-Weltkulturerbe Dourotal –
hier wachsen die Trauben für den Portwein.

Traubenlese

Portweinfässer

Oben: Mosteiro de Alcobaça. Unten: Schattenspiel im Kreuzgang.

Oben und unten: Serra da Estrela im Winter.

Oben: Surfer in Nazaré. Unten: Barco Moliceiro, Aveiro.

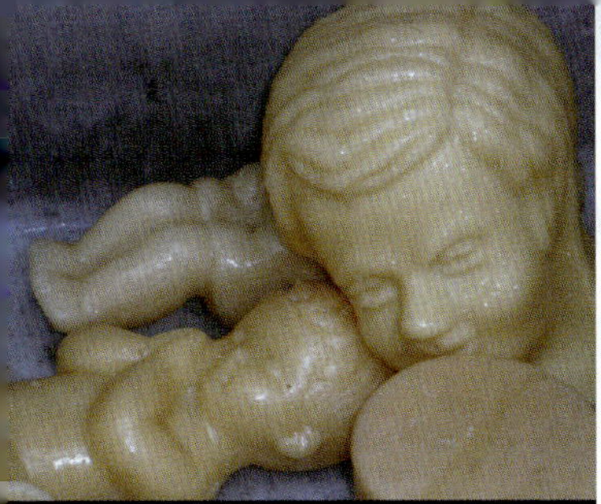

Oben: Opfergaben in Fátima. Rechts: Die Jungfrau Maria und die drei Hirtenkinder, Altar am Straßenrand in Zentralportugal.

Oben links: Harzgewinnung. Oben rechts: In Guimarães. Unten links: Piódão – historisches Dorf aus schwarzem Schiefer in Zentralportugal . Unten rechts: Die Statue mit den zwei Gesichtern – Guimarães.

Serra de S. Macário im Winter.

Serra de S. Macário im Sommer.

Oben: Paraglider an der Küste von Madeira.
Unten: Blick auf Funchal, Madeira.

Oben links: Straßenkunst in der Rua Santa Maria (von Ricardo M. da Silva). Oben rechts: Straßenkunst in der Rua Santa Maria (von Wolfgang Lass). Unten: Die Strelitze – eines der Wahrzeichen von Madeira.

Oben links: Protea – Zuckerbüsche sind eigentlich in Südafrika zu Hause. Oben rechts: Bromelie.
Unten: Traumhafte Wanderwege auf der Nordseite der Insel Madeira.

Oben links: Das Wappen von Madeira. Oben rechts: Sissi war sogar zweimal zu Gast auf Madeira.
Unten: Blick vom legendären Reid's Hotel auf Funchal, Madeira.

Oben: Rio Tâmega – Nordportugal. Unten: Heiße Quellen im Thermalbad von São Pedro do Sul.

hauses. Tagsüber gibt es hier gute Kuchen und Tee, abends Caipirinhas, Bier und Musik, oft sogar Livemusik.

Das *Casa de Chá* ist in einem Art-Nouveau-Gebäude mit einem kleinen Art-Nouveau-Museum in der Rua Doutor Barbosa Magalhães untergebracht. Es gibt so viele solcher Gebäude in Aveiro, dass die Stadt ein Buch dazu herausgebracht hat. Und wer möchte, kann der *Rota da Arte Nova* folgen und so die im Stadtgebiet verstreuten Häuser im Jugendstil besichtigen.

Bleibt die Frage, ob der Teufel wirklich am 24. August die Capela de São Bartolomeu verlässt und ob der Heilige São Gonçalinho wirklich als Gegenleistung für *Cavacas* Wünsche erfüllt.

Sagen wir mal so, an dem Tag, an dem die runde Kapelle offen ist, liegt der kleine rote Teufel immer noch unter dem Fuß des *São Bartolomeu*. Aber was bedeutet das schon? Und es kann sein, dass sich viele Wünsche auch ohne die Bestechung durch Kuchen erfüllt hätten. Wissen werden wir es nie.

Aber es würde dieses schöne Volksfest nicht geben und das wäre schade.

86. GRUND

Weil die Maisspeicher ein ungewöhnlicher Anblick sind

»Was ist das?«, fragen alle meine Besucher und zeigen auf die Gebilde, die überall in Nordportugal auf dem Land stehen. Der Anblick ist aber auch wirklich ungewöhnlich. Ein kleiner Bau auf vier Füßen aus Stein. Schmal und hoch. Die Struktur aus Stein oder Granit. Die Seitenwände aus Holzlatten, aber nicht dicht an dicht, sondern so, dass noch Luft durchkommt.

Es handelt sich dabei um *Espigueiros*, Maisspeicher. Sie sind deswegen in Nordportugal zu finden, weil es hier keine großen Landflächen gibt, auf denen Weizen angebaut werden kann. Im Gegensatz zum Alentejo, der mit seinen großen Weizenfeldern lange Jahre als Kornkammer Portugals galt.

Die Grundstücke im Norden sind klein. Winzige Felder in Tälern, ein paar Meter Land an Flussufern, Terrassen an Berghängen. Einer rauen Landschaft wird Land zum Anbau abgetrotzt. Die Terrassen sind schmal, die Erde wird mit Mauern abgestützt, damit es überhaupt hält. Es ist mühsam, auf diesem Land genügend anzubauen, sodass es zum Überleben reicht. Der Schriftsteller Miguel Torga schildert in seinen *Neuen Erzählungen aus dem Gebirge* sehr eindrucksvoll das harte Leben im Norden Portugals (mehr über Miguel Torga in Grund Nr. 83).

Auf so einem Land wächst kein Weizen. Aber Mais gedeiht.

Mais wird im Herbst geerntet und muss über den Winter gelagert werden. Und dafür sind die *Espigueiros* perfekt. Durch die hohen Füße ist der Mais vor Mäusen und Ratten geschützt. Und der Raum im Speicher wird durch die Ritzen zwischen den Latten gut belüftet, sodass der Mais auch bei der hohen Luftfeuchtigkeit im Winter nicht schimmelt.

1966 gab es im *Museum of Modern Art* in New York eine Ausstellung mit dem Thema *Architecture without Architects*, Architektur ohne Architekten. Ein Berliner Architekt hat dort zum ersten Mal Abbildungen dieser Maisspeicher gesehen. Er war so fasziniert, dass er später im Rentenalter mehrere Monate in Lindoso verbracht und dort das ganze Dorf aufgemessen und gezeichnet hat. Denn der Ort in Nordportugal in der Nähe der spanischen Grenze hat die größte und am besten erhaltene Ansammlung dieser *Espigueiros* von Portugal. 50 Maisspeicher stehen hier.

Heute werden die Maisspeicher nicht mehr genutzt, aber sie werden erhalten, und manche neue Häuser haben einen Maisspeicher als Dekoration im Garten.

Aber *Brôa*, das Maisbrot, wird im Norden immer noch sehr viel gegessen. Es wird im Restaurant als Vorspeise serviert, und man kann es in den *Pastelarias* kaufen. Und natürlich gibt es unter den unzähligen *Bacalhau*-Rezepten auch eins mit Maisbrot (mehr zu 1001 Arten, Stockfisch zuzubereiten, in Grund Nr. 76). Eine gute Art, altes *Brôa* zu verwenden, denn Maisbrot schmeckt ganz frisch am allerbesten.

87. GRUND

Weil in der Serra da Freita die Steine Babys kriegen

Es gibt etwas in Portugal, was es nur an zwei Stellen auf der Welt gibt, nämlich in der Nähe von Sankt Petersburg in Russland und im Norden Portugals: *As Pedras Parideiras*, die gebärenden Steine.

Als ich das erste Mal von den »gebärenden Steinen« höre, kann ich mir nichts darunter vorstellen. Steine sollen Kinder kriegen? Das klingt sehr unwahrscheinlich. Aber interessant.

Ich recherchiere und erfahre, dass es das Phänomen der gebärenden Steine tatsächlich gibt, und zwar in der Nähe des Dorfes Castanheira, in der Serra da Freita. Die Baby-Steine entspringen dem Granit, sind geologisch gesehen Biotit-Linsen bestehend aus Quarz und Feldspat und sind – einigen esoterischen Websites zufolge – Steine mit außergewöhnlichen Eigenschaften. Sie gelten als Schutzsteine, fördern Kreativität und Intuition und helfen Frauen, Kinder zu gebären.

Mein erster Versuch, die *Pedras Parideiras* zu finden, scheitert allerdings. Stundenlang sind wir zu dritt an einem heißen Junitag in der Serra da Freita unterwegs. Sobald man aus dem Auto steigt, trifft einen die Gluthitze. Die Serra da Freita ist eine karge Landschaft ohne Bäume. Nur Gestrüpp und Felsen, und ab und zu ein kleines Dorf, bei man sich sofort fragt, wer um Himmels willen dort wohnt. Und was die Leute dort machen, um ihren Lebensunterhalt zu verdienen. Im Winter ist es eiskalt, im Sommer herrscht gnadenlose Hitze. Die Landschaft ist beeindruckend, aber nicht einladend. Das Leben muss hier hart gewesen sein, früher. Ist es vielleicht immer noch.

Der erste Versuch, die *Pedras Parideiras* zu finden, bleibt also ohne Erfolg. Dafür sind wir plötzlich in Arouca, fahren weiter und landen im Info-Center für Fossile. Wir sehen einen kurzen Film über die Ausgrabungen und bewundern die ausgestellten Fossile. Auch interessant, und natürlich auch einen Ausflug wert. Aber es ist nicht das, was wir eigentlich gesucht haben.

Endlich ein paar Monate später der zweite Versuch. Dieses Mal ist es November und bitterkalt. Man hat einen tollen Blick über die Berge, aber ein eiskalter Wind fährt einem um die Ohren, sobald man das warme Auto verlässt. Alle Mitfahrer sind dazu verdonnert, aufmerksam nach Schildern Ausschau zu halten. Wir haben das GPS auf Castanheira programmiert, und in der Tat gelingt es uns, den Ort mit den gebärenden Steinen zu finden. Man fragt sich natürlich, warum ein so ungewöhnliches und weltweit fast einzigartiges geologisches Phänomen so schlecht beschildert ist. Aber wenn man oft genug in Portugal etwas vergeblich gesucht hat, weiß man: Mit der Beschilderung haben sie es hier oft nicht so.

In einem sehr kleinen, aber feinen Info-Center sehen wir einen 3-D-Film über die Entstehung der Welt, der auch das Gebären der Steine erklärt. Dann laufen wir über das Gelände und sehen in der Tat die Biotit-Linsen, die aus dem Granit an die Oberfläche dringen. Die Baby-Steine sind ein bis zwölf Zentimeter groß und haben die Form von platten Eiern. Sie sind schwarz und schimmern.

Die Versuchung, sich zu bücken und einen Stein mitzunehmen, ist sehr groß. Womöglich haben die Esoteriker recht und es sind Schutzsteine, die Kreativität und Intuition fördern. Aber – das Sammeln der Steine ist unerwünscht. Das Wort »verboten« fällt nicht direkt, es gibt auch kein Schild. Nur am Ende des Films die Ermahnung, das Gebiet zu schützen, sodass es für künftige Generationen erhalten bleibt. Also bedeutet das doch wohl: keine Steine einsammeln.

Und das leuchtet ja auch sofort ein. Solange nur die Einwohner von Castanheira die Steine eingesammelt haben, war es in Ordnung. Aber jetzt, wo der Ort immer bekannter wird und immer mehr Besucher kommen, die in Versuchung sind, Steine einzusammeln, wird es zu einem Problem.

Ich hätte natürlich trotzdem unglaublich gerne so einen Baby-Stein. Im Info-Center liegen die glänzenden Biotit-Linsen auf dem Tresen. Ich frage nach dem Preis. Antwort: Die sind nicht zu verkaufen, das Gebiet steht unter Naturschutz.

Umso mehr wundert es mich, dass mehrere deutsche Esoterik-Websites sie im Angebot haben. Wo haben die Verkäufer die Steine her? Das ist hier die Frage. Und haben illegal eingesammelte Steine trotzdem ihre positiven esoterischen Eigenschaften?

88. GRUND

Weil man hier mit heilenden Wassern kuren kann wie die Könige

Heißes Wasser läuft über mich, während eine Masseurin mich mit Öl massiert, vom Kopf bis zu den Füßen. Es ist Entspannung pur. Hier im Thermalbad von São Pedro do Sul im Norden Portugals haben schon der erste portugiesische König und die letzte portugiesische Königin gekurt. Dom Afonso Henriques, der erste König von Portugal, hat hier 1169 nach der *Cerco de Badajoz*, einer Belagerung von Badajoz, seinen Beinbruch kuriert. Und 725 Jahre später war die Rainha Dona Amélia, die letzte portugiesische Königin, hier zur Kur.

Jetzt läuft das heiße Wasser über mich.

Das schwefelhaltige Heilwasser kommt mit fast 70 Grad aus dem Boden. Es hilft bei rheumatischen Beschwerden, Gicht, Osteoarthritis und bei Beschwerden der Atemwege. Oft reichen wenige

Anwendungen und die Schmerzen lassen nach oder verschwinden sogar ganz. In der Halle des *Balneário D. Afonso Henriques*, einem der beiden Thermalbäder, sind in einem Schaukasten Krücken und Stöcke ausgestellt, darüber steht: vergessene Objekte. Und ob das nun wirklich vergessene Krückstöcke sind, oder ob es ein netter Werbegag ist, es leuchtet sofort ein. Mit Stock gekommen, ohne gegangen.

Die jährliche Kur in einem Thermalbad ist für viele Portugiesen eine Selbstverständlichkeit. Es gibt in Portugal fast 50 Thermalbäder, die meisten davon im Norden. Eins der bekanntesten ist das von São Pedro do Sul, das schon vor 2.000 Jahren von den Römern genutzt wurde, als das Land Teil des Römischen Reiches war. Die Ruine des römischen Bades ist noch sichtbar, aber leider vernachlässigt und mit Unkraut überwachsen.

Doch die heutigen Bäder sind großzügig und modern, und seit der Renovierung im Jahr 2006 gilt São Pedro do Sul als das größte und beste Thermalbad Europas. Für die Kurgäste gibt es ein Rahmenprogramm von Bewegung bis Kultur. Jeden Morgen von Mai bis Oktober wird um neun Uhr gewandert. Und jeden Abend gibt es Kino oder Konzerte auf dem großen Platz vor dem *Balneário Rainha D. Amélia*.

Jeden Mittwoch findet am Flussufer der Vouga ein Antiquitätenmarkt statt, auf dem Schmuck und Trödel wie zum Beispiel alte Schreibmaschinen, antiquarische Bücher und Porzellan verkauft werden. Ein Veranstalter bietet außerdem täglich Touren zu den Sehenswürdigkeiten in der Gegend an. Und wer seine Ausflüge lieber selbst organisiert, kann mit dem Auto die Gegend erkunden. Zu sehen gibt es viel.

In der nahen Serra da Freita gibt es die sogenannten *Pedras Parideiras*, die »gebärenden« Steine, das sind Steine, die aufplatzen und neue Steine hervorbringen (mehr dazu in Grund Nr. 87).

Außerdem gibt es in der Umgebung viele kleine Dörfer, wie sie typisch für die Region sind: holpriges Kopfsteinpflaster, enge Gassen, durch die nicht mal ein Auto passt, Häuser aus Granit, Steinmauern als Begrenzung der Felder und Weinstöcke an den Häusern und auf Terrassen. Hier in der Gegend machen viele noch ihren Wein selbst, einen kräftigen roten *Dão-Lafões*, den die Dorfbewohner in ihren museumsreifen *Adegas* herstellen und der vielleicht gerade deswegen so gut schmeckt.

Am Ende der Massage fühle ich mich wie neu geboren. Es ist wirklich Entspannung pur. Ich sollte mir das eigentlich viel öfter gönnen. Es tut gut, es ist gesund und ich fühle mich verwöhnt wie eine Königin.

89. GRUND

Weil die *Feira de São Mateus* in Viseu schon seit über 600 Jahren besteht

Die *Feira de São Mateus* wurde im Jahr 1392 gegründet, also vor über 600 Jahren. Einem Jahr, das so lange zurückliegt, dass es in der Wikipedia kaum Informationen gibt. Nur so viel finde ich: Das Jahr 1392 war ein Schaltjahr, Yi Seong-Gye gründete die Joseon-Dynastie in Korea und die Bürger von Grossbasel kauften Kleinbasel. Die Joseon-Dynastie findet im Jahr 1910 ihr Ende, aber die *Feira de São Mateus* gibt es immer noch.

Ich laufe über die *Feira*, den großen Rummel, und frage mich, wie es wohl damals hier ausgesehen hat, vor 600 Jahren. Das Geschirr aus rotem Ton hat es bestimmt schon gegeben. Und die Lederjacken aus der Serra da Estrela? Ja, vielleicht. Aber gab es schon die Spanferkel und die gegrillten Hähnchen? Oder die *Farturas*?

Farturas sind eine portugiesische Spezialität, bei der Teig in langen Schlangen in heißes Fett gespritzt, frittiert und dann in Stücke geschnitten und mit Puderzucker bestreut wird. Hier auf der *Feira* sind gleich mehrere Restaurants, die alle nur das eine servieren:

Farturas und *Churros*. Die spanischen *Churros* sind im Grunde das Gleiche wie *Farturas*, nur dünner und in Schokolade gestippt oder mit Konfitüre gefüllt.

Diese *Feira* war schon vor 600 Jahren so berühmt, dass selbst Mauren aus Granada dafür anreisten. Heute kommen Portugiesen aus dem ganzen Land. Nicht nur wegen der vielen Restaurants und *Farturas*-Stände, der Ausstellungen, des Marktes und des Jahrmarkts, sondern auch wegen der Musikevents. Drei Bühnen sind auf dem Gelände, jeden Tag sind Veranstaltungen. Wo kann man sonst schon für fünf Euro Pedro Abrunhosa und seine Band hören?

Die *Feira* findet jedes Jahr im August und September statt. Macht es außerhalb der *Feira de São Mateus* Sinn, Viseu zu besuchen?

Ich würde unglaublich gerne *Ja* schreiben, weil ich gerne in Viseu bin. Aber mir wird klar, dass die Stadt zwar eine hohe Lebensqualität hat, aber keine herausragenden touristischen Highlights bietet.

Die Lebensqualität ist allerdings wirklich hoch. Laut einer Studie der DECO, des Verbraucherverbandes, ist Viseu die Stadt mit der höchsten Lebensqualität in Portugal. Es gibt gleich drei Eisdielen, die auch nach deutschen Standards gute Eisbecher servieren, von After-Eight- bis Krokant-Becher, mit echter Sahne. Aber ich glaube nicht, dass das ein Kriterium der DECO-Studie war. Auch, dass man hier dank des Shopping Centers *Palácio do Gelo* das ganze Jahr über Schlittschuh laufen und seinen Cocktail in einer echten Eis-Bar mit Gletschereis trinken kann, hat vermutlich keine Rolle gespielt.

Da waren wohl eher andere Dinge ausschlaggebend. Vielleicht, dass der Verkehr auf Umgehungsstraßen ringförmig um die Stadt läuft und so nicht die Stadt verstopft. Oder dass der Verkehr bis auf wenige Ampeln im Zentrum ampelfrei läuft, weil alles über Kreisel geregelt wird, was das Fahren wirklich flüssiger macht, wenn man sich einmal daran gewöhnt hat. (Laut Wikipedia hat Viseu 197 Kreisel und ist somit die Stadt mit den meisten Kreiseln in Portugal.)

Vielleicht spielte auch eine Rolle, dass in der Innenstadt alle Fußgängerwege und Überwege durch entsprechende Markierungen im

Bodenbelag blindengerecht sind. Oder es sind die Parkplätze mit Steckdosen für das Laden der Elektro-Autos. Oder die immer frisch bepflanzten Blumenbeete. Oder die Springbrunnen. Oder die Fußgängerzone in der Altstadt. Was auch immer es war, Viseu ist damit jetzt schon zum zweiten Mal auf Platz eins gelandet.

Ein anderer Grund mag sein, dass es direkt am Stadtzentrum riesige kostenlose Parkplätze gibt. Und dass diese durch eine kostenlose Zahnradbahn mit der Kathedrale und dem historischen Zentrum verbunden sind. Für mich als Parkplatz-Dummie ein ganz entscheidendes Kriterium.

Sechs Wochen im Jahr wird diese große Parkfläche allerdings von der *Feira de São Mateus* blockiert. Da müssen wir alle ein Stückchen weiter draußen parken. Aber dafür, dass ein so traditionsreicher Markt stattfindet, nehme ich das gerne in Kauf.

90. GRUND

Weil die letzten Meter der Serra da Estrela ein Turm sind

Vielleicht kennen Sie den Film *Der Engländer, der auf einen Hügel stieg und von einem Berg herunterkam*. Er wurde 1995 gedreht, mit Hugh Grant als Vermesser in der Hauptrolle. In der Geschichte fehlen dem Berg 16 Fuß, um als Berg zu gelten und auf der Landkarte genannt zu werden. Die Serra da Estrela war zwar schon immer auf der Landkarte und ist sowieso das höchste Gebirge des portugiesischen Festlands, aber trotzdem wurde auf ihrer höchsten Stelle ein Turm von sieben Metern gebaut, die Torre, um auf runde 2.000 Meter zu kommen.

Die Torre in der Serra da Estrela ist nicht nur die höchste, sondern auch die kälteste Stelle Portugals. Minus 20 Grad können es hier werden. Hier oben an der Torre liegt der Schnee im Winter meterhoch, hier sind die Ski-Lifte und die Pisten. Das ist das Wintersportgebiet Portugals.

Aber selbst, wenn es nicht ganz so kalt ist, weht auf dem Gipfel ein eisiger Wind. Zum Glück werden in dem Souvenirshop mit Kunsthandwerk aus der Serra da Estrela neben Hausschuhen aus Lammfell, Wolljacken und allerlei touristischen Kinkerlitzchen auch dicke Mützen verkauft. Wahrscheinlich gehen die richtig gut. (Ich habe eine in Grün gekauft, die ich sofort aufgesetzt habe.)

In der Serra da Estrela werden nicht nur Ledersachen hergestellt und Jacken und Mützen gestrickt, hier werden auch Schinken und der berühmte *Queijo da Serra* produziert, der zu den sieben Wundern der portugiesischen Gastronomie gehört (alle gastronomischen Wunder in Grund Nr. 73). Außerdem werden ungewöhnliche Liköre hergestellt, wie zum Beispiel der *Licor de Castanhas*, der Kastanienlikör.

Wer Lust hat, mehr über die Serra da Estrela zu erfahren, sollte unbedingt das CISE in Seia besuchen. Das CISE – Centro de Interpretação da Serra da Estrela – ist ein hochmodernes Informationszentrum, in dem es um die geologische Beschaffenheit des Gebirges geht. Zunächst sieht man einen Film, dann geht es in einen Saal mit interaktiven Informationen, in dem es endlich mal Spaß macht zu lernen, weil man so viel anklicken kann.

Von Frühjahr bis Herbst kann man in der Serra da Estrela sehr gut wandern, und das Unternehmen *Aventuris* bietet unter anderem geführte Foto-Wanderungen mit einem renommierten Fotografen an. Die Landschaft wirkt auf den ersten Blick karg, aber es gibt Vegetation, darunter viele Heilpflanzen. Wer sich dafür interessiert, kann in der Touristeninformation von Seia sogar ein Buch über diese Heilpflanzen und ihre Wirkung kaufen.

Interessanterweise haben sich am südlichen Ende der Serra da Estrela eine ganze Reihe von Engländern und Niederländern niedergelassen. Viele sind finanziell unabhängig, aber es gibt auch einige, die ihren Lebensunterhalt mit Kunsthandwerk, Bio-Anbau oder Dienstleistungen verdienen. Eine Deutsche stellt Natur-Kosmetik aus den Heilpflanzen her, eine andere filzt Wolle, die sie mit Naturfarben färbt, andere produzieren Bio-Wein oder stellen Marmeladen her.

In dem kleinen Ort Midões in der Nähe von Tábua gibt es an jedem ersten Sonntag im Monat einen Markt, auf dem Kunsthandwerk und Bio-Produkte verkauft werden. An diesen Markttagen trifft sich die Szene der »Neu-Portugiesen«. Es gibt sogar eine Website für die Region, *e-beira.com*, auf der getauscht und gehandelt werden kann und Dienstleistungen angeboten werden können.

Warum diese Auswanderer in die Serra da Estrela gezogen sind? Vielleicht weil es hier relativ günstig die alten Natursteinhäuser zu erwerben gibt. Und natürlich auch, weil die Landschaft der Serra da Estrela einfach großartig ist.

PS: Und ob der Film mit Hugh Grant zuerst da war oder die Torre, und ob das eine das andere beeinflusst hat, und wenn ja, in welcher Reihenfolge, konnte ich leider trotz aller Recherchen nicht herausfinden.

KAPITEL 10

A cultura portuguesa – Kultur in Portugal

Weil das Lied *Grândola, Vila Morena* bekannter als die Nationalhymne ist

Wie jetzt? Das Lied *Grândola, Vila Morena* ist nicht die Nationalhymne? Nein, ist es nicht. Die Nationalhymne ist *A Portuguesa* und beginnt mit den Worten *Heróis do mar, nobre povo*, Helden des Meeres, edles Volk. Aber ich glaube, die wahre Nationalhymne, das Lied, das alle kennen, singen und schätzen, ist doch *Grândola, Vila Morena*:

Grândola, vila morena
Terra da fraternidade
O povo é quem mais ordena
Dentro de ti, ó cidade

Grândola, braun gebrannte Stadt
Land der Brüderlichkeit
Es ist das Volk, das bestimmt
In dir, oh Stadt

Das Lied stammt von dem Liedermacher José Afonso, aus seinem Album *Cantigas de Maio*. Wir hatten die Schallplatte aus Deutschland, und auf der Rückseite war sogar der Kontakt der Hamburger Solidaritätsgruppe für Portugal angegeben, einschließlich einer Kontonummer für Spenden. Das Album wurde 1971 in Paris aufgenommen, denn die Lieder José Afonsos waren in Portugal zur Zeit der Diktatur verboten.

Warum gerade Grândola?

Grândola liegt im Alentejo, und dort gehörte das Land den Großgrundbesitzern, die in Lissabon oder im Ausland lebten. Die riesigen Güter wurden von Verwaltern gemanagt. Die Landarbeiter, die auf den Gütern lebten, waren arm und machtlos. Die meisten Menschen auf dem Land konnten nicht lesen und schreiben, und ihr Verdienst, wenn man überhaupt von Verdienst sprechen kann, reichte praktisch nicht zum Leben.

Anfang der Neunzigerjahre habe ich so ein Gut in der Nähe von Grândola besichtigt, zusammen mit dem ehemaligen Vorarbeiter. Zu diesem Zeitpunkt war es schon jahrelang verlassen. Durch Eukalyptusanpflanzungen war der Grundwasserspiegel gesunken, die Brunnen waren ausgetrocknet und das Land verdorrt. Die Gebäude waren verwahrlost. Das Gebäude, in dem der Verwalter wohnte, hatte mehrere Räume. Im Garten gab es sogar einen Pool. Der Vorarbeiter wohnte in einem winzigen niedrigen Haus mit seiner Familie. Die Landarbeiter schliefen in einer langgestreckten Scheune, in einem Raum schliefen die Frauen und verheirateten Paare, in dem anderen die Männer.

Die Frau des Vorarbeiters musste – ohne Lohn – als Dienstmagd arbeiten, wenn die Herrschaft aus Lissabon kam. Dann band sie ihre Tochter auf einem Stuhl an, damit das Kind ruhig war. Die Herrschaft (hier passt das altmodische Wort) brachte oft eine Jagdgesellschaft mit. Sie jagten Hasen, Kaninchen und Vögel, während den Hunger leidenden Landarbeitern die Jagd verboten war.

Das sind die Bedingungen, aus denen der Widerstand geboren wurde. Es gab in Grândola – und natürlich auch an anderen Orten – Treffen der PCP, der kommunistischen Partei. Dieser politische Hintergrund erklärt, warum die PCP im Alentejo noch lange sehr stark vertreten war beziehungsweise noch ist. Und wahrscheinlich deswegen handelt das Lied José Afonsos von Grândola, der Stadt, in der sich Widerstand bildete.

Em cada esquina um amigo
Em cada rosto igualdade
Grândola, vila morena
Terra da fraternidade

An jeder Ecke ein Freund
In jedem Gesicht Gleichheit
Grândola, braun gebrannte Stadt
Land der Brüderlichkeit

Das war der berechtigte Traum, die Hoffnung. Und wegen dieses und seiner anderen Texte waren die Lieder José Afonsos verboten. Und deswegen wurde das Lied *Grândola, Vila Morena* zum Signal und Symbol der Revolution. Am Ortseingang von Grândola steht heute ein Denkmal für das Lied. Auf einer langen Mauer sind auf blau-weißen Kacheln Noten und Text abgebildet. In der Mitte der Mauer ist groß das Symbol der Nelke und die Worte: *Dá mais força à liberdade*, mehr Kraft der Freiheit.

Auch heute wird das Lied *Grândola, Vila Morena* wieder gesungen – auf Demonstrationen als Protest gegen die extremen Sparmaßnahmen der Regierung.

92. GRUND

Weil portugiesische Musik zum Träumen einlädt

Portugiesische Musik ist so vielfältig wie die portugiesische Landschaft. Es gibt alles. Von Folklore bis Fado, von Schlager bis Pop, von Rock bis HipHop. Von traditionellem Jazz bis zu experimentellem Jazz, wie wir ihn neulich im *Lugar do Capitão* in der Rua do Gonçalinho in Viseu gehört haben. Ein Trio bestehend aus einer Saxofonistin, einem Schlagzeuger und einer Zeichnerin. (Und die Freunde, die ich überredet habe, mit mir dahin zu gehen, werden so schnell nicht mehr mit mir zum Jazz gehen. Aber ich verstehe natürlich, dass es eine Herausforderung ist, wenn die Musikerin Wasser in ihr Saxofon gießt, damit es ordentlich gurgelt, der Schlagzeuger Geräusche wie Fingernagel auf Wandtafel erzeugt und das Ganze visuell von bunten Livezeichnungen begleitet wird.)

Wie gesagt, die Musik ist so vielfältig, dass es schwierig ist, einen kompletten Überblick zu geben, und deswegen nenne ich hier jetzt elf ganz persönliche Favoriten. Portugiesische Musik, die ich einfach schön finde. Und lassen Sie sich nicht von der Jazz-Geschichte oben abschrecken. Da wusste ich vorher auch nicht, was auf uns zukommt. Sonst hätte ich die anderen zumindest gewarnt.

- José Afonso: Natürlich – José Afonso. Unvergessen. *Der* portugiesische Sänger überhaupt. Sein bekanntestes Lied ist *Grândola, Vila Morena*, das Lied, das im Radio gespielt wurde als Zeichen dafür, dass die Revolution geglückt war (mehr dazu in Grund Nr. 91).

- Madredeus: Es begann 1987 in einer alten Klosterkirche. Vier Musiker und eine Sängerin musizieren und es entsteht eine CD: *Os Dias de Madredeus*, Die Tage von Madredeus (nach dem Namen der Kirche). Die Sängerin, Teresa Salgueiro, hat eine glasklare Stimme, die über allem zu schweben scheint. Es vereinen sich Elemente von traditioneller und zeitgenössischer Musik sowie klassischer Musik. Was entsteht, ist etwas völlig Neues, und es ist kein Wunder, dass Madredeus mittlerweile eine weltweit bekannte Musikgruppe ist. Ich hatte das große Glück, sie kurz nach der Gründung zu hören, in der Aula des Gymnasiums in Grândola, und wir bekamen Gänsehaut von der Musik.

- Rodrigo Leão: Rodrigo Leão war einer der Gründer von Madredeus, aber er trennte sich 1995 von der Gruppe. Musik macht er natürlich weiterhin. Mein Lieblingsalbum ist *Cinema*, mit Musik, die teils instrumental, teil mit Gesang zum Träumen einlädt.

- Vitorino: Einer der bekanntesten Sänger Portugals. Vitorino stammt aus dem Alentejo und nimmt in seiner Musik Elemente der Folklore auf. Sein Lied *Menina Estás à Janela* (Mädchen, stehst du am Fenster) ist ein Klassiker, den jeder in Portugal mitsingen kann.

- Rui Veloso: Auch schon lange dabei – seit 1980 – und immer noch aktiv. Bekannt und beliebt. Und die Doppel-CD *O Concerto Acústico* kann man immer wieder hören.

- Rão Kyao: Noch einer von den »Alten«, die immer noch in der Musikszene sind, und das seit 1975. Rão Kyao spielt Flöte und Saxofon. Seine Musik ist durch seine weltweiten Reisen wie zum Beispiel nach Indien und China von vielen Musikstilen beeinflusst, die er mit Elementen der traditionellen portugiesischen Musik mischt. Besonders schön ist (finde ich) seine CD *Fado bailado*, der getanzte Fado.

- Camané: Das ist ein relativ junger Fadosänger, er gilt als eine der wichtigsten Stimmen des jungen Fados. Seine Stimme ist weich, perfekt für die *Saudade*-gefüllten Texte seiner Lieder. Ein gutes Beispiel ist seine CD *Sempre de Mim* von 2008.

- Carlos Paredes: Die portugiesische Wikipedia bezeichnet ihn als unvergleichliches Symbol der portugiesischen Kultur, die deutsche Wikipedia nennt ihn einen Meister der portugiesischen Gitarre. Carlos Paredes starb vor ein paar Jahren, aber in diesem Fall stimmt das Klischee: Seine Musik wird unvergessen bleiben. Auch für mich. Ich habe ihn einmal im April in Grândola erleben dürfen, in einer Improvisation mit Carlos Martins, einem aus Grândola stammenden Saxofonisten. Unvergesslich.

- Deolinda: Nicht ganz mein Geschmack, aber sehr beliebt, besonders bei jungen Leuten, ist diese Gruppe, die ihre erste CD 2008 veröffentlicht hat, eine moderne Interpretation portugiesischer Folklore, mit der Sängerin Ana Bacalhau.

- Quinteto Paulo Lima: Paulo Lima und sein Quintett erfinden den Fado nicht neu, aber sie renovieren ihn gründlich, indem sie ihn verjazzen. Sie sind noch ganz am Anfang, aber was für ein Anfang. Und der Fado wirkt sehr viel weniger traurig, wenn Catarina Rocha ihn so schwungvoll singt.

- Maria João Pires: Die portugiesische Pianistin macht keine portugiesische Musik, sie spielt Klassik, und sie lebt jetzt in Brasilien. Aber ihre Aufnahmen der Nocturnen von Chopin sind Weltklasse, und somit ist sie eine bekannte portugiesische Musikerin.

Das ist eine sehr persönliche Auswahl, und es gibt noch so viel mehr gute Musik in Portugal … Deswegen am besten im nächsten Urlaub hier in ein Musikgeschäft gehen und sich durch die CDs hören!

93. GRUND

Weil in Portugal ein über Hundertjähriger noch Filme dreht

Das ist Portugal: Manoel de Oliveira ist 105 Jahre alt und arbeitet gerade an seinem neuesten Filmprojekt *O Velho do Restelo* (Der Alte von Restelo). Und auch das ist Portugal: Er kämpft dabei mit den üblichen finanziellen Schwierigkeiten, mit denen Filmemacher außerhalb des Mainstream-Kinos zu kämpfen haben. Man sollte meinen, dass eine Legende es leichter hätte, aber nein, das scheint nicht der Fall zu sein.

Manoel de Oliveira wurde 1908 in Porto geboren. Im September 1931 kam sein erster Film in die Kinos, im Jahr 2012 sein vorerst letzter Film. Mit anderen Worten: Der Mann ist mehr als ein Jahrhundert alt und dreht praktisch Filme, seit es den Tonfilm überhaupt gibt. Manoel de Oliveira schreibt nicht nur Filmgeschichte, er ist im Grunde Filmgeschichte. Von Filmkritikern wird er geschätzt, er hat in Portugal und im Ausland eine Art Kult-Status. Sogar Clint Eastwood (!) hat ihn schon öfter als sein Vorbild genannt, aber ein Massenpublikum erreichen seine Filme nicht.

Und wenn ich an meinen ersten Manoel-de-Oliveira-Film zurückdenke, kann ich das sogar verstehen. Den habe ich Anfang der Achtzigerjahre im Programmkino Metropolis in Hamburg gesehen. Der Film hieß: *Amor da Perdição* und ich saß volle sechs Stunden im Kino, gefühlt sogar eher zwölf. Am Anfang waren wir gut 20 Zuschauer, und am Ende war ich die Einzige im Kino. Und ich habe nur durchgehalten, weil ich damals a) nach Portugal auswandern wollte und b) daher Portugiesisch lernte und c) deswegen alles in mich aufsog, was mit dem Land zu tun hatte.

Sonst hätte ich wahrscheinlich genauso wie alle anderen aufgegeben und wäre auch gegangen. Nicht nur dass der Film 287 Minuten lang war, es gab auch noch nach jeder Rolle auf Anweisung des Regisseurs eine Pause. Also Rolle – Pause – Rolle – Pause – Rolle – und so weiter … Und das Publikum nutzte diese Pausen natürlich, um unauffällig zu verschwinden. Verständlicherweise, denn die Handlung zog sich in die Länge, bis es endlich nach sechs Stunden zu einem tragischen Ende kam.

Der deutsche Titel von *Amor de Perdição* heißt: *Das Verhängnis der Liebe*. Es ist die Verfilmung eines uralten Romans, geschrieben 1862 von Camilo Castelo Branco. Es ist eine reichlich verwickelte Geschichte von unerfüllter Liebe, und am Ende sind die drei Protagonisten tot. Teresa – mittlerweile im Kloster in Porto – stirbt in dem Moment, als Simão auf dem Schiff den Hafen verlässt, auf dem Weg in seine zehnjährige Verbannung nach Indien. Simão stirbt auf der Reise an Fieber. Und Mariana, die mit an Bord ist und ihn pflegt, weil sie ihn auch liebt, stürzt sich in den Tod, als Simão tot ist.

Die Geschichte spielt nicht nur in Coimbra und Porto, sondern zu großen Teilen auch in einer Stadt namens Viseu. Und das ist die Stadt, in der ich heute wohne. Und wenn ich das damals im Metropolis geahnt hätte, dann hätte ich sogar noch einen Grund d) gehabt, um bis zum Ende im Kino auszuharren.

94. GRUND

Weil Portugal eine schöne Filmkulisse ist

Eines Tages berichteten Freunde geschockt über eine Bausünde in der Nähe von Milfontes. Mitten in der Landschaft auf dem Weg nach Milfontes, gut sichtbar von der Straße, war praktisch über Nacht ein Gebäude entstanden, das wirklich überhaupt nicht in die Landschaft passte. Völlig fremder Baustil. Und das, obwohl wir im Alentejo wirklich strenge Bauvorschriften hatten. Wie war das passiert? Unfassbar! Da sah man doch mal wieder … Aber noch ehe wir uns alle so richtig aufregen konnten, erfuhren wir die Hintergründe dieses Baus.

Es war gar kein richtiges Haus, sondern eine Filmkulisse für *Das Geisterhaus*. Bille August verfilmte das berühmte Buch von Isabel Allende Anfang der Neunzigerjahre mit Meryl Streep, Glenn Close, Jeremy Irons und anderen. Die Drehorte waren der Alentejo und Lissabon.

Der unpassende Bau war also nach ein paar Wochen wieder verschwunden, und die Landschaft bei Milfontes sah wieder aus wie vorher. Als der Film in Lissabon anlief, hat ein Freund seine Mit-Kinogängerin (ein Date?) wahnsinnig gemacht, weil er bei jedem Lissabonner Schauplatz gesagt hat: »Das kenne ich, das ist da und da, da war ich schon.« Und seine Mit-Kinogängerin war reichlich genervt, weil sie vom Film nichts mitgekriegt hat. (Ist deswegen aus den beiden nichts geworden?)

20 Jahre später haben Bille August und Jeremy Irons wieder einen Film in Portugal gedreht. Dieses Mal den *Nachtzug nach Lissabon*, eine Verfilmung des Romans von Pascal Mercier. Es ist ein wunderbarer Film geworden.

Die Palette der in Lissabon gedrehten Filme geht von Literaturverfilmungen wie den eben genannten Filmen und *Erklärt Pereira* nach dem Roman von Antonio Tabucchi bis hin zu seichten Romantikkomödien wie *Liebe unter weißen Segeln* und *Sommer in Portugal*. Die beiden Letzteren sind natürlich keine große Filmgeschichte, aber immerhin werden traumhaft schöne Lissabon-Schauplätze gezeigt.

Andere berühmte Filme, die in Lissabon spielen, sind *Das Rußland-Haus*, *Peter Voss, der Millionendieb* und *James Bond 007 – Im Geheimdienst Ihrer Majestät*. Und das sind nur einige von vielen.

Selbstverständlich hat ganz Portugal Landschaft, die sich als Filmkulisse eignet. In dem alten Herrenhaus *Casa da Ínsua* in Penalva do Castelo spielt der portugiesische Spielfilm *Viúva rica solteira não fica* (Eine reiche Witwe bleibt nicht allein. Mehr zu diesem Film in Grund Nr. 12). Im Alentejo in der Nähe von Grândola hat Manoel de Oliveira seinen Film *Non, ou a Vã Glória de Mandar* (Non oder der vergängliche Ruhm der Herrschaft) gedreht. Und wenn meine Freundin und ich uns damals durchgesetzt hätten, hätten unsere Männer dort als Statisten mitgespielt. Aber sie haben sich geweigert, sich zu melden, weil sie der Meinung waren, es gebe keine Schuhe in ihrer Größe.

Bei Sehnsucht nach Portugal oder Lissabon gibt es also ein ganz einfaches Mittel. *In der weißen Stadt* mit Bruno Ganz ansehen, oder Wim Wenders' *Lisbon Story*. Oder einen der vielen anderen Filme, zum Beispiel einen der genannten.

Und schon ist es wieder wie im Urlaub. Sie sehen *Das Geisterhaus* und sind wieder im Alentejo oder in Lissabon. Sie werden alles wiedererkennen. Aber wenn Sie den Film in Begleitung sehen, ist es vielleicht klüger, das erst nach Ende des Films zu erzählen.

95. GRUND

Weil es für ein so kleines Land sehr große Literatur gibt

Im Juni 2001 war José Saramago zu Gast in der Bibliothek von Santiago do Cacém. In dieser Bibliothek gibt es einen großen Veranstaltungsraum, und dieser Raum war besetzt bis auf den letzten Platz. José Saramago war damals fast 80, und hatte ein paar Jahre vorher (1998) den Nobelpreis für Literatur bekommen.

Von diesem Abend habe ich etwas mitgenommen, was mir bis heute hilft. José Saramago sagte damals in seiner Rede, dass man sich immer folgende Frage stellen müsse: Wem nützt es? Ein so einfacher und grundlegender Ratschlag, dass ich ihn bis heute oft anwende.

José Saramagos Werk ist politisch, sein Standpunkt klar: Er ist aufseiten der sogenannten »kleinen« Leute, der Arbeiter, der Bauern, der Armen. Sein Roman *Hoffnung im Alentejo* von 1980 schildert die Geschichte einer Tagelöhner-Familie im Alentejo über vier Generationen und ist zusammen mit *Stadt der Blinden* wohl sein bekanntestes Buch.

Und jetzt wird es schwierig. So wenig Platz – so viele gute Schriftsteller.

Einer der bekanntesten portugiesischen Autoren war übrigens kein Portugiese, sondern Italiener, allerdings mit starken Verbindungen zu Portugal. Seine Name: Antonio Tabucchi. Sein bekanntestes Buch ist *Erklärt Pereira*, das 1995 mit Marcello Mastroianni in der Hauptrolle verfilmt wurde. Fast alle seine Bücher spielen in Portugal, aber sein portugiesischstes, das einzige übrigens, das er auch auf Portugiesisch geschrieben hat, ist das *Lissabonner Requiem*, eine Geschichte zwischen Wirklichkeit und Traum.

Antonio Tabucchi wiederum ist durch einen portugiesischen Schriftsteller zum Portugal-Fan geworden. Er hat sich als Student für die Heimfahrt mit dem Zug von Paris nach Italien am Kiosk etwas zum Lesen gekauft. Es war *A Tabacaria* von Fernando Pessoa, eine Entdeckung, die ihn sein Leben lang begleiten sollte, denn er wurde daraufhin Professor für Portugiesische Literatur. (Woher ich das weiß? Er hat es mir selbst erzählt.)

Der Anfang des Gedichts *A Tabacaria*, Der Tabakladen, geht so:

Não sou nada.
Nunca serei nada.
Não posso querer ser nada.
À parte isso, tenho em mim todos os sonhos do mundo.

Auf Deutsch bedeutet das in etwa:

Ich bin nichts.
Ich werde nie etwas sein.
Ich kann nicht wünschen, etwas zu sein.
Abgesehen davon trage ich in mir alle Träume der Welt.

Das sind die Worte des Dichters, der zu den bedeutendsten Autoren des 20. Jahrhunderts gehört. Eigentlich ist das Gedicht nicht von Fernando Pessoa – es ist von Álvaro de Campos, einem seiner Heteronyme. (Nicht zu verwechseln mit Pseudonymen, da tarnt sich der Autor hinter einem anderen Namen. Beim Heteronym schreibt er als eine andere Persönlichkeit.)

Und nun?

Das ist wirklich schwierig. Und das ist gut, denn es zeigt, wie viele lesenswerte Autoren Portugal hat. Zum Glück sind eine ganze Reihe von ihnen ins Deutsche übersetzt. So gibt es auf Deutsch die Romane und die Chroniken von António Lobo Antunes. Seine Chroniken erscheinen regelmäßig in der Zeitschrift *Visão* und sind wunderbare Vignetten über das Leben, eine Mischung aus komisch und traurig. Außerdem die Gedichte von Sophia de Mello Breyner Andresen. Und die Romane von Lídia Jorge. Und das witzige *Hotel Lusitano* von Rui Zink. Und …

Und noch viel mehr …

1997 war Portugal Gastland auf der Frankfurter Buchmesse, das ist insofern schade, als es lange dauern wird, bis es wieder Gastland wird.

96. GRUND

Weil es in Portugal gleich drei Tageszeitungen gibt, die über Fußball berichten

Ehrlich gesagt, ich habe nie verstanden, warum 22 Männer oder Frauen hinter einem Ball herrennen und alle mitfiebern. Mein einziger Zugang zu Fußball ist, dass ich bei der Fußball-Europameisterschaft 2004 die Endspiele gesehen habe. Im Café im Dorf. Wie alle. Da war ja das ganze Land im Fußballfieber, das steckte natürlich an. Die sonst eher zurückhaltenden Portugiesen hängten im ganzen Land Fahnen aus den Fenstern, sogar aus den Autofenstern.

Hupende Autos fuhren im Konvoi durch die Städte. *Goooooooolo*-Schreie kamen aus den offenen Fenstern. Dann kam das Endspiel. Große Erwartung.

Und dann – große Enttäuschung.

1:0 für Griechenland. Portugal hat im Endspiel verloren. Die Fahnen hingen einfach noch eine ganze Weile weiter in den Fenstern. Manche hängen bis heute, wie zum Beispiel in diesem Haus in Porto in der Nähe des Bahnhofs *São Bento*.

Zehn Stadien hat Portugal für das Ereignis neu gebaut beziehungsweise runderneuert, mit Plätzen für 376.000 Zuschauer.

Das hat das Land 665 Millionen Euro gekostet. Wenn ich nach Aveiro fahre, komme ich an dem kunterbunten *Estádio Municipal* vorbei, dem Stadion, das hier für die EM gebaut wurde. Ein architektonisch abgedrehter Bau, der 30.000 Zuschauer fasst. Dreieinhalb Millionen kostet sein Erhalt die Stadt. Jährlich. Kein Wunder, dass sie überlegt, das Stadion abzureißen.

Nichts davon hält die fußballbegeisterten Portugiesen ab, sich weiterhin für Fußball zu begeistern. Jeden Tag berichten drei (!) Fußballzeitungen über den Sport.

A Bola, *Record* und *O Jogo*. Für jeden der drei großen Fußballvereine eine. Die Benfica-Fans lesen *A Bola*. Die Sporting-Fans lesen *Record*. Die FC-Porto-Fans lesen *O Jogo*. Dabei wäre das im Grunde nicht nötig, da alle drei ausgewogen und seriös über das Fußball-Geschehen berichten. Bei allen steht der Fußball im Vordergrund, aber es wird auch über andere Sportarten berichtet. Das ist nicht meine Meinung, sondern die Meinung eines Mannes, der seit Jahren konsequent Fußball schaut, und zwar in Deutschland und in Portugal, und der sich daher bestens auskennt. (Das Thema ist mir so fremd, da musste ich eine Expertenmeinung einholen. Ein dickes Dankeschön an Bruno!)

Praktischerweise kann man in Portugal die Fans der jeweiligen Vereine an den Farben unterscheiden. Der Fußballverein Benfica ist in Lissabon, wurde 1904 gegründet, und seine Farbe ist Rot. Angeblich soll es weltweit 14 Millionen *Benfiquistas* geben, also mehr als ganz Portugal an Einwohnern hat. Aber es leben ja viele Portugiesen im Ausland, und die halten ihrem Verein anscheinend auch aus der Ferne die Treue. Sporting hat seinen Sitz ebenfalls in Lissabon, wurde 1906 gegründet und hat die Farbe Grün. Allerdings gibt es weltweit nur drei Millionen *Sportinguistas*. Der FC Porto wurde 1893 gegründet. Er ist mit insgesamt 74 offiziellen Titeln (darunter 27 Meisterschaften und zwei Landesmeister- / Champions-League-Siege) der erfolgreichste portugiesische Fußballverein. Die Farbe des FC Porto ist Blau.

Und als ich einmal mit einem blauen Reisewecker bei meiner Freundin Maria in Lissabon ankam, sagte sie nur: »Tja, wenn du einen FC-Porto-Wecker haben willst ...«

Dafür haben Benfica und Sporting die bekannteren Fußballer. Portugiesische Fußballer wie Eusébio, Luís Figo und Cristiano Ronaldo kennen selbst Fußball-Laien wie ich.

Eusébio, der zu den besten Fußballerspielern aller Zeiten gehört, hat bei Benfica gespielt. Als er im Januar 2014 stirbt, ruft Portugal eine dreitägige Staatstrauer aus. Das portugiesische Fernsehen zeigt Sondersendungen, und die Wochenzeitschrift *Visão* bringt eine Sonderausgabe heraus.

Luís Figo hat bei Sporting gespielt. Er zählte immerhin zu den 100 besten Fußballern der Welt. Auch Cristiano Ronaldo hat bei Sporting gespielt. Aktuell ist er der teuerste Fußballer der Welt sowie Weltfußballer des Jahres 2013. Über ihn wird nicht nur in den Fußballzeitungen berichtet, sondern weil er so gut aussieht und so ein interessantes Privatleben hat, taucht er auch in der normalen Klatschpresse immer wieder auf. (Mit wem ist er gerade zusammen? Und von wem hat er dieses Kind? Ist es wirklich diese junge Engländerin? Stimmt es, dass sie elf Millionen dafür bekommen hat, dass sie auf das Kind verzichtet? Und ist es wahr, dass sie das Baby jetzt zurückhaben will und dafür auch was von dem Geld wieder rausrücken will? Es werden die wildesten Spekulationen angestellt.)

Eins der zehn für die Europameisterschaft gebauten Stadien ist das *Estádio do Dragão* in Porto. Dort ist Platz für 50.000 Zuschauer, und es gehört zu den modernsten Stadien Europas – fünf Sterne von der UEFA.

In diesem Stadion gibt es jetzt ein Fußballmuseum, das *Museu do Futebol Clube do Porto*. In einem Artikel der *Time Out* heißt es, man müsse kein Fußballfan sein, um ein Museum zu bewundern, das ganz einem Fußballclub gewidmet ist. Mit anderen Worten: Es wäre auch etwas für Laien wie mich. Und für FC-Porto-Fans ist es natürlich ein Muss.

97. GRUND

Weil es noch portugiesische Produkte gibt

Natürlich gibt es in Portugal wie überall auf der Welt die Ware aus China und anderswo. Und auch die Andenken, die in den Souvenirshops in Lissabon, Porto und Fátima angeboten werden, kommen größtenteils nicht aus Portugal. Die ganzen Hähne und Plastik-Madonnen – alle aus China.

Aber hier – hier sehen wir ein paar traditionelle Produkte im Schaufenster. Wir sind in der Rua Direita in der Altstadt von Viseu. Hier gibt es noch Läden, die den Sprung in die Neuzeit trotz Einkaufszentren und großen Supermärkten überlebt haben. Sie bieten immer noch die alten Produkte an.

»Das hat meine Mutter immer benutzt«, sagt Lena und zeigt auf *Pasta Dentífrica Couto*, Zahnpasta, und *Benamôr Creme*, eine Hautcreme.

Es gibt ein paar Produkte, die sich trotz der Invasion der EU gehalten haben. Wie schrieb eine spanische Zeitung damals nach dem Beitritt Spaniens zur EU so schön: Nicht Spanien ist in die EU eingetreten, sondern die EU ist in Spanien eingefallen. In Portugal war es genauso. Von einem Tag auf den anderen gab es all die Sachen, die wir so schmerzlich vermisst hatten. Und die *Sombrinha de Chocolate Regina*, der Schokoladen-Sonnenschirm der Marke Regina, und *Jubilee*-Schokolade wurden durch Milka, Mars und Snickers ersetzt.

Aber ein paar traditionelle portugiesische Produkte haben die Invasion überlebt. Es gibt immer noch die *Rebuçados Peitorais Dr Bayard*, die Hustenbonbons mit dem wunderbar almodischen Design: vier gezeichnete Porträts von Hustenden jeder Altersstufe. Oder die Bonbons *Granja San Francisco*, die Honigbonbons von 1934 mit dem schönen Slogan *O seu mel de bolso*, Ihr Honig in der Hosentasche.

Manches ist auch aus den Läden verschwunden, kann jetzt aber online bestellt werden. *Farinha 33* zum Beispiel, ein Brei, den unsere Angestellte Maria Luísa immer zubereitete, wenn sie sich schwach oder kränklich fühlte. Ich versuche zunächst, *Farinha 33* im Laden zu kaufen, um den Geschmack zu testen. Vergeblich. *Farinha*, Mehl, gibt es dort drüben, sagt die junge Verkäuferin im dritten Laden. Ja, aber was ist mit *Farinha 33*? Doch davon hat sie noch nie gehört. Nach einer Weile finde ich es online. Auf der Webseite von *A Vida Portuguesa*.

Ein Besuch auf *avidaportuguesa.com* ist wie eine Zeitreise. Ich sehe mir das Angebot an und stehe in Gedanken wieder in dem kleinen Laden von Melides Anfang der Achtzigerjahre. Ja – genau das lag da in den Regalen. Sogar den DIN-A6-Notizblock mit der Abbildung des Torre de Belém auf dem Cover kann man bestellen. Und *Xarope de Groselha*, den Johannisbeersirup. Da kommen sofort Erinnerungen hoch. Wie oft haben Isabel und ich früher diese *Imperais Groselha* im *Café Central* getrunken, gezapftes Bier mit Johannisbeersirup. (Weiß gar nicht, ob ich das heute noch trinken möchte.)

Einige Produkte waren aus der Mode, werden aber wieder neu entdeckt. In Viseu oben in der Altstadt hat vor wenigen Monaten eine Seifenfabrik aufgemacht. Hier werden jetzt Seifen hergestellt, aus Holzkohle mit Rosmarin, aus Olivenöl, aus Ziegenmilch oder aus Honig und Wachs. Die Rezepte sind alt, aber die Illustration auf der Verpackung ist modern, gestaltet von einem lokalen Künstler.

Ein echter Klassiker ist übrigens der *Atum Bom Petisco*. Die gelbe Fischbüchse mit der blau-weißen Schrift ist seit 50 Jahren Teil des portugiesischen Lebens. Es ist schlicht und einfach Thunfisch in Öl. Das Design ist nie verändert worden. Warum etwas ändern, was perfekt ist?

Conserva o que é bom, heißt der Slogan zum 50. Geburtstag der Thunfischdose *Bom Petisco*. Das kann man auf zwei Arten übersetzen.

Conserva o que é bom – konserviere, was gut ist. Mit Bezug auf die Konservierung des guten Thunfisches in einer Dose.

Conserva o que é bom – erhalte, was gut ist. Das kann der Satz auch bedeuten. Und so hoffe ich einfach, dass die traditionellen Produkte, die gut sind, noch lange erhalten bleiben.

98. GRUND

Weil Portugiesisch eine Weltsprache ist

Das Schöne am Portugiesischen ist, dass man in dieser Sprache nicht für immer tot ist. *Ele está morto* – er ist tot. Nur: Es ist das vorübergehende *sein*. Denn es gibt das deutsche Verb *sein* im Portugiesischen zweimal: als *ser* und *estar*.

Und jetzt folgt hier leider ein bisschen Grammatik. (Tut mir leid. Es ist auch nur ganz kurz. Versprochen.) Es gibt also das *sein* im Sinne von *ser*, sein für immer, wie zum Beispiel in:

Ele é um homem – er ist ein Mann.

Ela é uma mulher – sie ist eine Frau.

Ele é professor – er ist Lehrer. Ja, hier wird *ser* benutzt, obwohl der Betreffende den Lehrerberuf nicht für immer und ewig ausüben wird, aller Wahrscheinlichkeit nach.

Und es gibt das *sein* im Sinne von *estar*, also vorübergehend.

Ela está em casa – sie ist zu Hause. Also jetzt.

Ela é bonita – sie ist hübsch. Immer. Sie sieht einfach gut aus.

Ela está bonita – sie ist hübsch. Heute. Sie hat sich herausgeputzt.

Alles klar? Das ist der Unterschied. Es ist der Unterschied zwischen *ser doente* und *estar doente*. Beim ersten »krank sein« handelt es sich um eine chronische Krankheit, beim zweiten geht es vorüber.

So und nun zurück zu: *estar morto*.

Ele está morto.

Interessant, nicht wahr? (Okay, ich weiß, ich bewege mich hier auf dünnem Eis. Ich konnte meine portugiesische Freundin Elsa nicht davon überzeugen. Das Maximale, was ich rausholen konnte, war das Eingeständnis, dass sie es vermeidet, diesen Ausdruck zu benutzen. Sie sagt lieber: *Ele morreu*, er ist gestorben.)

Es heißt, Portugiesisch sei schwer zu lernen. Ja, leider, ich glaube, das stimmt. Aber dafür lohnt es sich. Portugiesisch ist eine Weltsprache, die 215 Millionen Menschen als Muttersprache haben, die meisten davon in Brasilien, nämlich 190 Millionen. Brasilianisch ist etwas anders in der Aussprache und Grammatik, aber Portugiesen können Brasilianer verstehen (und umgekehrt). Dass in Portugal fast täglich mindestens eine brasilianische Telenovela läuft, trägt natürlich zum Verständnis bei.

Bei mir war es hauptsächlich mein brasilianischer Zahnarzt, der dafür gesorgt hat, dass mein Brasilianisch-Verständnis sich verbessert hat. So habe ich die brasilianische Aussprache (zumindest passiv) gelernt. Zahn sieben ist also in der brasilianischen Aussprache nicht *dente sete* wie im Portugiesischen, sondern *däntschi sätschi*. Und während ich mit offenem Mund litt, erfuhr ich gleich noch etwas über die Lebensverhältnisse in Brasilien. Der Zahnarzt Marcelo war mit seiner Familie aus Brasilien nach Portugal gekommen, weil die Lebensbedingungen in Portugal so viel besser waren. Nicht nur vom Verdienst her, sondern auch weil schon jeder in seiner Familie in Brasilien mindestens einmal überfallen worden oder Opfer eines Einbruchs geworden war.

Aber es gibt noch eine ganze Reihe von anderen Ländern, in denen portugiesisch gesprochen wird. In einigen afrikanischen Ländern wie zum Beispiel Angola und Mosambik, in einigen asiatischen Ländern wie zum Beispiel Ost-Timor und Macao. Und außerdem in europäischen Ländern wie Andorra und Luxemburg.

Andorra und Luxemburg? Ja, in Andorra sind elf Prozent portugiesische Muttersprachler, in Luxemburg sind es sogar 14 Prozent der Bevölkerung.

Es lohnt sich aber nicht nur, Portugiesisch zu lernen, weil es eine Weltsprache ist und man sich in vielen Ländern der Welt damit durchschlagen kann, sondern auch, weil es eine Sprache ist, die Spaß macht. Eine Sprache, mit der man spielen kann.

Es gibt Verkleinerungen und Vergrößerungen.

Hier das Beispiel: *casa* heißt Haus. *Casinha* oder *casita* ist ein kleines Haus, *casão* ein großes.

Es gibt Verstärkungen. *Muito* heißt viel, *muitíssimo* heißt sehr viel.

Ich habe mal einen Freund gefragt, wie es seiner Frau gehe, und er sagte: *Ela está gravidíssima.* Sie ist schwanger. (Haben Sie es bemerkt? *Está* – vorübergehend!). Und *gravidíssima* ist bestimmt nicht der Anfang einer Schwangerschaft, sondern wohl mindestens der achte oder neunte Monat – sehr schwanger sozusagen.

Ich könnte jetzt hier noch eine ganze Reihe von Beispielen bringen. Ja, Portugiesisch ist eine tolle Sprache. Ja, sie ist schwer zu lernen. Doch es lohnt sich. Aber ich mache hier lieber Schluss. Und dafür, dass Sie mir bis hierher gefolgt sind, trotz trockener Grammatik, sage ich: *Mil obrigadinhas!*

Mil bedeutet tausend, *obrigada* heißt danke. Und die *obrigadinhas*? Das sind natürlich die Dankeschönchen.

99. GRUND

Weil ein einsamer alter Mann zu einer Legende wurde

»Die Einsamkeit ist eine üble Dame, die mich in der Leere der Wände meiner Wohnung verfolgt. Um ihr zu entkommen, komme ich hierher. Winken ist meine Art, zu kommunizieren und die Menschen zu spüren«, hat João Manuel Serra in einem Interview in der Wochenzeitschrift *Expresso* gesagt.

João Manuel Serra ist der *Senhor do Adeus*, der Mann, der winkt. Er wurde noch zu Lebzeiten zur Legende, weil er auf der Praça do Saldanha in der Lissabonner Innenstadt den vorbeifahrenden Autos zuwinkte.

»Wenn man mich für verrückt hält, das ist mir egal. Ich kenne meine Einsamkeit«, erklärt er weiterhin in dem Interview.

Es begann nach dem Tod seiner Mutter. João Manuel Serra fühlte sich allein. Um weniger einsam zu sein, fing er an, den Autos am Saldanha zuzuwinken. Abend für Abend geht er dorthin und winkt. Ein älterer Herr mit weißen Haaren und Brille, immer tadellos gekleidet, der am Straßenrand steht und seinen Arm zum Gruß hebt. Er ist ein Filmliebhaber, sonntags geht er mit Freunden ins Kino. Es ist also nicht so, dass er niemanden kennt. Und trotzdem ist da diese Einsamkeit der leeren Wohnung.

Nach einer Weile kennt ihn das ganze Land. João Manuel Serra wird so berühmt, dass er in einer Comic-Serie auftaucht und sogar in einem Film mitspielt. Es ist ein portugiesischer Film mit einem englischen Titel: *I'll See You In My Dreams* (Ich werde dich in meinen Träumen sehen). Und er spielt auch in der TV-Serie *O Mundo Catita* mit. Übersetzt: Urige Welt.

Als er 2010 im Alter von 79 Jahren stirbt, berichtet das Fernsehen über ihn und die Zeitungen schreiben einen Nachruf.

Seit ein paar Jahren macht die GNR, die Polizei, jährlich eine »Razzia«, bei der sie ältere Mitbürger aufsucht, um ihre Wohn- und Lebenssituation zu überprüfen. Über 28.000 alte Menschen leben in Lissabon allein oder isoliert. Aber was ist die Lösung für dieses Problem?

João Manuel Serra hat eine Lösung für sich gefunden. Er ist nach draußen gegangen und hat den vorbeifahrenden Autos zugewunken. Er wurde bekannt und wird unvergessen bleiben als der *Senhor do Adeus*.

Weil es angenehm ist, im Land der *brandos costumes*, der sanften Umgangsformen, zu leben

Das Paar vor mir an der Kasse im Supermarkt wird laut. Der Mann ist jetzt richtig ärgerlich. Er zeigt wütend auf den Kassenbon. Er beugt sich drohend in Richtung Kassiererin. Seine Stimme ist aggressiv. »Das zahle ich nicht. Unverschämtheit. Die wollen mich hier betrügen!«

Er beschimpft die Verkäuferin in einer Mischung aus heftigem Deutsch und portugiesischen Brocken. Es ist ein deutsches Paar in einem portugiesischen Supermarkt. Die Kassiererin guckt hilflos. Alle anderen im Laden sind betreten. Ich weiß nicht, was ich machen soll.

Mir ist peinlich, wie das deutsche Paar sich verhält. In Portugal wird man nicht laut, das gehört sich nicht. Hier sind allenfalls Kinder laut, oder Betrunkene. Oder geistig Behinderte. Dann schütteln alle rücksichtsvoll den Kopf und sagen *Coitadinho*. Der Arme, er kann nichts dafür.

»Entschuldigen Sie, könnten Sie noch mal die Rechnung kontrollieren, da scheint etwas nicht zu stimmen«, das wäre die portugiesische Variante. Mit normaler Lautstärke und in freundlichem Ton gesprochen. Selbst, wenn es den Verdacht gibt, dass der andere versucht hat, einen zu behumpsen.

»Die Portus nehmen alles hin«, sagen manche Deutsche.

»Die Tugas lassen sich alles gefallen«, hört man immer wieder.

»Die Portugiesen wehren sich einfach nicht«, sagen viele Menschen aus anderen Ländern.

Aber das stimmt so nicht. Sie wehren sich nur anders. Sie stimmen mit Worten zu und den Füßen ab, um es mal so auszudrücken. Sie sagen *Ja* und handeln *Nein*. Aber es ist gegen die portugiesische Etikette, in der Öffentlichkeit laut zu werden.

Ich überlege im Supermarkt noch eine Weile, ob ich eingreifen soll oder nicht. Einerseits geht es mich nichts an. Andererseits könnte ich übersetzen und vielleicht helfen. Also gut. Ich entschließe mich zum Übersetzen. Ich spreche das Paar an. Jetzt gießen sie ihren ganzen Ärger über mir aus, als ob ich mit dran schuld wäre. Ich fühle mich, als ob mir jemand einen Eimer kaltes Wasser über den Kopf schüttet. Ich übersetze trotzdem. Letzten Endes ist es ein Irrtum, die Kassiererin hat etwas falsch eingegeben. Es war keine Absicht, auch wenn das deutsche Paar das vielleicht nie glauben wird. Der Fehler wird korrigiert. Das deutsche Paar verlässt den Laden.

Die »Portus« und »Tugas« im Laden sehen sich an. Sie schütteln unmerklich den Kopf. Es kommen keine Kommentare. Aber die Gesichter sagen alles. Das hier eben war so richtig daneben.

Läuft das Zusammenleben besser, wenn alle auf »ihr gutes Recht« pochen? Oder ist das Zusammenleben einfacher, wenn man fünf gerade sein lässt und jeder sein Gesicht wahren darf? Ist es feige, dem anderen nicht ins Gesicht zu sagen, was man von ihm hält? Ja, das ist es. Aber es ist auch rücksichtsvoll.

Oder ist es vielleicht doch ein Nachteil, wenn ein Volk sich so wenig wehrt? Was würde in anderen Ländern passieren, wenn es den extremen Sparmaßnahmen ausgesetzt wäre, die in Portugal zur Zeit laufen? Wie würden andere Nationen reagieren, wenn ihnen jedes Jahr zehn Prozent der Rente gestrichen würden? Die Gehälter gesenkt und die Steuern erhöht?

Neulich war in Aveiro eine Demonstration gegen die Sparmaßnahmen angekündigt. Es war ein sonniger Tag. Alle waren in Aveiro unterwegs. Wir haben alle die Demo gesehen. Es waren um die 40 Leute, die tapfer ihre Plakate durch die Stadt trugen. Wir trafen verschiedene Freunde und Bekannte und das Gespräch lief jedes Mal so ab.

»Hast du die Demo gesehen? Gerade mal 40 Leute, eine Schande, dass da so wenige hingehen.«

Da waren wir uns alle einig. Eine Schande. Wir selbst waren allerdings auch nicht dabei. Zum Glück für uns alle gibt es jetzt auch manchmal Demos, an denen mehr Leute teilnehmen.

É um pais de brandos costumes, sagen die Portugiesen von ihrem Land, ein Land der sanften Umgangsformen. Das heißt nicht, dass in Portugal alles Friede-Freude-Eierkuchen ist. Es gibt auch hier die überall leider üblichen Gewalttaten. Aber im Großen und Ganzen macht die portugiesische Art der *brandos costumes* das Zusammenleben sehr viel angenehmer. Und oft ist es übrigens gerade das, was Urlauber an Portugal schätzen. Bis zu dem Tag, an dem sie denken, dass sie irgendwo im Supermarkt oder Restaurant betrogen werden und auf ihr gutes Recht pochen.

Doch für mich sind die *brandos costumes*, die sanften Umgangsformen, ganz eindeutig ein Grund, Portugal zu lieben, der Ton ist freundlicher und das Leben angenehmer.

KAPITEL 11

A vida noturna – Ausgehen, Feiern, Feste & Co.

Weil es in Portugal viele Möglichkeiten gibt, das Nachtleben zu gestalten

In Portugal gibt es viele Möglichkeiten der Abendgestaltung. Hier ein paar Vorschläge, ich hoffe, es ist etwas für Sie dabei (mit Ausnahme des letzten Vorschlags natürlich):

Die Strände: Bis morgens um fünf am Strand versacken? Kein Problem in Portugal. Der Strand ist in Portugal nämlich nicht nur zum Sonnen und Schwimmen da, sondern hier spielt sich auch das Nachtleben ab. Überall an den Stränden sind Bars entstanden, in denen man seinen Sundowner trinken und sogar essen kann. 934 Kilometer mit unzähligen Strandbars, Cafés und Restaurants, von günstig bis teuer, von einfach bis edel – da ist für jeden etwas dabei.

- Die *Esplanadas*: Es gibt kaum etwas Schöneres, als an einem warmen Sommerabend auf einer *Esplanada* zu sitzen. Entweder leger wie am *Miradouro Santa Catarina* oder etwas edler wie auf der *Esplanada* des *Hotel Mundial* (beides in Lissabon). *Esplanadas* gibt es überall, und zahlreiche Zeitschriften veröffentlichen zum Sommeranfang eine Liste der Locations, die gerade angesagt sind.

- Discos: Auch Discos gibt es überall. Allerdings hat es wenig Sinn, dort vor ein oder zwei Uhr nachts aufzutauchen (mehr zum Rhythmus des portugiesischen Nachtlebens in den Gründen Nr. 102 und Nr. 103).

- Musikfestivals: Im Sommer finden in Portugal einige Musikfestivals statt. Die bekanntesten sind *Rock in Rio* in Lissabon, *Músicas do Mundo* in Sines und das *Festival Sudoeste* an der Costa Vincentina im Alentejo. Für diejenigen, die nicht nur zuhören möchten, gibt es das *Festival Andanças*, eine Woche Veranstaltungen und Workshops mit Volkstänzen aus aller Welt, Musik und Workshops für Kinder.

- Konzerte: Von Leonard Cohen bis Gotan Project, Stacy Kent, Diana Krall, Justin Bieber oder wer auch immer. Alle bekannten Musiker geben in Portugal regelmäßig Konzerte, die meisten allerdings nur in Lissabon und Porto. Karten dafür gibt es in ganz Portugal bei den *Correios*, also auf der Post, und in den Filialen der Buchhandlung *fnac*.

- Theater: In Lissabon und Porto ist theatermäßig natürlich das meiste los. Aber auch mittelgroße Städte haben ein städtisches Theater, und viele Stücke gehen auf Tournee und werden auch in den Provinz-Theatern gezeigt. Und bei modernen Stücken wie zum Beispiel beim Tanz-Theater geht es ja auch ohne Sprachkenntnisse.

- Kino: Im Urlaub ins Kino? Ja, warum eigentlich nicht. In Portugal sind die Filme normalerweise nicht synchronisiert, sondern nur untertitelt. Bis auf die Kinderfilme laufen also alle Filme in der Originalsprache, und das bedeutet heutzutage, dass die meisten Filme auf Englisch sind. Und da die zeitaufwendige Synchronisierung wegfällt, sind die Filme oft sogar früher im Kino als in Deutschland.

- Alte *Tascas*: Natürlich wird es diese alten *Tascas*, diese kleinen, alten, etwas schmuddeligen Kneipen, nicht mehr lange geben. Aber noch sind sie da. Solche *Tascas*, in denen es noch so aussieht wie vor 100 Jahren, findet man in der Alfama und in den historischen Zentren alter Städte. Hier ist der Tresen aus gesprungenem Marmor und die Holzstühle sind wacklig. Das Wirtspaar hinter dem Tresen ist schon älter. Und die Preise für ein Glas Wein oder Portwein für deutsche Verhältnisse spottbillig. Es lohnt sich schon wegen des Ambientes. Denn in diesen *Tascas* lebt noch das »alte« Portugal.

- *Feiras*: Viele Städte haben einmal im Jahr eine große *Feira*, Messen, die einerseits große Verkaufsschauen sind, aber andererseits oft sehr gute Musikveranstaltungen haben. Selbst die kleine Stadt Vouzela hat ihre Festa do Castelo im August, wo nicht nur Kunsthandwerk der Region verkauft wird, sondern jeden Abend ein Konzert stattfindet, mit bekannten Künstlern wie zum Beispiel *Camané* oder *Ana Moura*.

- Mittelaltermärkte: In vielen Städten finden im Sommer *Feiras Medievais* statt, mittelalterliche Märkte. Essen wie früher, und dazu Shows mit Derwischen, Feuerschluckern und Fakiren. Den Derwisch fand ich beeindruckend. Aber dann würgte der Fakir seinen hageren Körper durch einen Tennisschläger. Und als er anfing, Zuschauer aus dem Publikum zu holen, die ihm lange Nadeln durch das Fleisch stachen, bin ich lieber gegangen.

- *Os Bares de Alterne*: Die *Bares de Alterne* erwähne ich hier nur der Vollständigkeit halber, aber ich empfehle sie natürlich nicht. Das sind die Animierbars. Es gibt in Portugal viele dieser Bars, die Mädchen beziehungsweise Frauen wechseln oft von einer Bar zur nächsten, und das Ganze ist, wie wohl alles in diesem Gewerbe, in einer Grauzone zwischen legal und illegal. Sowohl am Strand von Melides als auch von Santo André gab es diese »Anmachschuppen«. Und ab und an machte mal wieder die Geschichte eines Mannes die Runde, der dort gründlich ausgenommen wurde. So wie die Geschichte von dem Norweger, der erst im Krankenhaus von Santiago do Cacém wieder zu sich kam. Oder die des alten Mannes aus Vale Figueira, der dort an einem einzigen Abend seinen Anteil aus einem Hausverkauf durchbrachte.

102. GRUND

Weil das Nachtleben wirklich nachts stattfindet

In einer Bar oben in der Graça in Lissabon hat mir spätnachts mal ein junger Portugiese den Rhythmus des Lissabonner Nachtlebens erklärt. (Nachdem er seinen Schock darüber überwunden hatte, dass ich im Alentejo wohnte, ohne einen Swimmingpool zu haben. In seinen Augen eine Mischung aus Mut und Wahnsinn.)

Das Lissabonner Nachtleben beginnt im Restaurant, mit einem Abendessen mit Freunden, das so um acht oder neun Uhr anfängt und um zehn endet. Danach geht es bis nach Mitternacht in eine Bar, dann in die Diskothek. Morgens um sechs Uhr geht man nach Hause, duscht sich, und dann geht es zur Arbeit.

Aha, dachte ich, das erklärt vieles. Ich hatte mich oft über die langsamen Verkäufer und ihre dunklen Ringe um die Augen gewundert.

Ich selbst habe später die Erfahrung gemacht, dass man morgens um sechs nicht gleich nach Hause gehen muss. In Lissabon haben wir die Ausgeh-Nacht in der Markthalle in der Nähe des Cais do Sodré ausklingen lassen. Dort treffen in den frühen Morgenstunden Nachtschwärmer und Marktbetreiber aufeinander. Die Marktbetreiber laden Blumen und Waren aus und beginnen ihren Tag. Die Nachtschwärmer beenden ihren Tag bei heißer Suppe und Kaffee.

Nächte in Aveiro haben einen ähnlichen Ablauf. Von acht bis zehn Uhr essen gehen, von zehn bis zwei Uhr morgens auf den *Mercado do Peixe*, den Fischmarkt in der Innenstadt. Danach in die Disco.

Das bedeutet, man braucht wirklich Durchhaltevermögen, um so eine portugiesische Nacht durchzustehen. In einer Studie über die Schlaf- beziehungsweise Zubettgehgewohnheiten der Europäer habe ich mal gelesen, dass die Portugiesen diejenigen in Europa sind, die am spätesten ins Bett gehen. (Was mich wundert – was ist mit den Spaniern? Die sind doch nachts auch auf der Straße …)

Diese Art von Nachtleben findet logischerweise hauptsächlich in Städten mit Uni statt. Und natürlich an der Algarve. Man muss jung und fit sein, um dieses Nachtleben mitzumachen. Und deswegen kann ich leider keine aktuellen Berichte aus erster Hand liefern.

Ich weiß nur so viel: Als ich neulich nachts um halb drei das *Casa de Chá*, das Teehaus am Fischmarkt in Aveiro, verließ, war ich eine der Ersten. Der Patio war voll, eine Bluesband spielte und die Stimmung war gut. Als wir nach einem Abend mit Freunden in Viseu nach Hause fuhren, kamen wir nach Mitternacht an einem Club vorbei, vor dem lange Schlangen schwarz gekleideter Studenten anstanden. Und als ich die Jam-Session im *Maria Xica* in der Rua Chão do Mestre in Viseu um halb zwei in der Frühe verließ, drängten sich sofort andere auf unsere frei gewordenen Plätze.

Wie findet man aber am besten die angesagten Orte, wenn man sich in der Stadt nicht auskennt? Dafür gibt es zwei Möglichkeiten. Entweder man geht in das Viertel, in dem das Nachtleben der jeweiligen Stadt stattfindet, oder man kauft sich die *Time Out*.

Die Hauptorte für das Nachtleben sind in Lissabon das Bairro Alto, die Gegend am Cais do Sodré, ganz besonders die Rua Cor-de-Rosa, und der *Mercado de Campo de Ourique*. In Porto sind es die *Galerias de Paris* und der Cais da Ribeira.

Die Zeitschrift *Time Out Lisboa* erscheint wöchentlich, die *Time Out Porto* erscheint einmal im Monat und bezieht die Gegend um Porto mit ein.

Mein Tipp: die Tageszeitung *Público* am Samstag kaufen und in der Beilage *Fugas* nachsehen, was gerade aktuell ist (das geht auch ohne Portugiesisch, es geht ja hauptsächlich um Adressen). Oder am Samstag die Wochenzeitung *Expresso* kaufen, und *Log Out* suchen, hier findet man die aktuellen Tipps für Restaurants, Bars etc.

103. GRUND

Weil es noch mehr Möglichkeiten gibt, abends auszugehen

Was ist portugiesisches Nachtleben für euch? Das ist meine Rundfrage an die Freunde. Ich selbst habe es leider nicht geschafft, in einen Club zu gehen, obwohl ich es fest vorhatte. Vor ein oder zwei Uhr nachts braucht man da nicht aufzutauchen. Es gibt sogar einen Club in Lissabon, der erst um fünf Uhr morgens aufmacht und dann bis zehn Uhr geöffnet hat.

Unsere Planung für die Nachtleben-Recherche sah so aus. Wir – also Alex, Sam, Melly und ich – wollten um Mitternacht nach Viseu fahren und in einen Club gehen. Aber schon um elf war ich zu müde. Melly auch. Allein wollten Sam und Alex nicht gehen und so blieben wir alle zu Hause.

Seit die Kinder da sind, gibt es kein wirkliches Nachtleben mehr für mich. Aber früher sind wir erst mit Freunden essen gegangen und dann in eine Bar mit leiser Musik, wo wir uns unterhalten haben. Und danach in eine Disco mit lauter Musik zum Tanzen. Nach der Disco sind wir zum Bäcker gegangen und haben Brot geholt, das warm aus dem Ofen kam. Da zerlief die Butter, das war wunderbar. Wenn die Kinder größer sind, muss ich die alten Gewohnheiten wieder aufleben lassen.

Das ist die Antwort von Sónia. Da wird sie noch ein paar Jahre warten müssen, die Kinder sind jetzt acht und zehn. Ihre Tipps für Aveiro sind das *Clandestino* und das *Toca Aqui*, wo Musikinstrumente zur Benutzung vorhanden sind und getanzt werden kann. Beide Bars sind nur zwei von vielen auf der Praça do Peixe in der Altstadt von Aveiro.

Ich gehe nachts nicht weg, aber ich kann ja mal andere fragen.

Das ist die Antwort von Joana. Dabei waren wir letztes Jahr zweimal zusammen unterwegs. Das eine Mal erst zu einem Jazzkonzert im Park und direkt anschließend zu einem Open-air-Rockkonzert, das andere Mal bei einer Jam Session bis nachts um eins. Das zählt also anscheinend nicht als Nachtleben. Interessant.

Wir gehen abends nicht mehr weg, wir treffen uns mit Freunden zum Abendessen, jedes Mal bei jemand anderem.

Das ist die Antwort von Fernando und Rosa aus Porto. Hier trotzdem ein Tipp für Porto, besorgt über jüngere Familienmitglieder: Das *Vintage Porto Restaurante / Club*, in der Rua da Constituição.

Merkwürdigerweise sind es die Nächte am Sonntag oder Montag, wenn ich allein weggehe, die am interessantesten sind. In diesen Nächten entfaltet sich das Leben, und es treffen Menschen aufeinander, die uns an der Existenz des Zufalls zweifeln lassen. Da ergibt sich eine Unterhaltung mit einem schwedischen Journalisten, während ich die Calçada da Bica hinuntergehe. Andere Nachtschwärmer gesellen sich zu uns. Und plötzlich sind wir eine Gruppe von Leuten in einem alten Art-Noveau-Haus im Bairro Alto.

Das ist die poetische Antwort von Rui. Und hier sind seine Tipps für das Lissabonner Nachtleben, denn Zufälle wie das Aufeinandertreffen mit interessanten Fremden kann man ja nicht planen. Der übliche Ablauf des Lissabonner Nachtlebens bedeutet Bier in der Bar bis nachts um drei, und dann in eine Disco wie zum Beispiel das *Main* auf der Avenida 24 de Julho (geöffnet Dienstag bis Samstag, ab Mitternacht, Bar ab ein Uhr) oder das *Urban Beach* in der Rua da Cintura (geöffnet von Donnerstag bis Samstag, 20 Uhr bis 6 Uhr). Oder das *Lux*, einer der bekanntesten Orte des Lissabonner Nachtlebens, in der Avenida Infante Dom Henrique (geöffnet von 22 Uhr bis 6 Uhr).

Das portugiesische Nachtleben? Ich kenne es nicht, weil du schlappgemacht hast. Daher kein Kommentar.

Das ist die Antwort von Sam.

Ich sehe eigentlich nur eine Lösung, das portugiesische Nachtleben doch noch zu recherchieren. Ich muss in diesen Club in Lissabon im Pátio do Pinzaleiro gehen, der morgens um fünf aufmacht und bis zehn geöffnet hat. Das könnte ich schaffen. Der Name der Bar? *Europa Sunrise*, was sonst.

104. GRUND

Weil manche portugiesischen Abende irisch sind

Manchmal sind meine portugiesischen Abende irische Abende. Warum ich in Portugal ins Irish Pub gehe? Weil die Irish Pubs einfach die Kneipen mit der besten Pub-Atmosphäre sind. Die Einrichtung ist dunkel und an der Wand hängen Bilder von irischen Schriftstellern. Die Tische, Stühle und der Tresen sind aus Holz. Das Ambiente ist gediegen-dunkel und in einer Ecke steht ein Klavier.

Im Irish Pub stehen Aschenbecher auf dem Tisch, und das Rauchen ist erlaubt. Ob das ein Vor- oder Nachteil ist, hängt ganz davon ab, ob man Raucher oder Nichtraucher ist. Auf jeden Fall können die Klamotten nach einem Abend im Irish Pub in die Wäsche. Im Fernsehen läuft Sport, meistens Fußball. Und je später der Abend, umso voller ist die Kneipe. Der Lärmpegel ist hoch und der Rauch wird zunehmend dichter. Am 17. März, dem St. Patrick's Day, wird die Kneipe grün dekoriert. Und selbstverständlich gibt es Guinness im Ausschank.

Aber wir sind natürlich immer noch in Portugal.

Irish Pubs gibt es überall in Portugal. Na gut, in jeder etwas größeren Stadt. Fast 30 Irish Pubs listet eine Webseite für *Expats* in Portugal, also hier lebende Menschen aus anderen Ländern, auf. Aber ich glaube, es gibt noch viel mehr. Die Webseite empfiehlt die Pubs als einen Ort, um andere englischsprachige Landsleute zu treffen. Aber das kommt wahrscheinlich ganz darauf an, wie viele

Expats in der Gegend leben. In Lissabon oder in der Algarve wird man viele Iren und Engländer im Irish Pub finden, in Viseu und Aveiro weniger.

Irish Pubs gehören zum Nachtleben in der Algarve. Es gibt das *Mondego Irish Pub* in Coimbra am Ufer des Mondego mit *Esplanada* und Blick auf den Fluss. Es gibt ein kleines verstecktes in Aveiro, das *St. Patrick's Irish Pub* in der Rua de José Luciano de Castro. In Viseu ist die *Irish Bar* wie fast alle Bars und Kneipen der Stadt in der Nähe der Kathedrale, am Largo do Pintor Gata.

Das Ambiente ist je nach Tages- oder Nachtzeit verschieden. Tagsüber sitzen hier Frauen und Männer, allein oder zusammen, trinken Kaffee, lesen die Zeitung, arbeiten am Laptop oder spielen auf dem iPad. (Das Irish Pub in Viseu hat Wi-Fi). An schönen Tagen kann man vor dem Pub auf der *Esplanada* sitzen und da seinen *Café*, sein Ginger Ale oder Guinness trinken. Das Publikum ist altersmäßig gemischt, von jung bis alt. Nach dem Abendessen, also so gegen neun, halb zehn, wird es voller, bis das Pub fast aus allen Nähten platzt. Das Ambiente ist anregend und angenehm. Und deswegen sind meine portugiesischen Abende oft irisch.

105. GRUND

Weil es in Portugal guten Jazz gibt – wenn auch manchmal etwas versteckt

Lange habe ich in Portugal Jazz vermisst, aber die Lage bessert sich. Laut Wikipedia gibt es jetzt sieben Jazz-Festivals in Portugal. Und da sind *Jazz em Guimarãs*, die Jazz-Tage in Guimarães, die jedes Jahr stattfinden, und die neuen Jazz-Tage von Viseu noch nicht mal dabei.

Auch das Blues- und Jazz-Festival von Santo André fehlt, bei dem wir waren. Wir waren zwar nur bei einer Veranstaltung, aber die ist unvergesslich. Erst wurden wir wegen der Tickets schnitzeljagd-mäßig durch die ganze Stadt geschickt, von der Schule zum *Café Natura* zur Bibliothek. Dann konnte uns niemand sagen, wo der Eingang zur lokalen Bibliothek war, obwohl wir an der Rückseite des Gebäudes standen. Und dann fiel die angekündigte Blues-Veranstaltung aus. Statt Geld zurück gab es Vertretungsmusiker. Und diese Musiker ließen uns – Catarina, Elsa, mich und den Rest des Publikums – eine halbe Stunde lang einen Werbesong singen. Um uns zu beweisen, dass man aus allem Jazz machen kann.

Die Musik war Mist, aber der Unterhaltungswert unbezahlbar. Noch heute singen Catarina und ich auf langen Autofahrten begeistert *Stucomat é uma grande tinta*, Stucomat ist eine gute Farbe, obwohl wir den Song doof finden.

Der *Hot Club Portugal* in Lissabon ist der älteste Jazz-Club in Portugal. Er ist mitten in der Stadt, an der Praça da Alegria, nahe der Avenida da Liberdade. Alle bekannten Jazz-Musiker Portugals treten hier auf. An einem Abend habe ich dort das wunderbarste *Georgia On My Mind* meines Lebens gehört, von einer Frau aus dem Publikum mit einer unglaublich guten Stimme gesungen. Vielleicht war es ja eine Jazz-Sängerin auf Durchreise, die sich zu einem Spontanauftritt entschlossen hat. Der *Hot Club* in Lissabon gehört für die amerikanische Zeitschrift *Down Beat* sogar zu den 100 besten Jazz-Clubs der Welt.

Aber auch in anderen Städten entstehen Orte, an denen man Jazz hören kann. Im *Lugar do Capitão* in Viseu gibt es seit einem Jahr jeden Donnerstagabend Jazz. An den anderen Tagen ist es eine Kneipe, in der man auch essen kann und in der lokale Künstler ihre Werke ausstellen können. Im *Lugar do Capitão* gibt es jede Art von Jazz. Von Disney bis Experimental. Und man weiß nie, was einen erwartet.

Zusätzlich gibt es in Viseu einmal im Monat eine Musikveranstaltung im Foyer des *Teatro Viriato*, des städtischen Theaters am Largo Mouzinho de Albuquerque. Auch hier ist die Palette des gebotenen Jazz breit. Das geht vom Siebzigerjahre-Psychedelic-Sound bis hin zu einer Sängerin, die sich selbst mit Ukulele und iPhone begleitet. Und nachdem die Saite der Ukulele gerissen ist, eben nur noch mit iPhone.

Interessant auch der Abend, wo die Jazz-Musiker für meine Ohren völlig durcheinanderspielen. Dieses Mal findet die Veranstaltung im Theatersaal statt. Noch vor der Pause gehen die ersten Zuschauer.

»Das sind eigentlich alles sehr gute Musiker, jeder für sich«, sagt der Mann, der an diesem Abend an meiner Seite sitzt.

»Aber alle zusammen«, sage ich. »Was ist mit allen zusammen.«

Aber auch darum geht es beim Jazz. Nicht nur um die Musik, sondern auch um das Experiment. Und deswegen ist es klasse, dass jetzt überall in Portugal Jazz-Schulen eröffnen und Jazz-Tage und Jam-Sessions stattfinden, manchmal noch versteckt, aber es gibt sie.

106. GRUND

Weil es so viele Musikveranstaltungen gibt, oft sogar ohne Eintritt

Ich weiß nicht, was mit Portugal passiert ist, aber irgendwie ist die Kultur explodiert. Es hat auch früher Musikveranstaltungen gegeben, aber da war es mehr so nach dem Motto »Rão Kyao spielt am Samstag in Santiago do Cacém, also gehen wir hin«, weil wir wussten, das ist eine von genau zwei Musikveranstaltungen im Jahr.

Oft waren auch die Anfangszeiten der Veranstaltung völlig unverbindlich, zumindest für die Gruppe. Ich kann mich an den Auftritt einer bekannten Band erinnern, der in einer leeren Fabrikhalle für elf Uhr abends angekündigt war. Um halb zwei war noch kein Musiker zu sehen, und ich bin wieder gegangen. (Genau genommen kann ich mich an diesen Auftritt also nicht erinnern, weil ich ja nicht geblieben bin.)

Für Veranstaltungen in Melides bestand der Trick damals darin, dass man an diesem Abend in das *Restaurante Tia Rosa* ging, denn dort aßen auch die Musiker. Wenn die Band aufstand, ging man auch und kam so genau zur richtigen Zeit zur Veranstaltung.

Manchmal waren auch die Bedingungen unter aller Kanone. Wie zum Beispiel bei dem Auftritt von Fausto, einem sehr guten und bekannten Musiker, der in Grândola in einer ehemaligen Autowerkstatt spielte. Durch die Betonwände war die Akustik grauenvoll und die Musik wurde zu akustischem Brei.

»Ihr müsst ihn mal auf Platte hören, da klingt es wirklich gut«, sagte eine Bekannte damals zu uns. Und sie hatte recht. Auf Platte klang es nachher richtig gut.

Und heute? Heute sind die Anlagen besser und es gibt gar keine Möglichkeit mehr, alles zu hören, was angeboten wird. Was ich natürlich als Vorteil betrachte.

Die meisten Städte bieten im Rahmen ihrer Stadttage oder Sommerfeste Musikveranstaltungen an. Der Eintritt – null. So ein Sommerfest dauert mindestens ein Wochenende, manchmal auch eine ganze Woche. Dann gibt es jeden Abend eine Veranstaltung, wobei die bekannten Künstler am Freitag oder Samstag auftreten. Und Städte, die bisher keine Sommerfeste haben, erfinden jetzt eins, wie zum Beispiel das Thermalbad von São Pedro do Sul. Dort gibt es seit letztem Jahr das *Festival das Águas*. Auf dem Fluss wird eine Schwimmbühne installiert, die lokale Gymnastikgruppe führt ein wasserbezogenes Tanzstück auf, und danach spielt eine Band.

Und so ist das im ganzen Land. Ein Piano-Spieler spielt jeden Abend Caféhaus-Klassiker in der Bar des *Hotels Moliceiro* in Aveiro in der Rua João Mendonça / Barbosa de Magalhães. In der *Casa de Chá*, dem Teehaus in Aveiro, gibt es ein- oder zweimal in der Woche Livemusik. In Viseu gibt es eine Woche lang Straßenmusik in der

Einkaufsstraße, und als Ausklang eine Jam-Session, jeden Abend in einer anderen Kneipe. In Gouveia gibt es seit 2003 ein Festival für progressiven Rock, das *Gouveia Art Rock*.

Und so weiter und so fort … ich gehe mal davon aus, dass das im ganzen Land so ist. Selbst auf dem Flughafen von Porto wird man mit Musik begrüßt.

Was passiert ist? Keine Ahnung. Und ich muss es auch gar nicht verstehen, Hauptsache, es ist passiert, und es gibt mehr Musikveranstaltungen, als ich beim besten Willen wahrnehmen kann.

107. GRUND

Weil in Viseu eine Woche lang temporäre Gärten installiert werden

Die *Jardins Efémeros*, die temporären Gärten, sind eine Veranstaltung in der Altstadt von Viseu. Jedes Jahr werden im Juli für eine Woche Gärten aufgebaut. An der Mauer der Kathedrale stürzt sogar ein Wasserfall aus einem Blumenarrangement. Entlang der Straßen sind Blumenrabatten und Grünanlagen. Überall stehen Blumentöpfe. Und jedes Restaurant hat Stühle und Tische draußen und üppige grüne Außenanlagen. Aber die Gärten sind nicht das Einzige, was in dieser Woche geboten wird. Das ganze historische Zentrum explodiert vor Kreativität.

»Ich bin nicht mehr so leicht zu beeindrucken«, sagt Joana, als wir zusammen durch die *Jardins Efémeros* ziehen. »Aber das hier ist schon unglaublich.«

Jeder der kleinen Läden in der Rua Direita ist von Künstlern ungewöhnlich dekoriert. Die Rua Direita ist die Einkaufsgasse, die sich durch die Altstadt zieht. In einem Schuhgeschäft ist eine beleuchtete Installation aus Damenschuhen. Im Schaukasten der Drogerie stehen alte Rasierpinsel in Reih und Glied. Im Fenster sind alte portugiesische Produkte wie *Benamôr*-Creme und *Couto*-Zahnpasta ausgestellt. Auf dem Fußboden der Buchhandlung steht auf den Kacheln: *Há quanto tempo não lê um livro*? Wann haben Sie zum letzten Mal ein Buch gelesen?

Im Schaufenster des Wollgeschäftes läuft aus einem Duschkopf türkisfarbene Wolle in ein Meer aus blauen, grünen und türkisfarbenen Wollknäueln.

Ein Künstler hat einen überdimensionalen Lampenschirm aus überdimensionalen Unterhosen gestaltet, der jetzt über der Straße hängt und von allen fotografiert wird.

In einem alten Haus, das sonst immer geschlossen ist, findet eine Foto-Ausstellung statt. Das Haus ist unerwartet groß, die Räume haben Holzdielen, an den Wänden sind alte Kacheln und vom Fenster hat man einen Ausblick über das Treiben in der Altstadt.

Wir besichtigen erst eine Seifenfabrik und lernen dann in der *Camera Obscura*, wie man mit einer Dose fotografieren kann. Danach schreiben wir uns für den vegetarischen Workshop bei Miss Vite ein. Vor der Mauer der Kathedrale ist eine Küche aufgebaut. Hier zeigt Miss Vite, wie man ein opulentes Abendessen aus Gemüse, Reis, Kokosmilch und Curry zaubert. Zum Schluss bekommen wir alle eine Probe. Dann packt sie ihre Sachen zusammen und der Bürgermeister nimmt ihren Platz ein. Jetzt wird er kochen.

»Es schmeckt gut«, sagt die Frau neben mir, »aber wer hat im Alltag schon die Zeit, so ein Abendbrot zuzubereiten?«

Wir ziehen weiter. Es gibt einen Bio-Markt und einen Flohmarkt. Und überall Musikveranstaltungen. Unten in der Stadt auf dem großen Platz. Oben neben der Zahnradbahn auf dem kleinen Platz. An der Mauer hinter der Kathedrale. Auf dem Platz neben der Kathedrale ist eine große Leinwand aufgebaut. Hier sitzen zwei Videokünstler an ihren Computern und zeigen einen Videoclip. Es ist eine Mischung aus Folklore, Fado und Rap. Alles ist eingebaut. Schwarz gekleidete Frauen und alte Männer mit Hut rappen in der Rua Direita und an einer alten Mühle zu Folklore.

Ein ganzes Viertel voller künstlicher Gärten. Alle Läden, Kneipen und Restaurants machen mit. Alle Locations sind voll. Es kostet keinen Eintritt, weder die vielen Ausstellungen noch die Musikveranstaltungen. Am Info-Stand, wo man sich auch für die ständig laufenden Workshops eintragen kann, gibt es einen Veranstaltungskalender im Taschenformat. Er ist einen Zentimeter dick, so viel wird geboten.

»Ich bin wirklich beeindruckt«, sagt eine andere Bekannte, die wir treffen.

Und so geht es allen. Wir sind alle verblüfft und beeindruckt und überwältigt. Die *Jardins Efémeros* sind ein Zaubergarten aus Anregung und Ideen, ein Überfluss an Musik und Bildern und Eindrücken.

Nach einer Woche wird alles wieder abgebaut. Die temporären Gärten verschwinden und die Altstadt fällt zurück in ihr normales Leben. Nur die Installation aus den überdimensionalen Unterhosen hängt immer noch in der Rua Direita.

108. GRUND

Weil die Dorfbälle früher Heiratsmärkte waren

Früher waren die Dorfbälle Heiratsmärkte, das sind sie heute nicht mehr. Das bedeutet nicht, dass das Leben schwieriger oder einfacher geworden wäre. Es ist einfach nur anders.

Ich hatte eine wunderbare Akkordeonlehrerin. Ihr Name war Lydia Moreira und sie spielte rasant Akkordeon. Sie kleidete sich wie eine Zigeunerin und spielte auf Dorfbällen. Das ist das Tolle an einem Akkordeon – ein Spieler oder eine Spielerin kann Musik für einen ganzen Saal voller Tänzer machen, ganz besonders, wenn das Instrument an einen Verstärker gekoppelt ist. Lydia spielte auf einem Knopfakkordeon, das sind die, die auf beiden Seiten Knöpfe haben. Also die italienische und französische Variante des Akkordeons, und kein Schifferklavier.

Sie spielte aber nicht nur auf Bällen, sie studierte auch Musik in Salamanca, Spanien, und schrieb ihre Doktorarbeit über, simpel zusammengefasst: die soziologische Bedeutung von Dorfbällen im sozialen Umfeld der Landbevölkerung und die Auswirkung auf das Leben im Alltag oder so ähnlich.

So ein Ball war früher auf dem Land das Ereignis überhaupt. Der Platz im Dorf wurde vorbereitet und mit Papiergirlanden geschmückt. Stände wurden aufgebaut. Und eine Bühne für den Akkordeonspieler oder die -spielerin. Die Frauen kauften sich neue Kleider und legten ihren Schmuck an. Die Männer trieben natürlich weniger Aufwand.

Am Ballabend gab es *Frangos grelhados*, gegrillte Hähnchen, mit Pommes oder Chips, und *Bifanas*, Brötchen mit einem dünnen Schnitzel. Außerdem die *Farturas*, die frittierten Teigschlangen.

So ein Ball war die Gelegenheit für die Landjugend, zu tanzen und zu flirten. Wir reden hier von den Zeiten vor 1990. Da gab es auf dem Land weder Strom noch Telefon. Und das Internet sowieso noch nicht. Praktisch niemand hatte ein Auto. Der Weg in die Stadt war weit. Ja, schon der Weg ins Dorf war weit. Wer Glück hatte, besaß ein Moped.

An diesem Tag kamen alle ins Dorf. Und dann wurde gegessen, gefeiert und getanzt. Die Männer standen meistens zusammen nah am Ausschank, tranken Wein und *Bagaço* (Schnaps) und diskutierten. Die Frauen tanzten miteinander. Entweder einen simplen Walzer oder die portugiesische Schieber-Variante des Foxtrotts.

Manchmal wurden die Bälle auf dem Land auch zu einem guten Zweck organisiert. Für einen Rollstuhl für die Mutter von Dona Ermelinda. Oder Hilfe für eine andere Familie, die in Not war. Auf diesen Benefiz-Bällen gab es eine Versteigerung, bei der man selbst gebackenen Kuchen erwerben konnte, und das Geld kam der betreffenden Familie zugute. Nicht selten sagten angetrunkene Männer nachts Gedichte auf. Oft waren es sogar eigene Gedichte.

Diese Dorfbälle hatten eine ganz eigene Atmosphäre. Und ja, diese Zeiten sind vorbei. Heute hilft kein Dorfpolizist mehr einem Betrunkenen auf sein Moped. Schon deswegen, weil es natürlich unverantwortlich ist.

Aber es gibt die Dorfbälle noch. Jedes Dorf hat im Sommer seinen Ball. Dann wird ein langes Band mit der Ankündigung über der Straße aufgehängt. Der Platz wird vorbereitet. Die Stände werden aufgebaut und eine Bühne wird eingerichtet. Am Ballabend spielt ein Akkordeonspieler oder es tritt sogar eine Band auf. Oder jemand spielt auf einem Keyboard, denn das Keyboard ist jetzt oft, was das Akkordeon damals war.

Die älteren Einwohner aus dem Dorf gehen immer noch zu den Bällen. Die Jugendlichen sind eher in der Stadt in der Disco. Und Heiratsmärkte sind die Dorfbälle schon lange nicht mehr. Aber schön, stimmungsvoll und eine gute Gelegenheit, mal wieder so richtig zu tanzen, sind sie immer noch.

109. GRUND

Weil junger Wein und heiße Kastanien beim *Magusto* zusammengehören

No dia de São Martinho, lume, castanhas e suminho. Am Martinstag, Feuer, Kastanien und Säftchen (im Sinne von Wein, denke ich mal).

Das Feuer ist schon ziemlich groß, als wir kommen. An einer Mauer liegt Holz gestapelt, und einer der Anwesenden legt Holz nach. Dona Idalina möchte über das Feuer springen. Sie geht zum Feuer, aber ihre Schwiegertochter hält sie davon ab. Dona Idalina behält ihre gute Laune, greift sich die nächste Nachbarin und tanzt.

Es ist Mitte November. Eine kalte Nacht, nur ein paar Grad über null. Dazu ein sternenklarer Himmel. Im Dorf ist Straßenfest der Nachbarn aus den umliegenden Häusern, sie feiern den *Magusto*. Ein Pick-up parkt an der Seite, die Seitenwand der Ladefläche ist heruntergeklappt. Auf der Ladefläche ein Gettoblaster mit portugiesischer Musik, Papierteller, Plastikbecher und Servietten. Und reichlich Essen: *Bifanas* (Schnitzel), *Pastéis de Bacalhau* (Kabeljau-Kroketten), Brot und viele verschiedenen Kuchen. Als Getränke gibt es Saft, Wasser und *Suminho* aus der Ernte von Anfang Oktober. Er ist noch nicht ausgereift, aber trinkbar. (Und ein bisschen gefährlich, je mehr man trinkt, desto leckerer schmeckt er.)

Im Feuer rösten Kastanien. Bis sie gar sind, essen wir die Leckereien von der Pick-up-Ladefläche und tanzen. Plötzlich fängt es an. Eine Frau greift in die Asche und schmiert einer anderen Ruß ins Gesicht. Die lässt das nicht auf sich sitzen, greift in die Asche und der Nächste hat Ruß im Gesicht. Und schon ist so etwas wie eine Kissenschlacht im Gange. Nur eben mit Asche. Ein junges Mädchen schmiert einem Jungen Ruß ins Gesicht. Er lacht. Sie tanzen. Ja, das ist offener Flirt hier auf der Dorfstraße.

Nach kurzer Zeit sehen alle ziemlich wild aus. Die Nachbarn, die alle irgendwie miteinander verwandt sind. Und Sam, Alex und Melly. Bis jetzt hat sich noch keiner der Nachbarn getraut, mir Ruß ins Gesicht zu schmieren. Aber dann erwischt es mich auch. Alex verpasst mir erst eine Kriegsbemalung aus Ruß und versucht dann, mir Salsa beizubringen. (Vergeblich.)

Dona Idalina versucht noch mehrmals, über das Feuer zu springen, wird aber jedes Mal von ihrer Schwiegertochter abgehalten. Und als Nächstes tanzen wir alle eine Polonaise um das Feuer mitten auf der Straße, in dem immer noch die Kastanien garen.

Junger Wein und Kastanien gehören in Portugal zusammen, weil beides um diese Zeit »reif« ist. *Magusto* heißt das Volksfest, das oft am 11. November, dem *Dia de São Martinho*, gefeiert wird. Aber es kann auch an jedem anderen Wochenende im November sein.

Magustos gibt es überall in Portugal, manchmal als größere Veranstaltung, manchmal als kleines Straßenfest wie bei uns.

Sam tanzt mit Dona Idalina. Alex unterhält sich mit Miguel, so gut es eben geht, wenn man nicht dieselbe Sprache spricht und auf Englisch radebrechen muss.

Jeder hier hat seine eigene Geschichte.

Miguel ist eigentlich Programmierer, aber er arbeitet im Moment als Waldarbeiter, weil es keine anderen Jobs gibt.

Seine Mutter rechnet damit, dass er bald ins Ausland geht, wenn die Lage in Portugal sich nicht bessert.

Idalina ist seit neun Jahren Witwe, ihr Mann war ihre Jugendliebe und ein anderer Mann kommt für sie nicht infrage.

Sam und Alex haben sich im Dorf ein Haus gekauft und hoffen, dass sie irgendwann hier leben können. Aber erst mal müssen sie die Ruine renovieren …

Melly verbringt hier den ersten gemeinsamen Urlaub mit ihrem Freund und hofft, dass es etwas Ernstes und für immer ist.

Endlich sind die Kastanien gar. Wir stehen rußbeschmiert um das Feuer, holen die heißen Kastanien aus dem Feuer und prosten uns mit dem neuen Wein zu. Dann kommt die nächste Polonaise.

Wir tanzen in einer Schlange um das Feuer und vergessen für einen Moment unsere Sorgen. Miguel denkt nicht an seinen Job im Wald und daran, dass er lieber als Programmierer arbeiten würde. Seine Mutter denkt nicht daran, dass er vielleicht schon in einem Jahr in Irland oder Australien arbeiten und beim nächsten *Magusto* nicht dabei sein wird. Jetzt an diesem Abend gibt es einfach nur *Magusto* – heiße Kastanien, die so frisch aus dem Feuer ganz köstlich schmecken, frischen Wein und gute Nachbarschaft.

Und um Mitternacht nimmt Sam Dona Idalina bei der Hand und springt mit ihr über das Feuer. Und Schwiegertochter kann nichts dagegen machen.

Weil man beim Fado in aller Öffentlichkeit weinen darf

Quem canta uma alegria que não tem
Não conta nada a ninguém.

Wer von Fröhlichkeit singt, ohne sie zu spüren,
erzählt überhaupt nichts.

Das sind zwei Verszeilen aus dem *Fado da Tristeza*, dem Fado der Traurigkeit. Auf Portugiesisch klingt es natürlich viel schöner, und so richtig übersetzen lässt sich Fado wohl nicht. Überhaupt ist der Fado etwas ganz und gar Portugiesisches. So einzigartig, dass diese Musik 2011 von der UNESCO zum immateriellen Weltkulturerbe erklärt wurde.

Welches andere Volk würde auch auf die Idee kommen, sich abends zu einer Musikveranstaltung zu versammeln, um in aller Öffentlichkeit weinen zu dürfen, ohne sich zu schämen?

Etwa 60 Zuhörer sitzen erwartungsvoll im Kulturzentrum in Aveiro an kleinen Tischen. Frauen und Männer, jung und alt, in Erwartung einer tüchtigen Dosis Traurigkeit. Auf den Tischen Miniaturen von *Pasteís de Bacalhau, Rissois de Camarão* und *Pastéis de Nata*, dazu offener Rotwein in Karaffen und Wasser in Anderthalb-Liter-Flaschen.

Vorne auf der Bühne die zwei Männer, die im Wechsel singen, die *Fadistas*. Dazu zwei Gitarrespieler. Ein Mann spielt die *Guitarra Portuguesa*, der andere die klassische Gitarre, beim Fado *Viola* genannt. Alle vier Männer sind dunkel gekleidet. Die beiden Sänger tragen einen schwarzen Umhang. Es ist eine Veranstaltung mit Fado aus Coimbra, der nur von Männern gesungen wird. Eine Tradition, die sich bis heute hält. Im Saal ist es still. Beim Fado zu reden gehört sich nicht. Sollte jemand reden, kommt schnell ein eindringliches *Schhhht* von allen Seiten. Beim Fado hört man zu, achtet auf den

Text, der meist von *Saudade* erzählt. Und wischt sich mehr oder weniger verstohlen die Tränen aus den Augen.

Saudade ist die Sehnsucht nach etwas, was man nie bekommen kann.

Saudade ist Weltschmerz und Traurigkeit.

Saudade bedeutet Leiden, bis es so wehtut, dass es sich schon wieder gut anfühlt.

Fado gibt es in allen Varianten. Von billig bis teuer. Von traditionell bis modern. Von Laie bis Profi. Als Gemeinschaftserlebnis bei einer Veranstaltung an der Quelle von Melides, wo eine provisorische Bühne aufgebaut ist und das ganze Dorf zuhört, wie die Bankangestellte des Dorfes so mächtig singt, dass es fast ihre Brust sprengt, und der Schlachter so gefühlvoll seine portugiesische *Guitarra* spielt, dass man sich fragt, wie dieser Mann je ein Tier töten kann. Als Gesellschaftsereignis bei einer gepflegten Veranstaltung mit herausgeputzten Gästen in einem teuren Lissabonner Restaurant wie *O Faia* in der Rua da Barroca, wo der Mindestverzehr pro Person bei 25 Euro liegt, wofür es gerade mal ein vegetarisches Gericht gibt, ohne Vorspeisen, Nachspeisen oder Getränke.

Fado.

Das ist das *O Mascote* im Bairro Alto in den Siebzigerjahren, wo ohne Programm spontan Fado entsteht, wenn Gäste zu Instrumenten greifen und jemand aufsteht und singt. Wo der offene Wein in einfachen Gläsern ausgeschenkt wurde und nur ein paar Escudos kostete.

Das ist die Taberna von Lisete, oben in den Bergen, wo sich die Dorfschullehrerin und ein zweiter Sänger aus dem Stegreif ein fetziges Streitduett liefern. (Nachher erfahre ich: Es war ernst. Die haben sich wirklich gestritten. Deswegen war es so unglaublich gut.)

Das ist das *Grande Festival de Fado* im Herzen der Alfama: zwei Tage, 40 *Fadistas*, zehn Veranstaltungsorte.

Fado gibt es in unzähligen Restaurants und Kneipen und auf Veranstaltungen im ganzen Land. Fado ist alt, aber nicht altmodisch. Junge Sänger wie Camané, Ana Moura, Mariza spielen mit ihm, verändern ihn. Es gibt sogar einen *Fado da Internet* (von Daniel Gouveia). Und Paulo Lima und sein Quintett kombinieren Fado und Jazz, mit Catarina Rocha als Sängerin. Das Ergebnis: tolle Musik, die auch von jungen Leuten gehört wird. Selbst die Kleidung von Catarina Rocha ist eine gekonnte Kombination aus traditionell und modern: ein langer transparenter Rock über einem Minikleid.

In Lissabon gibt es sogar ein Museum, das dem Fado gewidmet ist, ganz in der Nähe des Bahnhofs Santa Apolonia (mehr dazu in Grund Nr. 25).

Es gibt so viele berühmte Sänger und Sängerinnen, dass es schwierig ist, hier eine Auswahl zu treffen. Aber die Ikone des Fados ist natürlich Amália Rodrigues. Der Refrain des von ihr gesungenen Fados *Uma Casa Portuguesa* ist zu einem geflügelten Wort geworden: *é, com certeza, uma casa portuguesa*. In diesem Fado besingt sie ein typisches Haus in Portugal: vier weiß gekalkte Wände, der Geruch von Rosmarin, goldene Trauben und zwei Rosen im Garten:

Quatro paredes caiadas,
Um cheirinho a alecrim,
Um cacho de uvas doiradas,
Duas rosas no jardim

111. GRUND

Weil es noch viel mehr Gründe gibt, Portugal zu lieben

Ja, es gibt viele Gründe, Portugal zu lieben, und ich denke, jeder hat wahrscheinlich seinen eigenen »Lieblingsgrund«.

Für Melly sind es die portugiesischen Kuchen. Sie ist so begeistert von den ganzen kleinen Süßigkeiten in den *Pastelarias*, dass sie ernsthaft überlegt, einen Kurs an einer *Escola de Pastelaria*, einer Konditorei-Fachschule, zu belegen. Allerdings müsste sie dazu Portugiesisch lernen.

Jane liebt das ländliche Portugal, weil hier Zukunft und Vergangenheit so dicht beieinanderliegen. Sie ist immer fasziniert, wenn die Ausfahrt einer modernen Autobahn in ein kleines Dorf aus dem vorletzten Jahrhundert führt.

Für Anja sind es Ziegenkäse, Olivenöl, Sardinenpaste, Rotwein, Portwein, Rosmarin und Lorbeerblätter. Und außerdem das braune Tongeschirr und die dünne Baumwolle zum Häkeln.

Alex schätzt die entspannte Atmosphäre, die Gastfreundlichkeit der Portugiesen und den Nachthimmel mit den vielen Sternen, denn in klaren Nächten ist in Portugal ein Sternenhimmel wie im Planetarium.

Für meinen Neffen und seine beiden Freunde sind die hübschen Mädchen ein Grund. Eigentlich wollten sie das noch genauer begründen. Aber das ist vielleicht auch gar nicht nötig.

Und Sam findet es klasse, dass man nicht andauernd in Hundehaufen tritt, weil die meisten Hunde an der Leine sind.

Für mich ist es der Butternusskürbis, den die Nachbarin von nebenan morgens auf den Brunnenrand legt. Es ist das Angebot der Nachbarin oben im Dorf, mit mir um Mitternacht ins Krankenhaus zu fahren, damit ich das nicht allein durchstehen muss. Und der Umweg, den ein Fremder geht, um mir den richtigen Weg zu zeigen.

Jeder, der das Land kennenlernt, wird seine eigenen Gründe finden. In den Portugalforen, die es gibt, wird das gerne als »vom Portugal-Virus infiziert« bezeichnet. Die meisten fangen sich diesen Virus während eines Urlaubs ein. Und viele behalten ihn für immer und wollen ihn auch gar nicht wieder loswerden.

KAPITEL 12

Mais razões para amar Portugal – Die Bonusgründe

Weil es in Lissabon das vielleicht einzige Puppenkrankenhaus der Welt gibt

»Geh doch so lange ins Puppenmuseum«, sagt Leo und schiebt mich so auf elegante Weise ab, damit er in aller Ruhe seine Hemden aussuchen kann, ohne dass ich störe. Nun wollte ich schon lange mal ins Puppenmuseum, hatte aber irgendwie nie die Zeit dazu, also trifft es sich gut.

Das *Hospital de Bonecas* ist mitten in der Stadt, ein schmaler Eingang direkt am Praça da Figueira. *Hospital de Bonecas* steht links auf dem Metallschild über der Tür, *Ervanaria Portuguesa* rechts, in der Mitte die Jahreszahl 1830. Das ist das Jahr, in dem die Puppenklinik gegründet wurde.

Das *Hospital de Bonecas* ist somit fast 200 Jahre alt und ebenso lange im Besitz der gleichen Familie. Unten im Erdgeschoss ist das Schaufenster mit den vielen Puppen, dahinter der schmale Laden. Oben im Haus in einer großen Wohnung ist das »Krankenhaus«.

Liebevoll führt mich die Besitzerin durch die Klinik. Eine große Puppe mit eingeschlagenem Kopf und verdrehtem Arm liegt auf einem Tisch. Im Regal liegen in Plastik verpackte Puppen. In den Schränken mit Glasfront befinden sich Schubladen mit Haaren, Köpfen, Gliedmaßen, sorgfältig sortiert, Torso zu Torso, Unterarm zu Unterarm, Kopf zu Kopf.

Bei der Einlieferung werden die Puppenpatienten zunächst eingecheckt, ganz so wie in einem echten Krankenhaus. Es wird eine Bestandsaufnahme gemacht, und der Besitzer bekommt einen Kostenvoranschlag.

Manchmal, wenn die Reparatur nicht lohnt, stiftet der Besitzer sie dem Puppenkrankenhaus, sozusagen an den Organspendepool des Puppenkrankenhauses. Hier wird alles repariert von der einfachen Puppe bis zur Antiquität. Sogar Ikonen und Jesuskinder aus

Krippen werden hier zur Behandlung gebracht. Dementsprechend variieren die Preise.

Zwei Euro kostet der Eintritt für das *Museu de Bonecas*. Mindestens eine halbe Stunde führt die Besitzerin mich durch die Räume, erklärt liebevoll das Inventar und die »Behandlungen«.

Vielleicht, sagt sie, ist es das einzige Puppenkrankenhaus der Welt, das hat ihr zumindest jemand erzählt.

Das *Hospital de Bonecas* ist vielleicht das einzige Puppenkrankenhaus der Welt, aber nicht der einzige besondere Laden in Lissabon. Nicht weit entfernt vom Praça da Figueira ist der Eisenwarenladen *Guedes Silva & Guedes*. Hier in der Rua Portas de Santo Antão findet man Haken und Griffe aus Messing und Eisen. Leo kauft einen Messinghaken mit Pferdekopf. Ich bewundere die unzähligen Schubladen. Was für eine Auswahl, was für ungewöhnliche Griffe! Aber wo könnte ich sie einsetzen? *Guedes* ist ein ziemlich großer Laden, unvorstellbar, dass jemand einen Überblick über alle diese Teile haben kann. Da möchte ich keine Inventur machen …

Fast hundert Jahre jünger als das *Hospital de Bonecas*, aber auch ein mittlerweile berühmter Laden ist die *Luvaria Ulisses*. Man kann die *Luvaria Ullisses* leicht übersehen, es ist nicht mehr als ein schmaler Eingang in der Rua do Carmo. Hier habe ich Anfang der 80er mal ein paar Handschuhe gekauft, als ich unvorbereitet in einem ungewöhnlich kalten Lissabonner Winter gelandet war. Damals hatte ich natürlich keine Ahnung, was für ein besonderer Laden das war. Er verkauft nämlich nicht nur Handschuhe, dort werden auch Handschuhe hergestellt. Eine Bekannte hat sich dort neulich Handschuhe gekauft, sie sagt, alleine der Vorgang des Kaufens, die geduldige Anprobe mit fachmännischem Überstreifen des Handschuhs sei einen Ladenbesuch wert. (Das war damals bei mir nicht Fall, so weit ich mich erinnern kann, ich habe aber auch nur ein paar meinem Studenteneinkommen entsprechende Wollhandschuhe gekauft.)

Ebenfalls über 100 Jahre alt – die *Retrosaria Adriano Coelho*. Dort gibt es alles, aber auch wirklich *ALLES*, was das Schneiderherz begehrt. Allerdings vieles zu Preisen, die ein Schneiderlohn normalerweise nicht hergibt. Handgemachte Lederknöpfe für 10 Euro, zum Beispiel, das Stück (!) versteht sich. Aber wo bekommt man sonst noch handgemachte Lederknöpfe, deren Köpfe wie Schiffsknoten aussehen?!

Natürlich haben auch hier in Lissabon die Läden der großen Ketten viele andere Läden verdrängt. Aber es gibt sie noch, die Läden mit Tradition, wo wie im *Hospital de Bonecas* die Besitzerin sich liebevoll um jeden einzelnen ihrer kleinen Schützlinge – und natürlich auch die Kunden - kümmert.

2. BONUSGRUND

Weil die gegrillten Hähnchen auf dem Markt unvergleichlich gut sind

Die besten gegrillten Hähnchen gibt es in Portugal. Behaupte ich jetzt mal so einfach. Klar, auch woanders auf der Welt gibt es gegrillte Hähnchen. Aber die portugiesischen! Die sind einfach unschlagbar gut.

Und die allerbesten gibt es auf den Wochen- und Monatsmärkten. Also auf diesen Märkten, auf denen es einfach *ALLES* gibt (Grund 57). Maulwurfsfallen, Saatgut, schwarze Jackets und 5er-Bündel Tennissocken. Sowie Aluminiumtöpfe, Äxte und Mehlsiebe. Also alles, was man braucht oder vielleicht irgendwann mal brauchen könnte.

Und als Belohnung und zur Stärkung nach dem Shoppen – *Frangos grelhados*.

An einer Seite des Marktes sind die Fressstände aufgereiht, alle nebeneinander, und alle servieren das Gleiche. Gegrillte Hähnchen.

Die Stände unterscheiden sich im Grunde nicht besonders voneinander. Und doch hat jeder von uns »seinen« Lieblingsstand.

Man sitzt an langen Tischen auf billigen Plastikstühlen, von denen durchaus manchmal einer zusammenbricht, wenn man nicht aufpasst, weil der Boden ja so uneben ist. An heißen Tagen ist der Boden staubig, an regnerischen ein bisschen schlammig. Ein Dach aus Segeltuch schützt notdürftig vor Sonne und Regen, und auf den Tischen aus rohem Holz liegen blumengemusterte Plastikdecken.

Das Wichtigste aber: Auf dem Grill liegen die platt gedrückten Hähnchen. Sie werden vom Besitzer des Hähnchenstandes sorgfältig gedreht und gewendet, bis sie gut gar sind, und wenn man Pech hat auch mal fast schwarz. Die Hähnchen werden dann direkt vom Grill serviert. Die Haut ist so wunderbar kross, das Fleisch zart, und man riecht und schmeckt die Holzkohle. *SO* muss Hähnchen schmecken.

Wir haben aus unserem »Hähnchen essen am Ende des Marktbesuches« ein Ritual gemacht und ihm sogar einen Namen gegeben: *Happy Frango*™.

(Happy für uns, nicht für die armen *Frangos*).

Um halb eins an jedem zweiten Montag treffen wir uns bei »unserem« Hähnchenstand. Stellen die Plastiktüten, Leinenbeutel oder Rucksäcke auf den staubigen oder schlammigen Boden. Die neu erstandenen Obstbäume daneben. Die Bedienung begrüßt uns wie alte Bekannte, die wir ja im Grunde auch sind. Niemand braucht eine Speisekarte (mal abgesehen davon, dass es gar keine gibt), denn es ist klar, was wir essen. *Frangos grelhados*. Die einzige Frage ist: mit oder ohne? Also mit oder ohne Piripiri, der scharfen Chilischoten-Ölsoße, die vom Besitzer selber hergestellt wird. Als Beilagen gibt es Reis, Pommes und Salat. Und natürlich Brot. Und Wasser und Wein.

Natürlich können Pingel die *Frangos* auch mit Messer und Gabel essen, wenn sie es denn unbedingt wollen. Aber so richtig gut schmecken diese Hähnchenteile, wenn man sie mit den Fingern isst. Die fettige, krosse Haut mit den Fingern abzieht. Das Fleisch von den Hähnchenflügeln knabbert.

Und weil ein gutes Essen und ein gutes Gespräch zusammengehören, wird dazu der neueste Klatsch und Tratsch serviert. Dafür schämen wir uns auch nicht (mehr), denn heutzutage weiß jeder, dass das der Stoff ist, der die Gemeinschaft zusammenhält. Danach ist man auf dem Laufenden, was die Nachbarschaft betrifft, und hat wichtige Infos ausgetauscht. Wo kann man seinen Wein analysieren lassen? Wo das Brunnenwasser? Und welcher Händler hat die besten Pflanzen?

Was den besonderen Geschmack der Hähnchen ausmacht? Mal abgesehen vom Ambiente und der netten Gesellschaft, der Tradition und dem Duft von gegrilltem Fleisch?

Die Marinade, natürlich. Und das Grillen mit Holzkohle. (Ist eben doch was anderes als ein Gasgrill, die haben sich in Portugal zum Glück nicht durchsetzen können, und schon gar nicht auf den Märkten.)

Rezepte, um Hähnchen auf portugiesische Art einzulegen, findet man im Internet. Einfach »gegrilltes Hähnchen portugiesisch« eintippen – und voilá – da sind die Rezepte. Im Prinzip mischt man einfach Olivenöl, Weißwein, grobes Meersalz, Paprika oder Paprikamasse und viel (!) Knoblauch und legt die Hähnchen darin ein. Dann Zitronenscheiben drauflegen und gut durchziehen lassen. Und ab auf den Grill damit. Natürlich auf einen Holzkohlengrill.

Und schon hat man das perfekte portugiesische gegrillte Hähnchen.

Die Hähnchen müssen allerdings ganz sein, also nicht in Stücken. Einfach das Hähnchen aufschlitzen, auseinanderdrücken, platt klopfen. Marinieren. Ziehen lassen. Grillen. Besser noch: auf einen portugiesischen Wochen- oder Monatsmarkt gehen, ein bisschen was einkaufen, und dann als Abschluss ein echtes portugiesisches gegrilltes Happy Frango™ essen.

Weil man auf dem Bahnhof von Alvega-Ortiga gleichzeitig Störche beobachten und Pfirsiche vom Baum pflücken kann ...

… während man auf seinen Zug wartet. Denn obwohl er nicht so wirkt, ist dieser Bahnhof noch in Betrieb. Eben noch war ich in Lissabon, eine dreistündige Zugfahrt später stehe ich auf dem Bahnhof von Alvega-Ortiga. Mit mir steigt noch eine Frau aus dem Zug. Der Bahnsteig ist leer, bis auf uns. Die Bahnhofsuhr hat keine Zeiger. Ein Bahnhof wie im Wilden Westen. Ich denke sofort an Filme wie *Spiel mir das Lied vom Tod* und *Zwölf Uhr mittags.* Nur dass die Uhr hier keine Zeiger hat.

Die Frau und ich gehen durch das verlassene Bahnhofsgebäude zum ebenso verlassenen Bahnhofsvorplatz. Ein Jeep fährt vor, die Frau steigt ein. Jetzt bin ich hier ganz alleine. Ich erschrecke richtig, als mein Handy klingelt. Immerhin – es gibt hier Handyempfang.

Der Freund, der mich abholen will, hat sich verspätet, mir bleibt nichts anderes übrig als zu warten. Das ist ja kein Bahnhof, an dem man ein Taxi findet.

Eben noch war ich in Lissabon. Unter Tausenden von Menschen, umgeben von Gedränge, Lärm, Hupen, Autos, Tuk-Tuks, lauter Fado-Musik aus einem Lautsprecher, Kellnern in Straßencafés, die Essen anpreisen, war inmitten einer Reizüberflutung aus Satzfetzen in vielen Sprachen, glitzernden Schaufenstern, Musik, Souveniers – und jetzt hier diese Stille. Diese Weite. Diese Einsamkeit.

Als ob der Zug, der Lissabon mit Alvega-Ortiga verbindet, durch ein Wurmloch oder ein Zeitportal in die Vergangenheit gefahren wäre, vielleicht an der Stelle, wo das Castelo de Almourol im Tejo liegt.

Noch eine Weile später bin ich dann im Dorf bei den Freunden. In einem dieser Dörfer des Ribatejo, die sich alle ein bisschen gleichen. Kleine Dörfer mit einem Café Central (das so heißt, oder auch anders), einem Mini-Mercado, einer Post und einer Kirche. Hier ist die Zeit genauso stehen geblieben wie am Bahnhof von Alvega-Ortiga. Selbst dann, wenn die Uhren Zeiger haben.

Der örtliche Mini-Mercado ist ein paar Quadratmeter groß, das Angebot überschaubar. Die Besitzerin und zwei Kundinnen tauschen Dorf-Informationen aus. Sie lassen mich sofort vor. Auch für sie spielt Zeit wohl keine Rolle. Ich kaufe Tomaten und Zwiebeln und frage, ob es nicht mehr Gemüse gibt.

»Was für Gemüse, zum Beispiel?«, fragt die Besitzerin.

»Salat zum Beispiel«, sage ich.

Die Besitzerin schüttelt den Kopf. Was sie hat, das ist in der Auslage sichtbar. Also die Tomaten in der Kiste und die Zwiebeln im Pappkarton.

»Wissen Sie was«, sagt die eine der beiden Frauen vor dem Tresen, »ich schenken Ihnen Salat. Aus meinem Garten.«

»Danke«, sage ich und nehme das Angebot gerne an. Die Frau bittet mich zu warten (wenn ich die Zeit habe – aber wer hat die hier in diesem Dorf in der Mittagshitze nicht?) und nimmt mich dann mit in ihren Garten. Auf dem Weg bis zum Garten hat sie mich auch so weit ausgefragt, dass sie mich – die blonde Fremde - einordnen kann, sodass sie weiß, wen ich besuche, und so bekomme ich nicht nur drei Salatköpfe (mein »danke, das ist genug« nach dem ersten und zweiten Salatkopf ignoriert sie), sondern auch noch ein frisch geschlachtetes Kaninchen für unser Abendessen.

Als ich am nächsten Tag spazieren gehe, schenkt mir ein Mann am Straßenrand, der gerade seine Kirschen erntet, ein paar Handvoll Kirschen. Er würde mir auch mehr schenken, aber ich habe ja keine Tasche oder Tüte dabei und kann daher nichts einpacken. Ich soll später wiederkommen und mir mehr holen, wenn ich will, sagt er.

Am übernächsten Tag bringt mich der Zug zurück nach Lissabon.

Drei Stunden dauert die Fahrt von einer Welt in die andere. Aus einer Welt, in der man Fremden Salatköpfe, Kaninchen und Kirschen schenkt, weil man ja genug davon hat, geht es wieder in das turbulente Lissabonner Leben, in dem die Ankunft der Metro in Minuten angezeigt wird, die Ampelmännchen die Zeit in Sekunden zählen und Straßenverkäufer ihre Selfie-Sticks und Sonnenbrillen anpreisen.

4. BONUSGRUND

Weil Portugal seine eigene Pferderasse hat

Manchmal fragen mich meine Gäste nach dem portugiesischen Stierkampf. Und so recht weiß ich nie, was ich sagen soll. Genau wie Spanien ist Portugal für seinen Stierkampf berühmt. Und die meisten haben auch davon gehört, dass die Stiere in Portugal nicht getötet werden, zumindest nicht in der Arena.

Mein erster Besuch bei einem Stierkampf, zu dem ich nur gegangen bin, weil a) das Touristenamt uns Karten geschenkt und b) der Steuerberater, dem ich die Karten schenken wollte, mich davon überzeugt hatte, da unbedingt selber hinzugehen, weil es eine absolut großartige und beeindruckende Veranstaltung sei.

Und so gingen wir hin. Schließlich waren wir interessiert an allem, was mit Portugal zusammenhing. Und Stierkampf gehörte und gehört dazu. Der Stier starb in der Arena an einem Herzinfarkt, er brach zusammen, ich konnte die Hitzewellen spüren und verließ erst mal die Arena, um einen Brandy zu trinken.

Erst jetzt, fast 30 Jahre später, war ich wieder bei einem Stierkampf. Warum? Weil Stierkampf Tradition in Portugal ist. Und weil ein Freund gesagt hat, der Stierkampf sei das älteste, faszinierendste und traurigste Theaterstück der Welt.

Also gingen wir zu einer *Corrida Histórica* in Santarém, am 10. Juni, dem portugiesischen Nationalfeiertag. Drei spanische Stierkämpfer waren angekündigt, zwei zu Pferd, einer ohne. Es herrschte Volksfeststimmung. Frauen (ja, auch viele Frauen), Kinder, Männer – alle in guter Stimmung – nahmen Platz und die Vorstellung begann. Und ja, es ist faszinierend den tänzerischen Kampf, das Zusammenspiel von Mensch, Pferd und Stier zu sehen.

Erst da habe ich zum ersten Mal die Lusitanos, die portugiesische Pferderasse, so richtig wahrgenommen, die im Ribatejo gezüchtet wird. Auf der Seite des Verbands der Lusitano-Pferde-Züchter heißt es, es sei das älteste Reitpferd der Welt. Die Lusitanos sind tapfer und intelligent, wendig und gelehrig. »Visitenkarte einer alten Kultur«, nennt der Züchter Manuel Jorge Martins de Oliveira die Lusitanos.

Sie wurden für den Nahkampf, Stierkampf und als Hirtenpferd gezüchtet. Es heißt, die Lusitanos hätten mit dazu beigetragen, dass die Portugiesen über die Spanier gesiegt hätten. Heute werden sie hauptsächlich für Stierkampf und Dressur gezüchtet.

Anfang November gibt es jedes Jahr in Golegã im Ribatejo die »Feira Nacional do Cavalo«, einen großen Pferdemarkt, Treffpunkt für Reiter, Züchter und Pferdeliebhaber. Die Besucher kommen aus Portugal, aber auch aus Deutschland, Spanien, Brasilien. Und wer einen Reiterurlaub plant, der ist auf einem der Reiterhöfe in der Gegend von Golegã perfekt aufgehoben.

Weltweit gibt es 10.000 reinrassige Lusitanos, und so gibt es selbst in Red Deer in Alberta, Kanada, eine »Canadian National Andalusian & Lusitano Horse Show«.

Vermutlich haben Sie schon Lusitanos gesehen, selbst wenn Sie noch nicht im Ribatejo waren. Wenn Sie nämlich z.B. *Lord of the Rings*, *Robin Hood*, den *Gladiator* oder *Braveheart* gesehen haben, dann haben Sie Lusitanos gesehen – denn das sind die Pferde, die in diesen Filmen eingesetzt wurden.

Und schon dafür, dass ich endlich die Lusitanos entdeckt habe, hat es sich gelohnt, zum Stierkampf zu gehen.

Weil Lissabon eine open-air-Kunstgalerie ist

Irgendwo (und hier war der Haken, in diesem Irgendwo) hatte ich gelesen, dass zum 25. April eine Skulptur des Street-Art-Künstlers Alexandre Farto, bekannt als VHILS, ausgewählt worden war, und am Parlament aufgestellt und vom Premierminister António Costa eingeweiht werden sollte. Und ich dachte, wow, das ist mal wieder Portugal, an ihrem wichtigsten Feiertag zum Gedenken an die Revolution stellen sie das Werk eines Straßenkünstlers auf.

Und als ich drei Wochen später in Lissabon war, wollte ich diese Skulptur sehen, und überredete einen Freund, mit mir zu kommen. Leo fragte, weißt du auch, wo es ist. Und ich antwortete, na, das kann doch nicht schwer zu finden sein, die Skulptur steht irgendwo in der Nähe des Parlaments, sie wurde vom Premierminister eingeweiht. Wenn ich sie nicht finde, dann fragen wir, das wird schon einer wissen.

Na Pustekuchen. Ich fand die Skulptur nicht. Und alle, die ich fragte, hatten noch nie davon gehört. Nicht mal die Pförtner im Eingang des Parlaments, und das, obwohl die Skulptur, wie ich später recherchierte, im Garten der offiziellen Residenz des Ministerpräsidenten steht, also sozusagen auf der Rückseite des Parlaments.

Normalerweise ist Street Art aber einfach zu finden. Sie ist in Lissabon nicht zu übersehen. Bunt, groß, mal genial, mal so la la ist sie überall in der Stadt sichtbar.

Auf der Reiseseite von Condé Nast gehört Lissabon daher mit zu den »*The World's Best Cities for Street Art*« (den besten Städten mit Street Art) und auf der Seite von EarthProm ist Lissabon auf Platz 4, was Straßenkunst betrifft.

- *Ein großer grüner Drache, der eine ganze Hauswand einnimmt*
- *Ein Scraffiti (eine Technik, bei der der Putz abgekratzt wird) mit einem überdimensionalen Porträt*

- *Ein riesiges grünes Insekt, das – aus welchem Material auch immer zusammengebastelt – an einer Hauswand in Lissabon klebt*
- *Ein großer Hund aus Müll, eine Skulptur von Bordalo II*

In Lissabon kann man jetzt sogar geführte Touren buchen, um gezielt Street Art zu sehen, oder die Tour selber zusammenstellen. Es gibt mittlerweile mehrere Bücher mit Abbildungen und Stadtplänen zu dem Thema. Außerdem Seiten im Internet mit Street Art aus Lissabon, wie z.B. die Facebook-Seite: *Galeria de Arte Urbana*.

Und die anderen Städte ziehen nach. Street Art gibt es jetzt auch in Porto, vom Graffito bis zur bunten Telefonzelle. In der Rua Santa Maria im historischen Viertel von Funchal auf Madeira ist jede Tür der alten Straße ein Kunstwerk. Selbst in Viseu wird Street Art gefördert.

Street Art ist jetzt in, und der Spruch »Narrenhände beschmieren Tisch und Wände« gilt heutzutage zum Glück nicht mehr. Denn das, was die Narrenhände da so auf die Wände »schmieren«, kann durchaus Kunst sein!

Und wenn ich das nächste Mal in Lissabon bin und Zeit habe, dann finde ich auch die Skulptur von VHILS, so schwer kann das doch nicht sein … und jetzt weiß ich ja auch, wo sie steht. (Und der Pförtner weiß es hoffentlich mittlerweile auch.)

6. BONUSGRUND

Weil die glücklichen Inseln hinter dem Winde vielleicht hier zu finden sind

Mein zweiter Besuch klappt nicht auf Anhieb, denn so wie die Schiffe in der wunderschönen Geschichte *Die glücklichen Inseln hinter dem Winde* von James Krüss die richtige Strömung brauchen, um in der Flamingobucht der glücklichen Inseln zu landen, brauchen die

Flugzeuge die richtigen Winde, um auf dem Flughafen von Santa Cruz auf Madeira landen zu können.

An diesem Tag klappt es nicht, sieben Flugzeuge können wegen Sturmböen und Kreuz- und Fallwinden nicht landen und müssen zurück nach Lissabon fliegen oder werden nach Teneriffa oder Porto Santo umgeleitet. Eine kurze Landebahn und schnell wechselnde Winde sind daran schuld, dass der Flughafen von Madeira zu den zehn gefährlichsten Flughafen der Welt gehört und nur von Piloten mit Spezialausbildung angeflogen werden darf.

Aber meistens klappt es auf Anhieb – das Flugzeug landet, die Passagiere klatschen, und keiner schämt sich dafür. Man steigt aus und ist auf Madeira.

Verwaltungstechnisch und politisch ist man noch in Europa, geografisch schon in Afrika. Ein mildes Klima das ganze Jahr über, Weihnachten in der Sonne, und Zimmerpflanzen, die hier auf der Insel zu richtigen Bäumen heranwachsen. Ein Gummibaum kann fünf Meter hoch werden, der Haushaltsklassiker »Zimmerblatt« trägt hier sogar essbare Früchte: die Ananasbanane.

Blumeninsel, Perle des Atlantiks, europäisches Maghreb, europäisches Arabien, Insel des ewigen Frühlings, Portugals schwimmender Garten …

Mitten im Atlantik liegt die Inselgruppe Madeira, die genau wie die glücklichen Inseln hinter dem Winde aus mehreren Inseln besteht: der Hauptinsel Madeira, der kleineren Insel Porto Santo, sowie den unbewohnten Inselgruppen Ilhas Desertas e Ilhas Selvagens.

Zur Hochsaison im Dezember bieten »Weihnachtsmädchen« in der Avenida de Arriaga im Zentrum von Funchal den ganzen Tag und bis in den Abend fröhlich *Poncha* an – den gelben Likör aus Zuckerrohrschnaps, Zitrone und Honig, der überall auf der ganzen Insel zusammengemixt wird. Das berühmte Silvester-Feuerwerk hat es am Jahreswechsel 2006/07 sogar in das Guiness Buch der Rekorde geschafft. Und in den Gärten und Parks blüht es das ganze Jahr: Strelitzien, Bromelien, Orchideen.

Ein Paradies für Touristen. Aber kann man hier auch ganz normal leben? 250.000 Einwohner leben immerhin ständig auf der Insel von der Größe Hamburgs.

»Fühlt man sich nicht eingeschränkt?«, frage ich Bekannte.

»Überhaupt nicht«, antwortet Olga, eine Russin, die jetzt schon zum zweiten Mal einige Jahre auf Madeira lebt. »Normalweise bewegt man sich in einem Umkreis von 20 km, vom Wohnort zum Arbeitsplatz und Freunde besuchen. Genauso ist es hier.«

»Überhaupt nicht«, antwortet Jorge, ein Portugiese der seit über 20 Jahren auf Madeira lebt. »Wenn ich will, bin ich in zwei Stunden in Lissabon. So lange braucht man auf dem Festland auch ins Zentrum von Lissabon, vielleicht sogar länger, dort ist doch immer Stau.«

Alle, die ich frage, sind zufrieden. Man kann das ganze Jahr über draußen schwimmen, Motorrad fahren und andere Sportarten betreiben. Wer an einen richtigen Strand gehen will, fährt mit der Fähre zur Nachbarinsel Porto Santo. Die Madeirenser Küche ist reichhaltig und gut, es gibt das ganze Jahr über tropische Früchte.

Und es gibt kaum Kriminalität. Auf einer Webseite über Madeira heißt es, das Gefährlichste, was einem passieren könne, seien ein Sonnenbrand oder ein Kater (wahrscheinlich vom guten *Poncha*, s.o.). Und die größten Ärgernisse gelegentlich auf dem Bürgersteig parkende Autos oder Mückenstiche.

Für die Mückenstiche gibt es Sprays, und um die falsch parkenden Autos kümmert sich die Polizei (Die kümmert sich hier mehr um die stehenden als um die fahrenden Autos, sagt ein Bekannter etwas verstimmt, während wir vergeblich einen legalen Parkplatz suchen).

Und wenn man das mal so alles zusammennimmt – dann spricht in der Tat ziemlich viel dafür, dass es sich bei Madeira und den Nachbarinseln womöglich wirklich um die glücklichen Inseln hinter dem Winde handeln könnte.

Weil man im Reid's Hotel wie in der guten alten Zeit Tee trinken kann

Einmal fragte mich eine englische Freundin, die bei uns zu Gast war: »Did Tina have her tea?« Ich war verblüfft, verstand die Frage nicht – Tina war unsere Katze, warum sollte ich ihr Tee geben? An diesem Tag lernte ich zum ersten Mal, dass *TEA* für die Engländer sehr viel mehr als Tee bedeutet.

Wie viel mehr *Tea* als Tee bedeutet, wurde mir klar, als ich von der Teestunde im Reid's Hotel hörte. Um das Reid's Hotel in Funchal auf Madeira ranken sich Mythen und Legenden. Wer hat dort schon alles gewohnt!

Wir befinden uns im 19. Jahrhundert auf Madeira. Das milde Klima macht die Insel zu einem beliebten Reiseziel der damals Reichen und Schönen. Der schottische Weinhändler William Reid vermietet seine Weingüter an reiche Touristen und gründet später das Reid's Hotel. Ein Luxushotel an der Küste, mit botanischem Garten und Blick über den Atlantik und Funchal.

Elisabeth von Österreich-Ungarn, besser bekannt als Sissi, verbrachte einige Monate im Reid's Hotel. Churchill hat dort seine Aquarelle gemalt. Charlie Chaplin ist dort abgestiegen. Gregory Peck hat dort gewohnt.

Die Preise sind dementsprechend. Selbst der traditionelle *Afternoon Tea*, der Nachmittagstee, kostet 34,50 €. Pro Person. Plus Trinkgeld. Nun weiß ich seit der Tina-Tea-Episode, dass *Tea* nicht unbedingt nur ein Kännchen Tee bedeutet. Aber 34,50 €? Für einen Nachmittagstee? Noch dazu gibt es einen Dresscode, denn Jeans, Tennisschuhe und Rucksäcke statt Handtäschchen oder Clutch haben im Reid's nichts zu suchen. Und einfach nur so hingehen und denken, man bekäme einen Platz, ist auch nicht drin. Der »Belmond Reid's Palace Afternoon Tea« muss vorher reserviert werden.

Und trotzdem. Es ist verlockend. Ein Sprung in eine andere Zeit. Aber alleine ist doof, also versuche ich jemanden zu finden, der mit mir dorthin geht.

Ich frage Joe, einen Freund, der auf Madeira wohnt. Seine spontane Antwort: »Ich bin doch nicht bekloppt.«

Ich frage meine Schwester. Ihre spontane Antwort: »Das kannste alleine machen.«

Ich frage Jorge, einen Freund, der schon lange auf Madeira wohnt. Seine Antwort: »Niemand, der auf Madeira wohnt, geht zu dieser Teestunde im Reid's.«

Jetzt bin ich aber wirklich neugierig.

Und dann habe ich einfach Glück. Ich bin mit einer Gruppe Leute unterwegs, und siehe da – sie haben Lust, mit mir zum *Afternoon Tea* zu gehen. Wir ziehen uns also alle gediegen an und erscheinen mit Taxen zum reservierten Zeitpunkt (okay – etwas zu früh) im Reid's Hotel.

Wir werden empfangen und müssen warten (zu früh ist nämlich im Grunde auch unpünktlich) und werden dann auf der Terrasse platziert. Das Ambiente ist edel: Korbmöbel auf überdachter Terrasse, Boden mit schwarz-weißen Fliesen, Kellner in weißen Jacketts. Die Bögen geben den Blick auf den Atlantik und Funchal frei.

Dann wird die Teestunde zelebriert.

Zunächst wählen wir aus vielen Teesorten. Jeder bekommt seine eigene Kanne mit frisch gebrühtem Tee. Auf einem Beistelltischchen werden die Kuchen-Etageren platziert. Auf jeder Ebene etwas anderes. Fein zubereitete Sandwichhäppchen. Frisch gebackene, lauwarm mit clottet cream und Marmeladen servierte Scones, und eine Auswahl exquisiter Petit Fours.

Während wir unseren *Tea* und alles, was dazugehört, zu uns nehmen, geht langsam die Sonne über dem Meer unter. Die Lichter in Funchal gehen an, wir sehen auf die beleuchtete Stadt und genießen das Ambiente, eine Mischung aus 19. Jahrhundert und *Out of Africa*.

Und ach ja – übrigens – von wegen *Tea time* ist *very british* … Es war eine Portugiesin, die das Teetrinken überhaupt erst in England eingeführt hat!

Catarina de Bragança, die Schwester des portugiesischen Königs, wurde nach England verheiratet und hat dort das Teetrinken eingeführt. So ist das nämlich gewesen, so ist der englische *Tea* entstanden.

8. BONUSGRUND

Weil auf Madeira der Fisch mit Bananen serviert wird

»*Está tudo bem, princesa*?«, fragt mich die nette Kellnerin (die ich schon deswegen so nett finde, weil sie mich immer Prinzessin nennt, das gebe ich hier durchaus zu). »Ist alles in Ordnung?«

Und ja – *tudo está bem* – es ist alles in Ordnung, das Lokal ist gemütlich und das Essen vorzüglich. Und dabei nicht mal teuer. Das ist das Schöne auf Madeira, sagt die Russin Olga, die in Funchal wohnt, dass man sich aussuchen kann, wie teuer man isst. Es gibt Essen in jeder Preislage. Und es ist eigentlich immer gut, meistens sogar ausgezeichnet, mit frischen Zutaten, perfekt zubereitet, ansprechend angerichtet. Der Fisch kommt frisch aus dem Atlantik, das Obst wächst auf der tropischen Insel, das Fleisch wird auf Lorbeerstecken gegrillt.

Madeira hat noch große Lorbeerwälder, und das Lorbeerholz gibt dem *Espatada*, dem Fleischspieß, den charakteristischen Geschmack.

Ein Gang durch den *Mercado dos Lavradores* in Funchal zeigt, was Madeira alles zu bieten hat. In der Fischhalle liegen ausgebreitet die Fische, die die Fischer in der Nacht im Atlantik gefangen haben – *Pota* (Tintenfisch), *Atum* (Thunfisch) und *Peixe Espada* (Degenfisch). Der Thunfisch wird mit Olivenöl, Knoblauch, Salz und Oregano mariniert, ehe er frittiert wird. Der Degenfisch wird mit geschmorten Zwiebeln serviert, oder mit einer *molho tropical* (Soße aus tropischen Früchten) oder gegrillt mit Banane als Beilage.

Im ersten Stock der Markthalle wird das Obst angeboten, eine bunte Vielfalt, liebevoll sortiert in Körben präsentiert – Surinami-Kirschen, Ananasbananen, Guaven, Cherimoyas, Maracujas …

Und die Maracujas sind hier nicht einfach Maracujas, es gibt sie in verschiedenen Geschmacksrichtungen wie Banane oder Zitrone. Und dann erst die Bananen! Wer einmal Madeira-Bananen probiert hat, ist wohl für immer für die »normalen« Bananen verloren.

Madeira ist ein Paradies für Obstliebhaber, und der *Mercado dos Lavradores* ist so etwas wie das Schlaraffenland des Obstes (allerdings ein Schlaraffenland mit durchaus gehobenen Preisen).

Als Beilagen zum Essen gibt es eine Kürbisart mit dem schönen Namen *Pimpinela* (Chayote), außerdem *Milho Frito* (frittierte Maiswürfel), oder *Bolo de Caco* (fermentiertes Weizenbrot).

Wer nach dem Essen noch Platz für ein Dessert hat, kann den berühmten *Bolo de Mel* probieren, wobei *Mel* in diesem Fall nicht für Honig, sondern für *Mel de Cana* steht, den Zuckerrohrsirup.

In der Rua dos Tanoeiros gibt es einen 150 Jahre alten Laden, in dem die Gewürze noch lose verkauft werden. Schon in 20 Metern Entfernung riecht man das Duftgemisch aus Nelken und Zimt. Essen auf Madeira ist ein Fest für die Sinne.

Ich esse meinen gegrillten Degenfisch mit Banane und trinke einen Espresso hinterher. (Kein Platz für *Bolo de Mel*, leider.)

»*Estáva tudo bem, princesa?*«, fragt die Kellnerin, als sie die Rechnung bringt.

»*Estava* óptimo, *obrigada*«, antworte ich.

PS: Aber da ein Bild ja bekanntermaßen mehr sagt als 1000 Worte, einfach »Gastronomia Madeirense« eingeben, auf Bilder klicken und Fotos genießen!

9. BONUSGRUND

Weil Portugal sich gerade neu entdeckt

Se um dia alguém perguntar por mim
Diz que vivi para te amar
Antes de ti, só existi
Cansado e sem nada para dar
(Amar pelos dois)

Wenn dich eines Tages jemand nach mir fragt, dann sag, dass ich gelebt habe um dich zu lieben, vor dir habe ich nur existiert, müde und konnte nichts geben

2017 – was für ein Jahr für Portugal! Salvador Sobral gewinnt den Eurovision Song Contest, der Papst kommt nach Fátima, und das nationale Defizit ist unter 3 %!

Vielleicht waren die Portugiesen am meisten von allen überrascht, als Salvado Sobral mit seinem Song *Amar pelos dois* den Eurovision Song Contest gewinnt. Das Lied hat seine Schwester Luísa Sobral geschrieben, deren CD *The Cherry on My Cake* schon seit ein paar Jahren zu meinen Lieblings-CDs gehört. Jetzt gibt es für Salvador Sobral in der Wikipedia Einträge in 49 (!) Sprachen, wobei die deutsche Wikipedia (vermutlich als einzige) darauf hinweist, dass er unter seinen Vorfahren auch einen Deutschen hat – nämlich Karl I. von Hohenzollern.

Fast zeitgleich besucht der Papst Fátima, und 500.000 Pilger kamen, um ihn zu sehen. Die Buch- und Souvenirläden sind voll von Sonderausgaben über das Wunder von Fátima, Irmã Lúcia, und Papa Francisco.

Man rechnet damit, dass insgesamt in diesem Jahr um die 8 Millionen Pilger nach Fátima kommen – das sind 80 % der Einwohner Portugals.

Da geht eine Nachricht wie die Senkung des Defizits im Jahr 2016 auf 2,1 % des BIPs fast unter, sodass die Regierung, um darauf aufmerksam zu machen, es auf großen Werbetafeln verkündet. »Das niedrigste Defizit seit Einführung der Demokratie« steht jetzt auf Werbetafeln am Straßenrand, auf denen sonst ja für alles Mögliche geworben wird, nur nicht dafür, was die Regierung geleistet hat.

Dazu kommt ein Anstieg des Tourismus, die Infrastruktur kommt kaum nach. Die Gruppen werden eine direkt nach der anderen durch den *Palácio da Bolsa* (den Börsenpalast) in Porto geführt, im *Mosteiro dos Jerónimos* in Belém gibt es einen Dauerengpass bei den Damen-Toiletten, und am *Cabo da Roca* – dem westlichsten Punkt des europäischen Festlandes – wird vor dem Gedenkstein dauerfotografiert.

Gut oder schlecht? Wie so oft ist es beides.

Es ist gut, weil es Arbeitsplätze schafft, und die Arbeitslosenquote und das Defizit sinken (s.o.). Es ist schlecht, weil es Viertel in Lissabon und Porto gibt, in denen sich kein portugiesisches Paar geschweige denn eine Familie eine Wohnung leisten kann, weil die Apartments an Touristen vermietet werden. Es tut dem Land gut, weil alle wieder Hoffnung schöpfen, dass es aufwärts geht. Es tut dem nationalen Selbstbewusstsein gut.

Aber wie lange wird es gut gehen? Gibt es einen Punkt, an dem es umkippt?

»*How does it feel to be a walking money bag?*« hat jemand in der Nähe der Uni in Coimbra auf die Straße gesprüht – wie fühlt man sich als wandelnder Geldsack.

In dem Film *Der Fremdenführer von Lissabon* aus dem Jahr 1956 sieht man die Lissabonner Welt von damals, natürlich film- und 50er-Jahre-mäßig romantisch verklärt.

Fröhliche Fischermädchen tragen Körbe mit Fischen auf dem Kopf.

Vico Torriani macht den Gassenjungen eine Freude, indem er eine Kiste Apfelsinen die Treppe hinunterrollen lässt – und die

Jungs springen hinterher. Auf den Tischen im Restaurant stehen die Aschenbecher, und auf dem Praça do Comércio parken die Autos.

Heute ist der Praça do Comércio ein autofreier Platz, mit Restaurants in den Arkaden und Musikveranstaltungen mehrmals im Jahr. Jeder Laden, jedes Unternehmen hat eine vernünftige Webseite. Die Rezepte für Medikamente werden als SMS aufs Handy geschickt und die Rechnungen auf der Seite des Finanzamtes elektronisch ausgestellt.

Aber das ist vielleicht gar nicht die Hauptveränderung, die hier im Land stattgefunden hat. Die größte Veränderung ist, dass Portugal sich jetzt dessen bewusst ist, was es an Sehenswürdigkeiten zu bieten hat. Die Christusritterburg in Tomar, das Kloster von Alcobaça, das Kloster in Batalha, der Börsenpalast in Porto, der Nationalpalast von Sintra – sie stehen hier seit Jahrhunderten, aber so richtig wahrgenommen werden sie erst jetzt.

Es ist ein bisschen so, als ob Portugal sich jetzt selber noch mal so richtig neu entdeckt. Das alles trägt zu dem neuen Selbstbewusstsein und der guten Stimmung im Land bei. Und ein 1. Platz beim Eurovision Song Contest ist da natürlich auch nicht schlecht.

10. BONUSGRUND

Weil Saudade auf Platz 6 der schönsten Wörter der Welt steht

Als die amerikanische Autorin Yee-Lum Mak zum ersten Mal das portugiesische Wort *Saudade* liest, ist sie so fasziniert von dem Wort, dass daraus die Idee zu einem Buch entsteht *(Other Wordly)*, eine Sammlung von Wörtern, die entweder unübersetzbar sind oder Gefühle ausdrücken, für die es in anderen Sprachen keinen Begriff gibt.

So steht *Saudade* jetzt in guter Gesellschaft mit faszinierenden Wörtern wie dem japanischen *Komorebi* (Sonnenlicht, das durch die Blätter eines Baumes fällt) und dem isländischen *Hoppípolla* (in Pfützen springen). Und außerdem auf Platz 7 der Liste der unübersetzbaren Wörter.

SAUDADE gehört zu Portugal wie die *Pastéis de Nata* (die Puddingtörtchen, Grund 23), der Fado, (Grund 110) und die Liebesgeschichte von Pedro und Inês.

Und *Saudade* ist wohl auch der Grund, warum jeder Portugiese (und Portugiesin! Die erst recht!) die Liebesgeschichte von Pedro und Inês kennt. Denn nichts geht so zu Herzen wie eine unglückliche Liebe. Pedro ist der Sohn von Alfons IV., er wird mit D. Constança verheiratet, verliebt sich aber unsterblich in eine ihrer Hofdamen, in Inês de Castro.

Er beginnt ein Verhältnis mit Inês, und als Constança stirbt, möchte er Inês heiraten. Sein Vater ist jedoch aus politischen Gründen vehement dagegen (wie so oft in der portugiesischen Geschichte geht es um die Angst vor der Übernahme durch die spanische Krone) und so dingt Alfons IV. Mörder und lässt Inês umbringen.

Nach dem Tod seines Vaters zwei Jahre später wird Pedro König von Portugal. Er lässt seine geliebte Inês exhumieren und behauptet, er habe sie schon vor ihrem Tod heimlich geheiratet. Er setzt sie königlich gekleidet neben sich auf den Thron – und der gesamte Hofstaat muss seiner toten Königin huldigen und ihr die Hand küssen.

Pedro lässt die Mörder verfolgen und töten, lässt ihnen das Herz aus dem Leib reißen, dem einem von vorne, dem anderen von hinten. Es gibt sogar Versionen, in denen er die Herzen der Mörder verspeist. Und so geht Pedro I. als »der Grausame« und »der Gerechte« gleichzeitig in die portugiesische Geschichte ein.

Er lässt zwei Sarkophage anfertigen, einen für sich, einen für Inês. Im *Mosteiro de Alcobaça,* im Kloster von Alcobaça, sind die beiden bestattet, und die Sarkophage so aufgestellt, dass die beiden sich als Erstes sehen, wenn sie am Tag des jüngsten Gerichts auferstehen.

Ja, dieses Gefühl der unglücklichen Liebe – das ist *Saudade.*

Kein Wunder, dass diese Liebesgeschichte aus dem 14. Jahrhundert noch heute in der Literatur, als Theaterstücke und in

Ballettversionen verarbeitet wird. Die Geschichte von Pedro und Inês gilt als die traurigste Liebesgeschichte Portugals.

Aber *Saudade* ist nicht nur ein nicht übersetzbares Wort, es ist auch eins der schönsten Wörter der Welt! Das schönste Wort der Welt ist das türkische Wort *Yakamuz*. Es bedeutet: die Widerspiegelung des Mondes im Wasser. (Und löst dieses Wort alleine nicht auch schon ein Gefühl von *Saudade* aus? Das Licht eines fahlen Mondes in einem ruhigen dunklen See … Ja, nicht wahr.)

Auf Platz 6 des Wettbewerbs »Das schönste ABC der Welt« steht *Saudade*!

Das Wort gehört zu den schönsten Wörtern der Welt, ist unübersetzbar und beschreibt ein ganz besonderes Lebensgefühl. Kein Wunder, dass Yee-Lum Mak in diesem Wort die Inspiration für ein ganzes Buch fand.

11. BONUSGRUND

Weil man unvergessliche Momente in Portugal erleben kann

Saudade é o preço que se paga por viver momentos inesquecíveis

Saudade ist der Preis, den man dafür zahlt, dass man unvergessliche Momente (er)lebt

Natürlich gibt es die ganzen Highlights, die jeder Reiseführer empfiehlt: das *Convento de Cristo* in Tomar, das *Mosteiro de Alcobaça*, den *Palácio da Bolsa* in Porto, die Universitätsbibliothek in Coimbra …

ABER!

Da Portugal viel mehr als die Ansammlung dieser Highlights, hier 7 Vorschläge.

I.

Wie wäre es mit einer Portweinprobe? Und zwar nicht in einer Portweinkellerei, sondern irgendwo unterwegs in einem kleinen Dorf, dessen Namen Sie vermutlich schon bald vergessen haben werden.

Aber bestimmt werden Sie sich noch lange an das Café mit den Stühlen aus Metall und dem Tresen aus Glas erinnern, wo Ihnen das junge Mädchen mit dem Pferdeschwanz übervoll eingeschenkte Gläser mit Portwein serviert, während drei Männer ein Fußballspiel auf dem Bildschirm verfolgen und eine Frau Sie auf Deutsch anspricht, weil sie vor ein paar Jahren in der Schweiz gearbeitet hat.

II.

Sie möchten lieber etwas in den Magen bekommen? Wie wäre es mit einem Essen in einem Restaurant, wo einen kein Türsteher in das Innere locken will, wo es keine übersetzte Speisekarte gibt, wo man zunächst etwas misstrauisch ist …

Das Restaurant ist schlicht, klein, voll und laut. Macht nichts – mit ein bisschen Radebrechen und Wörtern aus dem Sprachführer werden Sie es schaffen, sich einen *Sapateira* (Krebs) und *Camarões* (Gambas) zu bestellen. Dazu gibt es Brot und Mayonnaise, und als Getränk *Imperial* (Bier vom Fass) oder *Vinho Verde* (grünen Wein, Grund 12).

Lassen Sie sich vom Wirt einen Stapel Servietten geben und essen Sie mit den Fingern! So schmeckt es am besten …

III.

Im *Museu de Arte Antiga* (Museum für alte Kunst) in Lissabon finden Sie weltberühmte Werke weltberühmter Künstler. Aber wie wäre es zur Abwechslung mit einem unbekannten Museum?

Im ehemaligen Wohnhaus von Amália Rodrigues, der Ikone des Fado (Grund 110), in der Rua do São Bento 193 in Lissabon, kann man ihre Kleider und ihren Schmuck bewundern, hört ihre Stimme und spürt etwas von dem besonderen Flair der Grande Dame des Fado.

IV.

Oder zieht es Sie nach draußen auf das Wasser? Es gibt vom Caís de Sodré aus einen Fährverkehr, der die beiden Ufer des Tejo miteinander verbindet. Die Fähren gehören zum öffentlichen Nahverkehr, man kann sie also mit normalen Tickets benutzen.

An heißen Tagen ist es auf dem Tejo angenehm kühl, und man hat einen schönen Blick auf Lissabon.

V.

Sie möchten noch nicht in die Stadt zurück? Dann steigen Sie am anderen Ufer in Cacilhas aus und besichtigen die Fregatte »D. Fernando II e Glória«. Das 1843 gebaute Schiff heißt nach dem Deutschen Ferdinand von Sachsen-Coburg-Gotha, der mit der portugiesischen Königin Maria II. verheiratet war. In der zweiten Hälfte des 19. Jh. war es das Segelschulschiff der portugiesischen Marina, jetzt ist es ein Museumsschiff.

VI.

Zurück in Lissabon, können Sie die älteste Buchhandlung der Welt besichtigen, die noch in Betrieb ist. Die *Livraria Bertrand* in der Rua Garrett 73 wurde 1732 gegründet und ist seit 2011 im Guinness

Buch der Rekorde eingetragen. Die Buchhandlung ist erheblich größer, als sie von außen aussieht, da sie auf mehrere gewölbeähnliche Räume verteilt ist. Und bei dem großen Angebot an Reiseführern, Kunstbüchern und auch fremdsprachigen Büchern finden Sie bestimmt etwas, was Sie als Andenken mitnehmen möchten …

VII.

Ich liebe diese besonderen Läden in Lissabon und möchte daher natürlich, dass sie noch lange existieren. Daher mein Wunsch: Kaufen Sie dort! Und wenn's nur eine Kleinigkeit ist.

Sie könnten sich zum Beispiel eine Tüte Blumensamen aus dem Laden *Soares & Rebelo Lda* mitnehmen. Das ist doch ein schönes Mitbringsel. Mal was anderes als die tausendmal vervielfältigte gelbe Straßenbahn oder ein Kühlschrankmagnet mit der roten Brücke über den Tejo.

Dieser Laden, der Saatgut verkauft, wurde 1932 gegründet und hält sich an einem der begehrtesten Orte Lissabons – direkt an der Verbindung vom Rossio und Praça da Figueira, der Rua João das Regras 3. Es ist ein kleines Lissabonner Wunder, dass der Laden noch noch nicht von einem Franchise-Kettenladen verdrängt wurde oder einer Fast-Food-Kette Platz machen musste.

BÜCHERTIPPS – EINE AUSWAHL

Manuel da Fonseca: Saat des Windes, Freiburg: Beck & Glückler 1990.

Paul Grote: Der Portwein-Erbe, Kriminalroman, München: dtv 2008.

Pascal Mercier: Nachtzug nach Lissabon, München: Hanser 2004.

Curt Meyer-Clason: Portugiesische Tagebücher (1969–1976), Königstein/Taunus: Athenäum Verlag 1979.

Fernando Pessoa: Das Buch der Unruhe des Hilfsbuchhalters Bernardo Soares, Frankfurt: Fischer 1987.

Poemas Portugueses/Portugiesische Gedichte, Vom Mittelalter bis zur Gegenwart, hrsg. und übersetzt von Maria da Fátima Mesquita-Sternal und Michael Sternal, München: dtv 1997 (daraus zitiert in Grund Nr. 31: Fernando Pessoa: Mar Português, S. 100–101; Grund Nr. 83: Miguel Torga: Liberdade, S. 138–139).

José Saramago: Hoffnung im Alentejo, Reinbek: rororo 1987.

Antonio Tabucchi: Erklärt Pereira, München: dtv 1997.

Antonio Tabucchi: Lissabonner Requiem, Eine Halluzination, München: Hanser 1994.

Antonio Tabucchi: Der verschwundene Kopf des Damasceno Monteiro, München: Hanser 1997 (Zitat in Grund 32 zitiert nach: S. 21).

Miguel Torga: Neue Erzählungen aus dem Gebirge, München: Piper 1991.

LINKS ZU PORTUGAL

- Busse Rede Expressos: www.rede-expressos.pt
- Radwege in Portugal: www.ciclovia.pt
- Ecopistas: www.refer.pt/MenuPrincipal/REFER/Patrimonio/Ecopistas.aspx
- Barrierefreies Reisen: www.portugalacessivel.com

- Informationen über die Algarve: www.visitalgarve.pt
- Entdecken Sie Algarve: www.entdecken-sie-algarve.com
- Kulturpunkt Algarve: catringeorge-kulturpunkt.blogspot.de
- Alfa – die Assoziation der Literatur- und Filmfreunde der Algarve: www.alfacultura.com
- Safari-Park im Alentejo: www.badoca.com
- Vegetarische Restaurants in Lissabon: www.centrovegetariano.org/Restaurantes-Lisboa.html
- Stadtspaziergänge Lissabon: https://www.facebook.com/pages/Stadtspazierg%C3%A4nge-Lissabon/273530942757954
- Fahrten auf dem Douro: www.douro.com.pt
- Ski fahren Serra da Estrela: www.skiserradaestrela.com
- Foto-Wanderungen Serra da Estrela: www.aventuris.com.pt

BILDNACHWEIS

COVER – Titelbild: © DaLiu/depositphotos.de, Bilder links, von oben nach unten: © Jose Ignacio Soto/thinkstock.de; © Dmitriy Yakovlev/thinkstock.de; © Pablo Rodrigo García-Aráez/thinkstock.de; © Surkov Dimitri/thinkstock.de; © George Doyle/thinkstock.de; © boggy22/thinkstock.de; © Luis Santos/thinkstock.de

BILDER IM INNENTEIL: S. 11: © Jose Ignacio Soto/thinkstock.de, © S. 35: George Doyle/thinkstock.de, S. 59: © Dmitriy Yakovlev/thinkstock.de, S. 83: © Jose Antonio Sanchez Reyes/thinkstock.de, S.105: © jfwets /thinkstock.de, S. 129: © boggy22 /thinkstock.de, S. 153: © Fedya111 /thinkstock.de, S. 173: © fotokris/thinkstock.de, S. 197: © Pablo Rodrigo García-Arájez/thinkstock.de, S. 221: © SurkovDimitri /thinkstock.de, S. 245: © mrfotos/thinkstock.de, S. 269: © George Doyle/thinkstock.de | Alle Icons im Buch: © dariara/thinkstock.de | S. 299 Autorenfoto: © Paulo Pinheiro

DANKE

Ich möchte mich bei allen meinen Freunden bedanken, ohne die es in der Tat nicht möglich gewesen wäre, dieses Buch zu schreiben. Erst durch die Arbeit daran habe ich entdeckt, dass ich dank euch ein supergut funktionierendes persönliches Hotline-Netzwerk besitze. Was für ein Luxus! Ich bin froh, dass es euch gibt, und danke euch allen für eure Hilfe und die Infos.

Ganz besonders möchte ich Isabel und Carmo für die ganzen Anregungen, Ausflüge und Antworten danken. Angelika dafür, dass sie mir immer Mut gemacht hat. Jürgen für seine Recherchen, und Luz für ihre Beratung. Und natürlich meinem Vater für die Unterstützung und Ermutigung bei der Entstehung dieses Buches.

Ein dickes Dankeschön an euch alle. Keine *mil obrigadinhas*, sondern ein extra-dickes OBRIGADA!

DIE AUTORIN

Annegret Heinold studierte Pädagogik, Naturwissenschaften und Germanistik in Hamburg, ehe sie nach Südportugal zog, wo sie 20 Jahre lang ein Gäste- und Seminarhaus leitete. Seit 2005 wohnt sie in Nordportugal auf einem kleinen Weinhof und arbeitet als freie Autorin. Sie schreibt (Liebes-)Romane für Frauen, die keine 20 mehr sind, sowie Artikel über Portugal und Kanada. Mehr Infos sowie Kurzgeschichten, einen Blog und Buchtipps auf: *www.annegret-heinold.com*

EBENFALLS VON ANNEGRET HEINOLD

Liebe in Lissabon

Genau an ihrem 50. Geburtstag wird Elke von dem Mann verlassen, für den sie ihr Leben in Deutschland aufgegeben hat und nach Lissabon gezogen ist. Was nun – soll sie wieder zurück nach Deutschland gehen oder trotzdem in Lissabon bleiben?

278 Seiten, Taschenbuch 10,70 Euro, eBook 2,99 Euro
Erhältlich bei Amazon

Annegret Heinold
111 GRÜNDE, PORTUGAL ZU LIEBEN
Eine Liebeserklärung an das schönste Land der Welt

ISBN 978-3-86265-662-2

Aktualisierte und erweiterte Neuausgabe mit
elf Bonusgründen und zwei farbigen Bildteilen

DER VERLAG
Schwarzkopf & Schwarzkopf Verlag GmbH
Kastanienallee 32, 10435 Berlin
Telefon: 030 – 44 33 63 00
Fax: 030 – 44 33 63 044

INTERNET | E-MAIL
www.schwarzkopf-schwarzkopf.de
www.facebook.com/schwarzkopfverlag
info@schwarzkopf-schwarzkopf.de